English-Polish
Polish-English

Word to Word® Bilingual Dictionary

Compiled by:
C. Sesma, M.A.

Translated by:
Marta Kurzawinska

BilingualDictionaries.com
WordtoWord.com

Polish Word to Word® Bilingual Dictionary
2nd Edition © Copyright 2010

All rights reserved. No part of this book may be reproduced or transmitted in any form or by any means.

Published in the USA by:

Bilingual Dictionaries, Inc.
PO Box 1154
Murrieta, CA 92564
T: (951) 296-2445 • F: (951) 296-9911
E: support@bilingualdictionaries.com

BilingualDictionaries.com
WordtoWord.com

ISBN13: 978-0-933146-64-8

Print 100923

Publisher

Bilingual Dictionaries, Inc. was established in 1994. We are committed to providing schools, libraries and educators with a great selection of bilingual materials for students. Along with bilingual dictionaries we also publish ESL workbooks and children's bilingual picture dictionaries.

The first Word to Word® bilingual dictionary was published in 2008. The Word to Word® series now has over 40 editions with languages from around the world. For more information regarding any of our publications please visit us online.

Our series provides ELL students from different native language backgrounds a standardized selection of bilingual dictionaries. The Word to Word® series is designed to create an approved resource that adheres to the guidelines set by school districts and states.

Sesma's Polish Word to Word® Bilingual Dictionary was created specifically with students in mind to be used for reference and testing. This dictionary contains approximately 19,000 entries targeting common words used in the English language.

English-Polish

A

Abbreviations

a - article
n - noun
e - exclamation
pro - pronoun
adj - adjective
adv - adverb
v - verb
iv - irregular verb
pre - preposition
c - conjunction

abandon *v* porzucać
abandonment *n* porzucenie
abbey *n* opactwo
abbot *n* opat
abbreviate *v* skracać
abbreviation *n* skracanie
abdicate *v* zrzekać się
abdication *n* zrzecenie się
abdomen *n* brzuch
abduct *v* uprowadzać
abduction *n* uprowadznie
aberration *n* odchylenie
abhor *v* czuć odrazę
abide by *v* dotrzymywać
ability *n* zdolność
ablaze *adj* płonący
able *adj* zdolny
abnormal *adj* nienormalny
abnormality *n* abnormalność
aboard *adv* na statku
abolish *v* obalać
abort *v* przerwać
abortion *n* przerwanie ciąży
abound *v* obfitować
about *pre* o

about *adv* dookoła
above *pre* powyżej
abreast *adv* obok siebie
abridge *v* skracać
abroad *adv* za granicą
abrogate *v* odwoływać
abruptly *adv* nagle
absence *n* nieobecność
absent *adj* nieobecny
absolute *adj* absolutny
absolution *n* rozgrzeszenie
absolve *v* rozgrzeszać
absorb *v* absorbować
absorbent *adj* wchłaniający
abstain *v* powstrzymywać się
abstinence *n* abstynencja
abstract *adj* abstrakcyjny
absurd *adj* absurdalny
abundance *n* obfitość
abundant *adj* obfity
abuse *v* nadużywać
abuse *n* nadużycie
abusive *adj* obelżywy
abysmal *adj* bezdenny
abyss *n* otchłań
academic *adj* akademicki
academy *n* akademia
accelerate *v* przyśpieszać

accelerator *n* przyśpieszacz
accent *n* akcent
accept *v* akceptować
acceptable *adj* dopuszczalny
acceptance *n* akceptacja
access *n* dostęp
accessible *adj* dostępny
accident *n* wypadek
accidental *adj* przypadkowy
acclaim *v* oklaskiwać
acclimatize *v* aklimatyzować
accommodate *v* dostosowywać
accompany *v* towarzyszyć
accomplice *n* współsprawca
accomplish *v* dokonywać
accomplishment *n* dokonanie
accord *n* zgoda
according to *pre* stosownie do
accordion *n* akordeon
account *n* rachunek
account for *v* wyjaśniać
accountable *adj* odpowiedzialny
accountant *n* księgowy
accumulate *v* gromadzić
accuracy *n* dokładność
accurate *adj* dokładny
accusation *n* oskarżenie
accuse *v* oskarżać
accustom *v* przyzwyczajać
ace *n* as
ache *n* ból
achieve *v* dokonywać
achievement *n* dokonanie
acid *n* kwas
acidity *n* kwaśność
acknowledge *v* uznawać
acorn *n* żołądź
acoustic *adj* akustyczny
acquaint *v* zaznajamiać
acquaintance *n* znajmość
acquire *v* nabywać
acquisition *n* nabywanie
acquit *v* uwalniać
acquittal *n* uwolnienie
acre *n* akr
acrobat *n* akrobata
across *pre* poprzez
act *v* działać
action *n* działanie
activate *v* aktywować
activation *n* aktywacja
active *adj* aktywny
activity *n* działalność
actor *n* aktor
actress *n* aktorka
actual *adj* faktyczny

actually *adv* faktycznie
acute *adj* ostry
adamant *adj* niewzruszony
adapt *v* adaptować
adaptation *n* adaptacja
adapter *n* adapter
add *v* dodawać
addicted *adj* uzależniony
addiction *n* nałóg
addictive *adj* uzależniający
addition *n* dodatek
additional *adj* dodatkowy
address *n* adres
address *v* adresować
addressee *n* adresat
adequate *adj* odowiedni
adhere *v* należeć
adhesive *adj* przylegający
adjacent *adj* graniczący
adjective *n* przymiotnik
adjoin *v* dołączać
adjoining *adj* przylegający
adjourn *v* odraczać
adjust *v* dostosowywać
adjustment *n* dostosowanie
administer *v* zarządzać
admirable *adj* zachwycający
admiral *n* admirał

admiration *n* zachwyt
admire *v* podziwiać
admirer *n* wielbiciel
admissible *adj* dopuszczalny
admission *n* dopuszczenie
admit *v* przyjmować
admittance *n* dopuszczenie
admonish *v* upominać
admonition *n* upominanie
adolescence *n* wiek młodzieńczy
adolescent *n* młodzieniec
adopt *v* adoptować
adoption *n* adopcja
adoptive *adj* adopcyjny
adorable *adj* godny podziwu
adoration *n* adoracja
adore *v* adorować
adorn *v* ozdabiać
adrift *adv* dryfujący
adulation *n* schlebianie
adult *n* dorosły
adulterate *v* fałszować
adultery *n* cudzołóstwo
advance *v* posuwać naprzód
advance *n* postęp
advantage *n* korzyść
Advent *n* Adwent
adventure *n* przygoda

adverb

adverb *n* przysłówek
adversary *n* przeciwnik
adverse *adj* przeciwny
adversity *n* niepomyślność
advertise *v* reklamować
advertising *n* reklama
advice *n* rada
advisable *adj* słuszny
advise *v* radzić
adviser *n* doradca
advocate *v* popierać
aeroplane *n* samolot
aesthetic *adj* estetyczny
afar *adv* w oddali
affable *adj* uprzejmy
affair *n* sprawa
affect *v* dotykać
affection *n* sympatia
affectionate *adj* kochający
affiliate *v* przyłączać
affiliation *n* afiliacja
affinity *n* powinowactwo
affirm *v* potwierdzić
affirmative *adj* twierdzący
affix *v* dodawać
afflict *v* dotykać
affliction *n* nieszczęście
affluence *n* dostatek

affluent *adj* zasobny
afford *v* dostarczać
affront *v* znieważać
affront *n* zniewaga
afloat *adv* na wodzie
afraid *adj* przestraszony
afresh *adv* na nowo
after *pre* po
afternoon *n* popołudnie
afterwards *adv* później
again *adv* znowu
against *pre* przeciw
age *n* wiek
agency *n* agencja
agenda *n* porządek dzienny
agent *n* agent
agglomerate *v* skupiać
aggravate *v* pogarszać
aggravation *n* pogorszenie
aggregate *v* zbierać
aggression *n* skupienie
aggressive *adj* agresywny
aggressor *n* agresor
aghast *adj* zdumiony
agile *adj* zwinny
agitator *n* agitator
agnostic *n* agnostyk
agonize *v* cierpieć

agonizing *adj* dręczący
agony *n* agonia
agree *v* zgadzać się
agreeable *adj* zgodny
agreement *n* zgoda
agricultural *adj* rolniczy
agriculture *n* rolnictwo
ahead *pre* na przodzie
aid *n* pomoc
aid *v* pomagać
aide *n* doradca
ailing *adj* niedomagający
ailment *n* dolegliwość
aim *v* celować
aimless *adj* bezcelowy
air *n* powietrze
air *v* wietrzyć
aircraft *n* samolot
airfare *n* opłata za lot
airfield *n* lotnisko
airline *n* szlak powietrzny
airliner *n* duży samolot
airmail *n* poczta lotnicza
airplane *n* samolot
airport *n* lotnisko
airstrip *n* pas startowy
airtight *adj* szczelny
aisle *n* nawa boczna

ajar *adj* uchylony
akin *adj* pokrewny
alarm *n* alarm
alarm clock *n* budzik
alarming *adj* alarmujący
alcoholic *adj* alkoholowy
alcoholism *n* alkoholizm
alert *n* alarm
alert *v* raźny
algebra *n* algebra
alien *n* cudzoziemiec
alight *adv* w płomieniach
align *v* wyrównywać
alignment *n* wyrównanie
alike *adj* podbny
alive *adj* żywy
all *adj* wszelki
allegation *n* zarzut
allege *v* twierdzić
allegedly *adv* prawdopodobnie
allegiance *n* wierność
allegory *n* alegoria
allergic *adj* alergiczny
allergy *n* alergia
alleviate *v* ulżyć
alley *n* alejka
alliance *n* alians
allied *adj* sprzymierzony

alligator *n* aligator
allocate *v* przydzielić
allot *v* przeznaczać
allotment *n* działka
allow *v* pozwalać
allowance *n* dodatek
alloy *n* stop
allure *n* wabienie
alluring *adj* ponętny
allusion *n* aluzja
ally *n* sojusznik
ally *v* łączć się
almanac *n* kalendarz
almighty *adj* wszechmocny
almond *n* migdał
almost *adv* prawie
alms *n* jałmużna
alone *adj* samotny
along *pre* wzdłuż
alongside *pre* obok
aloof *adj* z dala
aloud *adv* głośno
alphabet *n* alfabet
already *adv* już
alright *adv* w porządku
also *adv* też
altar *n* ołtarz
alter *v* zmieniać
alteration *n* zmiana
altercation *n* kłótnia
alternate *v* zmieniać kolejno
alternate *adj* kolejny
alternative *n* alternatywa
although *c* chociaż
altitude *n* wysokość
altogether *adj* zupełnie
aluminum *n* aluminium
always *adv* zawsze
amass *v* gromadzić
amateur *adj* amatorski
amaze *v* zaskakiwać
amazement *n* zdumienie
amazing *adj* zdumiewający
ambassador *n* ambasador
ambiguous *adj* dwuznaczny
ambition *n* ambicja
ambitious *adj* ambitny
ambivalent *adj* ambiwalentny
ambulance *n* ambulans
amenable *adj* odpowiedzialny
amend *v* poprawiać
amendment *n* poprawka
amenities *n* udogodnienia
American *adj* amerykański
amiable *adj* miły
amicable *adj* przyjacielski

amid *pre* wśród
ammonia *n* amoniak
ammunition *n* amunicja
amnesia *n* amnezja
amnesty *n* amnestia
among *pre* pośród
amoral *adj* amoralny
amorphous *adj* bezpostaciowy
amortize *v* amortyzować
amount *n* ilość
amount to *v* wynosić
amphibious *adj* ziemnowodny
amphitheater *n* amfiteatr
ample *adj* obszerny
amplifier *n* wzmacniacz
amplify *v* wzmacniać
amputate *v* amputować
amputation *n* amputacja
amuse *v* bawić
amusement *n* zabawa
amusing *adj* zabawny
an *a* nie tłumaczy się
analogy *n* analogia
analysis *n* analiza
analyze *v* analizować
anarchist *n* anarchista
anarchy *n* anarchia
anatomy *n* anatomia
ancestor *n* przodek
ancestry *n* przodkowie
anchor *n* kotwica
anchovy *n* sardela
ancient *adj* starożytny
and *c* i
anecdote *n* anegdota
anemia *n* anemia
anemic *adj* anemiczny
anesthesia *n* znieczulenie
anew *adv* na nowo
angel *n* anioł
angelic *adj* anielski
anger *v* rozgniewać
anger *n* gniew
angina *n* angina
angle *n* kąt
Anglican *adj* anglikański
angry *adj* rozgniewany
anguish *n* udręka
animal *n* zwierzę
animate *v* ożywiać
animation *n* animacja
animosity *n* animozja
ankle *n* kostka
annex *n* aneks
annexation *n* aneksja
annihilate *v* unicestwiać

annihilation

annihilation *n* unicestwienie
anniversary *n* rocznica
annotation *n* adnotacja
announce *v* zapowiadać
announcement *n* ogłoszenie
announcer *n* spiker
annoy *v* irytować
annoying *adj* drażniący
annual *adj* roczny
annul *v* anulować
annulment *n* anulowanie
anoint *v* namszczać
anonymity *n* anonimowość
anonymous *adj* anonimowy
another *adj* drugi
answer *v* odpowiadać
answer *n* odpowiedź
ant *n* mrówka
antagonize *v* sprzeciwiać się
antecedent *n* poprzednik
antelope *n* antylopa
antenna *n* antena
anthem *n* hymn
antibiotic *n* antybiotyk
anticipate *v* oczekiwać
anticipation *n* oczekiwanie
antidote *n* antidotum
antipathy *n* antypatia

antiquated *adj* przestarzały
antiquity *n* starożytność
anvil *n* kowadełko
anxiety *n* niepokój
anxious *adj* niespokojny
any *adj* jakiś
anybody *pro* ktoś
anyhow *pro* w każdym razie
anyone *pro* ktoś
anything *pro* coś
apart *adv* z dala
apartment *n* apartament
apathy *n* apatia
ape *n* małpa
aperitif *n* aperitif
apex *n* wierzchołek
aphrodisiac *adj* afrodyzjak
apiece *adv* za sztukę
apocalypse *n* apokalipsa
apologize *v* przepraszać
apology *n* przeprosiny
apostle *n* apostoł
apostolic *adj* apostolski
apostrophe *n* apostrofa
appall *v* przerażać
appalling *adj* przerażający
apparel *n* strój
apparent *adj* oczywisty

apparently *adv* widocznie
apparition *n* widmo
appeal *n* apelacja
appeal *v* apelować
appealing *adj* błagalny
appear *v* ukazywać się
appearance *n* wygląd
appease *v* uciszać
appeasement *n* uciszenie
appetite *n* apetyt
appetizer *n* zakąska
applaud *v* oklaskiwać
applause *n* oklaski
apple *n* jabłko
appliance *n* przyrząd
applicable *adj* odpowiedni
applicant *n* aplikant
application *n* aplikacja
apply *v* stosować
apply for *v* ubiegać się o
appoint *v* wyznaczyć
appraisal *n* oszacowanie
appraise *v* szacować
appreciate *v* doceniać
appreciation *n* uznanie
apprehend *v* aresztować
apprehensive *adj* spostrzegawczy
apprentice *n* uczeń
approach *v* zbliżać się
approach *n* podejście
approachable *adj* dostępny
approbation *n* aprobata
appropriate *adj* odpowiedni
approval *n* aprobata
approve *v* aprobować
approximate *adj* przybliżony
apricot *n* morela
April *n* kwiecień
apron *n* fartuch
aptitude *n* uzdolnienie
aquarium *n* akwarium
aquatic *adj* wodny
aqueduct *n* akwedukt
Arabic *adj* arabski
arable *adj* orny
arbiter *n* arbiter
arbitrary *adj* arbitralny
arbitrate *v* orzekać
arbitration *n* arbitraż
arc *n* łuk
arch *n* łuk
archaeology *n* archeologia
archaic *adj* archaiczny
archbishop *n* arcybiskup
architect *n* architekt

architecture

architecture *n* architektura
archive *n* archiwum
arctic *adj* arktyczny
ardent *adj* płonący
ardor *n* żar
arduous *adj* ciężki
area *n* obszar
arena *n* arena
argue *v* argumentować
argument *n* argument
arid *adj* suchy
arise *iv* powstawać
aristocracy *n* arystokracja
aristocrat *n* arystokrata
arithmetic *n* arytmetyka
ark *n* arka
arm *n* ramię
arm *v* uzbrajać
armaments *n* uzbrojenie
armchair *n* fotel
armed *adj* uzbrojony
armistice *n* rozejm
armor *n* zbroja
armpit *n* pacha
army *n* armia
aromatic *adj* aromatyczny
around *pro* dookoła
arouse *v* budzić
arrange *v* planować
arrangement *n* aranżacja
array *n* wybór
arrest *v* aresztować
arrest *n* areszt
arrival *n* przybycie
arrive *v* przybywać
arrogance *n* arogancja
arrogant *adj* arogancki
arrow *n* strzała
arsenal *n* arsenał
arsenic *n* arsen
arson *n* podpalenie
arsonist *n* podpalacz
art *n* sztuka
artery *n* arteria
arthritis *n* artretyzm
artichoke *n* karchoch
article *n* artykuł
articulate *v* artykułować
articulation *n* artyklulacja
artificial *adj* sztuczny
artillery *n* artyleria
artisan *n* rzemieślnik
artist *n* artysta
artistic *adj* artystyczny
as *c* ponieważ
as *adv* również

ascend *v* podnosić
ascendancy *n* przewaga
ascertain *v* stwierdzać
ascetic *adj* ascetyczny
ash *n* popiół
ashamed *adj* zawstydzony
ashore *adv* na lądzie
ashtray *n* popielniczka
aside *adv* na bok
aside from *adv* oprócz
ask *v* pytać
asleep *adj* śpiący
asparagus *n* szparag
aspect *n* aspekt
asphalt *n* asfalt
asphyxiate *v* dusić
asphyxiation *n* zaduszenie się
aspiration *n* aspiracja
aspire *v* aspirować
aspirin *n* aspiryna
assail *v* napadać
assailant *n* napastnik
assassin *n* morderca
assassinate *v* mordować
assassination *n* morderstwo
assault *n* atak
assault *v* atakować
assemble *v* gromadzić
assembly *n* zgromadzenie
assent *v* wyrażać zgodę
assert *v* zapewniać
assertion *n* twierdzenie
assess *v* szacować
assessment *n* oszacowanie
asset *n* zaleta
assets *n* aktywa
assign *v* wyznaczć
assignment *n* wyznaczenie
assimilate *v* asymilować
assimilation *n* asymilacja
assist *v* pomagać
assistance *n* pomoc
associate *v* łączyć
association *n* połączenie
assorted *adj* dobrany
assortment *n* asortyment
assume *v* przyjmować
assumption *n* założenie
assurance *n* pewność
assure *v* ubezpieczać
asterisk *n* asterysk
asteroid *n* asteroid
asthma *n* astma
asthmatic *adj* astamatyczny
astonish *v* zadziwiać
astonishing *adj* zadziwiający

astound *v* zdumiewać
astounding *adj* zdumiewający
astray *v* błąkać się
astrologer *n* astrolog
astrology *n* astrologia
astronaut *n* astronauta
astronomer *n* astronom
astronomic *adj* astronomiczny
astronomy *n* astronomia
astute *adj* bystry
asunder *adv* w oddaleniu
asylum *n* azyl
at *pre* przy
atheism *n* ateizm
atheist *n* ateista
athlete *n* atleta
athletic *adj* atletyczny
atmosphere *n* atmosfera
atmospheric *adj* atmosferyczny
atom *n* atom
atomic *adj* atomowy
atone *v* pokutować
atonement *n* pokuta
atrocious *adj* okropny
atrocity *n* okrucieństwo
atrophy *v* atrofia
attach *v* przymocować
attached *adj* przywiązany
attachment *n* przywiązanie
attack *n* atak
attack *v* atakować
attacker *n* napastnik
attain *v* osiągać
attainable *adj* osiągalny
attempt *v* próbować
attempt *n* próba
attend *v* uczęszczać
attendance *n* obecność
attendant *n* obsługujący
attention *n* uwaga
attentive *adj* uważny
attenuate *v* łagodzić
attenuating *adj* łagodzący
attest *v* poświadczać
attic *n* strych
attitude *n* nastawienie
attorney *n* adwokat
attract *v* przyciągać
attraction *n* atrakcja
attractive *adj* atrakcyjny
attribute *v* przypisywać
auction *n* aukcja
auction *v* licytować
auctioneer *n* licytator
audacious *adj* śmiały
audacity *n* śmiałość

audible *adj* słyszalny
audience *n* widownia
audit *v* sprawdzać
auditorium *n* audytorium
augment *v* powiększać
August *n* sierpień
aunt *n* ciotka
auspicious *adj* pomyślny
austere *adj* surowy
austerity *n* surowość
authentic *adj* autentyczny
authenticate *v* poświadczać
authenticity *n* autentyczność
author *n* autor
authoritarian *adj* autorytarny
authority *n* autorytet
authorization *n* autoryzacja
authorize *v* upoważniać
auto *n* auto
autograph *n* autograf
automatic *adj* automatyczny
automobile *n* automobil
autonomous *adj* autonomiczny
autonomy *n* autonomia
autopsy *n* autopsja
autumn *n* jesień
auxiliary *adj* pomocniczy
avail *v* pomagać

availability *n* dostępność
available *adj* dostępny
avalanche *n* lawina
avarice *n* skąpstwo
avaricious *adj* skąpy
avenge *v* pomścić
avenue *n* aleja
average *n* średnia
averse *adj* przeciwny
aversion *n* awersja
avert *v* odwracać
aviation *n* lotnictwo
aviator *n* lotnik
avid *adj* chciwy
avoid *v* unikać
avoidable *adj* do uniknięcia
avoidance *n* unikanie
avowed *adj* wyznany
await *v* oczekiwać
awake *iv* budzić
awake *adj* przebudzony
awakening *n* przebudzenie
award *v* nagradzać
award *n* nagroda
aware *adj* świadomy
awareness *n* świadomość
away *adv* daleko
awe *n* strach

awesome *adj* wzbudzający grozę
awful *adj* straszny
awkward *adj* niezgrabny
awning *n* zasłona
ax *n* siekiera
axiom *n* aksjom
axis *n* oś
axle *n* wał

B

babble *v* paplać
baby *n* dziecko
bachelor *n* kawaler
back *n* plecy
back *adv* wstecz
back *v* cofać się
back down *v* wycofywać się
back up *v* popierać
backbone *n* kręgosłup
backdoor *n* tylne wejście
background *n* tło
backing *n* poparcie
backlash *n* luz

backlog *n* zaleganie
backpack *n* plecak
backup *n* kopia zapasowa
backward *adj* wteczny
backwards *adv* wstecz
backyard *n* podwórze
bacon *n* bekon
bacteria *n* bakteria
bad *adj* zły
badge *n* odznaka
badly *adv* źle
baffle *v* mieszać
bag *n* torba
baggage *n* bagaż
baggy *adj* workowaty
baguette *n* bagietka
bail *n* kaucja
bail out *v* wpłacać kaucje za
bailiff *n* pomocnik szeryfa
bait *n* przynęta
bake *v* piec
baker *n* piekarz
bakery *n* piekarnia
balance *v* równoważyć
balance *n* równowaga
balcony *n* balkon
bald *adj* łysy
bale *n* zniszczony

ball *n* piłka
balloon *n* balon
ballot *n* tajne głosowanie
ballroom *n* sala balowa
balm *n* balsam
balmy *adj* balsamiczny
bamboo *n* bambus
ban *n* zakaz
ban *v* zakazywać
banality *n* banalność
banana *n* banan
band *n* pas
bandage *n* bandaż
bandage *v* bandażować
bandit *n* bandyta
bang *v* huknąć
banish *v* wypędzić
banishment *n* banicja
bank *n* bank
bankrupt *v* bankrutować
bankrupt *adj* zbankrutowany
bankruptcy *n* bankrutctwo
banner *n* sztandar
banquet *n* bankiet
baptism *n* chrzest
baptize *v* chrzcić
bar *n* bar
bar *v* zryglować

barbarian *n* barbarzyńca
barbaric *adj* barbarzyński
barbarism *n* barbarzyństwo
barbecue *n* rożen
barber *n* fryzjer
bare *adj* nagi
barefoot *adj* bosa stopa
barely *adv* zaledwie
bargain *n* transakcja
bargain *v* targować się
bargaining *n* dobijanie targu
barge *n* barka
bark *v* szczekać
bark *n* kora
barley *n* jęczmień
barmaid *n* barmanka
barman *n* barman
barn *n* stodoła
barometer *n* barometr
barracks *n* koszary
barrage *n* zapora
barrel *n* beczka
barren *adj* jałowy
barricade *n* barykada
barrier *n* bariera
barring *pre* z wyjątkiem
bartender *n* barman
barter *v* wymieniać towar

base *n* baza
base *v* opierać
baseball *n* baseball
baseless *adj* bezpodstawny
basement *n* suterena
bashful *adj* nieśmiały
basic *adj* podstawowy
basics *n* podstawy
basin *n* miska
basis *n* podstawa
bask *v* wygrzewać się
basket *n* kosz
basketball *n* koszykówka
bastard *n* bękart
bat *n* nietoperz
batch *n* wypiek
bath *n* kąpiel
bathe *v* kąpać
bathrobe *n* szlafrok
bathroom *n* łazienka
bathtub *n* wanna
baton *n* batuta
battalion *n* bataloin
batter *v* bić
battery *n* bateria
battle *n* bitwa
battle *v* walczyć
battleship *n* okręt wojenny

bay *n* zatoka
bayonet *n* bagnet
bazaar *n* bazar
be *iv* być
be born *v* urodzić się
beach *n* plaża
beacon *n* latarnia morska
beak *n* dziób
beam *n* belka
bean *n* fasola
bear *n* niedzwiedź
bear *iv* nieść, znosić
bearable *adj* znośny
beard *n* broda
bearded *adj* brodaty
bearer *n* doręczyciel
beast *n* bestia
beat *iv* bić
beat *n* uderzenie
beaten *adj* pobity
beating *n* pobicie
beautiful *adj* piękny
beautify *v* upiększać
beauty *n* piękno
beaver *n* bóbr
because *c* ponieważ
because of *pre* z powodu
beckon *v* kiwać

become *iv* stawać się
bed *n* łóżko
bedding *n* pościel
bedroom *n* sypialnia
bedspread *n* kapa
bee *n* pszczoła
beef *n* wołowina
beef up *v* uatrakcyjniać
beehive *n* ul
beer *n* piwo
beet *n* burak
beetle *n* chrząszcz
before *adv* przedtem
before *pre* przed
beforehand *adv* uprzednio
beg *v* prosić
beggar *n* żebrak
begin *iv* zaczynać
beginner *n* początkujący
beginning *n* początek
beguile *v* omamiać
behalf (on) *adv* w imieniu
behave *v* zachowywać się
behavior *n* zachowanie
behead *v* ściąć głowę
behind *pre* za
behold *iv* spostrzegać
being *n* byt

belated *adj* spóźniony
belch *v* bekać
belch *n* czkawka
belfry *n* dzwonnica
Belgian *adj* belgijski
Belgium *n* Belgia
belief *n* wiara
believable *adj* wiarygodny
believe *v* wierzyć
believer *n* człowiek wierzący
belittle *v* umniejszać
bell *n* dzwon
bell pepper *n* papryka
belligerent *adj* walczący
belly *n* brzuch
belly button *n* pępek
belong *v* należeć
belongings *n* przynależności
beloved *adj* ukochany
below *adv* poniżej
below *pre* pod
belt *n* pas
bench *n* ławka
bend *iv* zginać
bend down *v* schylać się
beneath *pre* poniżej
benediction *n* błogosławieństwo
benefactor *n* dobroczyńca

beneficial *adj* korzystny
beneficiary *n* beneficjant
benefit *n* korzyść
benefit *v* przynosić korzyść
benevolence *n* życzliwość
benevolent *adj* życzliwy
benign *adj* życzliwy
bereaved *adj* osierocony
bereavement *n* osierocenie
beret *n* beret
berserk *adv* dziki wojownik
berth *n* koja
beseech *iv* błagać
beset *iv* otaczać
beside *pre* obok, poza
besides *pre* oprócz
besiege *iv* oblegać
best *adj* najlepszy
best man *n* drużba
bestial *adj* bestialski
bestiality *n* bestialstwo
bestow *v* dawać
bet *iv* zakładać się
bet *n* zakład
betray *v* zdradzać
betrayal *n* zdrada
better *adj* lepszy
between *pre* między

beverage *n* napój
beware *v* strzec się
bewilder *v* oszałamiać
bewitch *v* czarować
beyond *adv* dalej
bias *n* ukos
bible *n* biblia
biblical *adj* biblijny
bibliography *n* bibliografia
bicycle *n* rower
bid *n* oferta
bid *iv* licytować
big *adj* duży
bigamy *n* bigamia
bigot *adj* fanatyvzny
bigotry *n* fanatyzm
bike *n* rower
bile *n* żółć
bilingual *adj* dwujęzyczny
bill *n* rachunek
billiards *n* bilard
billion *n* bilion
billionaire *n* bilioner
bimonthly *adj* dwumiesięczny
bin *n* pojemnik
bind *iv* wiązać
binding *adj* wiążący
binoculars *n* lornetka

biography *n* biografia
biological *adj* biologiczny
biology *n* biogia
bird *n* ptak
birth *n* urodzenie
birthday *n* urodziny
biscuit *n* herbatnik
bishop *n* biskup
bison *n* bizon
bit *n* odrobina
bite *iv* gryźć
bite *n* ukąszenie
bitter *adj* gorzki
bitterly *adv* gorzko
bitterness *n* gorycz
bizarre *adj* dziwaczny
black *adj* czarny
blackberry *n* jeżyna
blackboard *n* tablica
blackmail *n* szantaż
blackmail *v* szantażować
blackness *n* mrok
blackout *n* zaciemnienie
blacksmith *n* kowal
bladder *n* pęcherz
blade *n* ostrze
blame *n* wina
blame *v* winić

blameless *adj* niewinny
bland *adj* uprzejmy
blank *adj* czysty
blanket *n* koc
blaspheme *v* bluźnić
blasphemy *n* bluźnierstwo
blast *n* podmuch wiatru
blaze *v* płonąć
bleach *v* bielić
bleach *n* wybielacz
bleak *adj* ponury
bleed *iv* krwawić
bleeding *n* krwawienie
blemish *n* wada
blemish *v* plamić
blend *n* mieszanka
blend *v* łączyć
blender *n* mieszarka
bless *v* błogosławić
blessed *adj* błogosławiony
blind *v* oślepiać
blind *adj* ślepy
blindfold *n* przepaska na oczy
blindfold *v* zawiązywać oczy
blindly *adv* ślepo
blindness *n* ślepota
blink *v* mrugać oczami
bliss *n* błogość**

blissful adj błogi
blister n pęcherz
blizzard n zamieć
bloat v nadymać
bloated adj nadęty
block n blok
block v blokować
blockade v blokować
blockade n blokada
blockage n blokada
blond adj jasnowłosy
blood n krew
bloodthirsty adj krwiożerczy
bloody adj krwawy
bloom v kwitnąć
blossom v kwitnąć
blot n plama
blot v splamić
blouse n bluzka
blow n uderzenie
blow iv dmuchać
blow out iv zdmuchiwać
blow up iv wybuchać
blowout n rozerwanie
bludgeon v bić pałką
blue adj niebieski
blueprint n fotokopia
bluff v blefować

blunder n błąd
blunt adj stępiony
bluntness n szczerość
blur v plamić
blurred adj niewyraźny
blush v rumienić się
blush n rumieniec
boar n knur
board n tablica
board v wsiadać
boast v chwalić się
boat n łódź
bodily adj cielsny
body n ciało
bog n bagno
bog down v zapadać się
boil v gotować
boil over v wykipieć
boiler n bojler
boisterous adj hałaśliwy
bold adj śmiały
boldness n śmiałość
bolster v podpierać
bolt n rygiel
bolt v ryglować
bomb n bomba
bomb v bombardować
bombing n bombardowanie

bombshell *n* sensacja
bond *n* obligacja
bondage *n* niewola
bone *n* kość
bone marrow *n* szpik kostny
bonfire *n* ognisko
bonus *n* premia
book *n* książka
bookcase *n* biblioteczka
bookkeeper *n* księgowy
bookkeeping *n* księgowość
booklet *n* broszura
bookseller *n* księgarz
bookstore *n* księgarnia
boom *n* bum
boom *v* prosperować
boost *v* podwyższać
boost *n* zwyżka
boot *n* but
booth *n* budka
booty *n* łup
booze *n* alkohol
border *n* granica
border on *v* graniczyć
borderline *adj* linia graniczna
bore *v* nudzić
bored *adj* znudzony
boredom *n* nuda

boring *adj* nudny
born *adj* urodzony
borough *n* miasto
borrow *v* pożyczać
bosom *n* łono
boss *n* szef
boss around *v* poniewierać
bossy *adj* apodyktyczny
botany *n* botanika
botch *v* spartaczyć
both *adj* oboje
bother *v* kłopotać
bothersome *adj* kłopotliwy
bottle *n* butelka
bottle *v* butelkować
bottleneck *n* wąskie gardło
bottom *n* dno
bottomless *adj* bezdenny
bough *n* konar
boulder *n* głaz narzutowy
boulevard *n* bulwar
bounce *v* odbijać się
bounce *n* odbcie
bound *adj* związany
bound for *adj* zdążający
boundary *n* granica
boundless *adj* bezgraniczny
bounty *n* hojność

bourgeois *adj* burżuazyjny
bow *n* łuk
bow *v* kłaniać się
bow out *v* wycofać się
bowels *n* wnętrzności
bowl *n* misa
box *n* pudełko
box office *n* kasa
boxer *n* bokser
boxing *n* boks
boy *n* chłopiec
boycott *v* bojkot
boyfriend *n* chłopak
boyhood *n* chłopięctwo
bra *n* biustonosz
brace for *v* przygotować się
bracelet *n* bransoleta
bracket *n* nawias
brag *v* przechwalać się
braid *n* warkocz
brain *n* mózg
brainwash *v* robić pranie mózgu
brake *n* hamulec
brake *v* hamować
branch *n* gałąź
branch office *n* wydział
brand *n* marka
brand-new *adj* fabrycznie nowy

brandy *n* koniak
brat *adj* zepsuty
brave *adj* odważny
bravely *adv* odważnie
bravery *n* odwaga
brawl *n* kłótnia
breach *n* naruszenie
bread *n* chleb
breadth *n* szerokość
break *n* przerwa
break *iv* przerywać
break away *v* oderwać się
break down *v* załamać się
break free *v* uwolnić się
break in *v* włamać się
break off *v* zrywać
break open *v* otwierać
break out *v* wybuch
break up *v* rozchodzić się
breakable *adj* kruchy
breakdown *n* załamanie
breakfast *n* śniadanie
breakthrough *n* przełom
breast *n* pierś
breath *n* oddech
breathe *v* oddychać
breathing *n* oddychanie
breathtaking *adj* zapierający dech

breed *iv* hodować
breed *n* rasa
breeze *n* bryza
brethren *n* bracia
brevity *n* krótkotrwałość
brew *v* zaparzać
brewery *n* borwar
bribe *v* przekupywać
bribe *n* łapówka
bribery *n* korupcja
brick *n* cegła
bricklayer *n* murarz
bridal *adj* ślubny
bride *n* panna młoda
bridegroom *n* pan młody
bridesmaid *n* druhna
bridge *n* most
bridle *n* uzda
brief *adj* krótki
brief *v* opanowywać
briefcase *n* aktówka
briefing *n* pouczenie
briefly *adv* krótko
briefs *n* majtki
brigade *n* brygada
bright *adj* jasny
brighten *v* rozjaśniać
brightness *n* jasność

brilliant *adj* błyszczący
brim *n* skrzydło
bring *iv* przynosić
bring back *v* przynosić
bring down *v* zniżać
bring up *v* przynosić
brink *n* krawędź
brisk *adj* rześki
Britain *n* Brytania
British *adj* brytyjski
brittle *adj* kruchy
broad *adj* obeszerny
broadcast *v* transmitować
broadcast *n* transmisja
broadcaster *n* apart nadawczy
broaden *v* rozszerzać
broadly *adv* zasadniczo
broadminded *adj* tolerancyjny
brochure *n* broszura
broil *v* piec
broiler *n* brojler
broke *adj* zrujnowany
broken *adj* połamany
bronchitis *n* zapalenie oskrzeli
bronze *n* brąz
broom *n* miotła
broth *n* rosół
brother *n* brat

brotherhood *n* braterstwo
brother-in-law *n* szwagier
brotherly *adj* braterski
brow *n* brew
brown *adj* brązowy
browse *v* przeglądać
browser *n* przeglądarka
bruise *n* stłuczenie
bruise *v* potłuc
brunch *n* późne śniadanie
brunette *adj* brunet
brush *n* szczotka
brush *v* szczotkować
brush aside *v* pominąć milczeniem
brush up *v* szczotkować
brusque *adj* szorstki
brutal *adj* brutalny
brutality *n* brutalność
brutalize *v* brutalizować
brute *adj* zwierzęcy
bubble *n* bańka
bubble gum *n* guma balonowa
buck *n* kozioł
bucket *n* wiadro
buckle *n* sprzączka
buckle up *v* zapinać
bud *n* pąk
buddy *n* kumpel

budge *v* ruszać
budget *n* budżet
buffalo *n* bawół
bug *n* pluskwa
bug *v* wkurzać
build *iv* budować
builder *n* budowniczy
building *n* budowa, gmach
buildup *n* budowa
built-in *adj* wbudowany
bulb *n* żarówka
bulge *n* wybrzuszenie
bulk *n* masa
bulky *adj* przestrzenny
bull *n* byk
bull fight *n* walka byków
bull fighter *n* torreador
bullet *n* kula
bulletin *n* biuletyn
bully *adj* świetny
bulwark *n* wał ochronny
bum *n* zadek
bump *n* uderzenie
bump into *v* wpadać na
bumper *n* zderzak
bumpy *adj* wyboisty
bun *n* słodka bułka
bunch *n* wiązka

bundle *n* paczka
bundle *v* zebrać w pakiet
bunk bed *n* kuszetka
bunker *n* bunkier
buoy *n* boja
burden *n* ciężar
burden *v* obarczać
burdensome *adj* uciążliwy
bureau *n* biuro
bureaucracy *n* biurokracja
bureaucrat *n* biurokrata
burger *n* hamburger
burglar *n* włamywacz
burglarize *v* włamywać się
burglary *n* włamanie
burial *n* pogrzeb
burly *adj* tęgi
burn *iv* oparzyć
burn *n* oparzenie
burp *v* bekać
burp *n* beknięcie
burrow *n* jama
burst *iv* rozlatywać się
burst into *v* wpadać do
bury *v* grzebać
bus *n* autobus
bus *v* jechać autobusem
bush *n* krzak

busily *adv* pracowicie
business *n* biznes
businessman *n* biznesman
bust *n* biust
bustling *adj* zaaferowany
busy *adj* zajęty
but *c* ale, lecz
butcher *n* rzeźnik
butchery *n* rzeźnia
butler *n* lokaj
butt *n* beczka
butter *n* masło
butterfly *n* motyl
button *n* przycisk
buttonhole *n* dziurka od guzika
buy *iv* kupować
buy off *v* spłacać
buyer *n* kupujący
buzz *n* brzęczenie
buzz *v* brzęczeć
buzzard *n* myszołów
buzzer *n* dzwonek
by *pre* przez, przy
bye *e* do widzenia
bypass *n* bajpas
bypass *v* pomijać
by-product *n* produkt uboczny
bystander *n* naoczny świadek

C

cab *n* taksówka
cabbage *n* kapusta
cabin *n* kabina
cabinet *n* szafka
cable *n* kabel
caffeine *n* kofeina
cage *n* klatka
cake *n* ciastko
calamity *n* nieszczęście
calculate *v* obliczać
calculation *n* obliczenie
calculator *n* kalkulator
calendar *n* kalendarz
calf *n* cielę
caliber *n* kaliber
calibrate *v* kalibrować
call *n* rozmowa
call *v* wołać
call off *v* odwołać
call on *v* wzywać
call out *v* wywoływać
calling *n* głos wewnętrzny
callous *adj* zrogowaciały
calm *adj* spokojny
calm *n* spokój

calm down *v* uspokajać się
calorie *n* kaloria
calumny *n* oszczerstwo
camel *n* wielbłąd
camera *n* aparat fotograficzny
camouflage *v* kamuflaż
camouflage *n* kamuflować
camp *n* obóz
camp *v* obozować
campaign *n* kampania
campfire *n* ognisko
can *iv* móc
can *v* robić konserwy
can *n* puszka
canal *n* kanał
canary *n* kanarek
cancel *v* odwołać
cancellation *n* skasowanie
cancer *n* rak
cancerous *adj* rakowaty
candid *adj* szczery
candidacy *n* kandydatura
candidate *n* kandydat
candle *n* świeczka
candlestick *n* świecznik
candor *n* szczerość
candy *n* cukierek
cane *n* trzcina

canister *n* puszka
canned *adj* w puszkach
cannibal *n* kanibal
cannon *n* działo
canoe *n* kajak
canonize *v* kanonizować
cantaloupe *n* kantalupa
canteen *n* kantyna
canvas *n* płótno
canvas *v* badać
canyon *n* kanion
cap *n* czapka
capability *n* zdolność
capable *adj* zdolny
capacity *n* zdolność
cape *n* peleryna
capital *n* stolica
capital letter *n* duża litera
capitalism *n* kapitalizm
capitalize *v* kapitalizować
capitulate *v* kapitulować
capsize *v* wywracać się
capsule *n* kapsuła
captain *n* torebka
captivate *v* zniewalać
captive *n* jeniec
captivity *n* niewola
capture *v* schwytać
capture *n* zdobycz
car *n* samochód
carat *n* karat
carburetor *n* gaźnik
carcass *n* padlina
card *n* karta
cardboard *n* tektura
cardiac *adj* sercowy
cardiac arrest *n* zatrzymanie serca
cardiology *n* kardiologia
care *n* opieka
care *v* troszczyć się
care about *v* troszczyć się
care for *v* troszczyć się
career *n* kariera
carefree *adj* beztroski
careful *adj* troskliwy
careless *adj* niedbały
carelessness *n* niedbałść
caress *n* pieszczota
caress *v* pieścić
caretaker *n* dozorca
cargo *n* ładunek
caricature *n* karykatura
caring *adj* troskliwy
carnage *n* rzeź
carnal *adj* cielesny

carnation *n* kolor różowy
carol *n* kolęda
carpenter *n* stolarz
carpentry *n* stolarka
carpet *n* dywan
carriage *n* wóz
carrot *n* marchew
carry *v* nosić
carry on *v* kontynuować
carry out *v* wykonywać
cart *n* wóz
cart *v* przewozić
cartoon *n* karton
cartridge *n* nabój
carve *v* rzeźbić
cascade *n* kaskada
case *n* przypadek
cash *n* gotówka
cashier *n* kasjer
casino *n* kasyno
casket *n* kaseta
casserole *n* garnek
cassock *n* sutanna
cast *iv* rzucać
castaway *n* rozbitek
caste *n* kasta
castle *n* zamek
casual *adj* przypadkowy

casualty *n* nieszczęście
cat *n* kot
cataclysm *n* kataklizm
catacomb *n* katakumba
catalog *n* katalog
catalog *v* katalogować
cataract *n* katarakta
catastrophe *n* katastrofa
catch *iv* łapać
catch up *v* doganiać
catching *adj* łapiący
catchword *n* hasło
catechism *n* katechizm
category *n* kategoria
cater to *v* zaspokajać
caterpillar *n* gąsienica
cathedral *n* katedra
catholic *adj* katolicki
Catholicism *n* katolicyzm
cattle *n* bydło
cauliflower *n* kalafior
cause *n* powód
cause *v* powodować
caution *n* ostrożność
cautious *adj* ostrożny
cavalry *n* kawaleria
cave *n* jaskinia
cave in *v* załamywać się

cavern *n* pieczara
cavity *n* jama
cease *v* przerywać
cease-fire *n* przerwać ogień
ceaselessly *adv* nieustannie
ceiling *n* sufit
celebrate *v* celebrować
celebration *n* celebrowanie
celebrity *n* sława
celery *n* seler
celestial *adj* niebiański
celibacy *n* celibat
cellar *n* piwnica
cellphone *n* telefon komórkowy
cement *n* cement
cemetery *n* cmentarz
censorship *n* cenzura
censure *v* krytyka
census *n* spis
cent *n* cent
centenary *n* stulecie
center *n* centrum
center *v* skupiać
centimeter *n* centymetr
central *adj* centralny
centralize *v* centralizować
century *n* stulecie
ceramic *n* ceramika

cereal *n* zboże
cerebral *adj* mózgowy
ceremony *n* ceremonia
certain *adj* przekonany
certainty *n* pewność
certificate *n* świadectwo
certify *v* poświadczać
chagrin *n* zmartwienie
chain *n* łańcuch
chainsaw *n* piła łańcuchowa
chair *n* krzesło
chair *v* przewodniczyć
chairman *n* przewodniczący
chalet *n* szalet
chalice *n* kielich
chalk *n* kreda
chalkboard *n* tablica
challenge *v* wyzywać
challenge *n* wyzwanie
challenging *adj* śmiały
chamber *n* izba
champ *n* żucie
champion *n* mistrz
champion *v* walczyć
chance *n* szansa
chancellor *n* kanclerz
chandelier *n* żyrandol
change *v* zmieniać

change n zmiana
channel n kanał
chant n śpiew
chaos n chaos
chaotic adj chaotyczny
chapel n kaplica
chaplain n kapela
chapter n rozdział
char v zwęglać
character n charakter
charade n szarada
charbroil adj grilowany
charcoal n węgiel drzewny
charge v naliczyć
charge n opłata
charisma n charyzma
charismatic adj charyzmatyczny
charitable adj dobroczynny
charity n miłosierdzie
charm v urzekać
charm n urok
charming adj czarujący
chart n mapa
charter n statut
charter v kocesjonować
chase n polowanie
chase v ścigać
chase away v wygnać

chasm n otchłań
chaste adj cnotliwy
chastise v karać
chastisement n kara
chastity n dziewictwo
chat v gawędzić
chauffeur n szofer
cheap adj tani
cheat v oszukiwać
cheater n oszust
check n kontrola
check v sprawdzać
check in v rejestrować się
check up n sprawdzać
cheek n policzek
cheekbone n kość policzkowa
cheeky adj zuchwały
cheer v rozweselać
cheer up v pocieszać
cheerful adj wesoły
cheers n okrzyki
cheese n ser
chef n kucharz
chemical adj chemiczny
chemist n chemik
chemistry n chemia
cherish v miłówać
cherry n wiśnia

chess *n* szachy
chest *n* klatak piersiowa
chestnut *n* kasztan
chew *v* żuć
chick *n* pisklę
chicken *n* kurczak
chicken out *v* tchórzyć
chicken pox *n* ospa wietrzna
chide *v* besztać
chief *n* szef
chiefly *adv* wodzowski
child *n* dziecko
childhood *n* dzieciństwo
childish *adj* dziecinny
childless *adj* bedzietny
children *n* dzieci
chill *n* chłód
chill *v* oziębiać
chill out *v* uspokajać się
chilly *adj* chłodny
chimney *n* komin
chimpanzee *n* szympans
chin *n* podbródek
chip *n* chip
chisel *n* dłuto
chocolate *n* czekolada
choice *n* wybór
choir *n* chór
choke *v* dusić
cholera *n* cholera
cholesterol *n* cholesterol
choose *iv* wybierać
choosy *adj* grmaśny
chop *v* rąbać
chop *n* kotlet
chopper *n* tasak
chore *n* praca domowa
chorus *n* chór
christen *v* chrzcić
christening *n* chrzest
christian *adj* chrześcijański
Christianity *n* chrześcijaństwo
Christmas *n* Boże Narodzenie
chronic *adj* chroniczny
chronicle *n* kronika
chronology *n* chronologia
chubby *adj* pucołowaty
chuckle *v* chichotać
chunk *n* kwałek
church *n* kościół
chute *n* zsyp
cider *n* wino jabłkowe
cigar *n* cygaro
cigarette *n* papieros
cinder *n* żużel
cinema *n* kino

cinnamon *n* cynamon
circle *n* koło
circle *v* okrążać
circuit *n* obwód
circular *adj* kołowy
circulate *v* krążyć
circulation *n* krążenie
circumcise *v* obrzezać
circumcision *n* obrzezanie
circumstance *n* okoliczność
circus *n* cyrk
cistern *n* cysterna
citizen *n* obywatel
citizenship *n* obywatelstwo
city *n* miasto
city hall *n* ratusz
civic *adj* obywatelski
civil *adj* cywliny
civilization *n* cywilizacja
civilize *v* cywilizować
claim *v* żądać
claim *n* żądanie
clam *n* małż
clamor *v* krzyczeć
clamp *n* klamra
clan *n* klan
clandestine *adj* tajny
clap *v* oklaskiwać

clarification *n* wyjaśnienie
clarify *v* wyjaśniać
clarinet *n* klarnet
clarity *n* klarowność
clash *v* zderzać się
clash *n* kolizja
class *n* klasa
classic *adj* klasyczny
classify *v* klasyfikować
classmate *n* kolega z klasy
classroom *n* klasa
classy *adj* wysokiej klasy
clause *n* klauzula
claw *n* pazur
claw *v* chwytać w pazury
clay *n* glina
clean *adj* czysty
clean *v* sprzątać
cleaner *n* czyścicel
cleanliness *n* czystość
cleanse *v* oczyszczać
clear *adj* jasny
clear *v* oczyszczać
clearance *n* oczyszczenie
clear-cut *adj* czysty
clearly *adv* wyraźnie
clearness *n* jasność
cleft *n* rozpadlina

clemency *n* łaska
clench *v* zaciskać
clergy *n* kler
clergyman *n* duchowny
clerical *adj* kleryklany
clerk *n* urzędnik
clever *adj* zdolny
click *v* klikać
client *n* klient
clientele *n* klientela
cliff *n* klif
climate *n* klimat
climatic *adj* klimatyczny
climax *n* szczyt
climb *v* wspinać się
cling *iv* uczepić się
clinic *n* kilnika
clip *v* chwytać
clipping *n* wycinek
cloak *n* płaszcz
clock *n* zegar
clog *v* zatykać
cloister *n* klasztor
clone *v* klonować
cloning *n* klonowanie
close *v* zamykać
close *adj* zamknięty
close to *pre* blisko

closed *adj* zamknięty
closely *adv* dokładnie
closet *n* gabinet
closure *n* zamknięcie
clot *n* grudka
cloth *n* tkanina
clothe *v* ubierać
clothes *n* ubranie
clothing *n* odzież
cloud *n* chmura
cloudless *adj* bezchmurny
cloudy *adj* pochmurny
clown *n* klown
club *n* klub
club *v* zrzeszać się
clue *n* wskazówka
clumsiness *n* niezgrabność
clumsy *adj* niezgrabny
cluster *n* grono
cluster *v* skupić
clutch *n* sprzęgło
coach *v* trenować
coach *n* trener
coaching *n* trenowanie
coagulate *v* krzepnąć
coagulation *n* krzepnięcie
coal *n* węgiel
coalition *n* koalicja

coarse *adj* szorstki
coast *n* wybrzeże
coastal *adj* przybrzeżny
coastline *n* linia brzegowa
coat *n* płaszcz
coax *v* przymilać się
cob *n* kucyk
cobblestone *n* kostka brukowa
cobweb *n* pajęczyna
cocaine *n* kokaina
cock *n* kogut
cockpit *n* kokpit
cockroach *n* karaluch
cocktail *n* koktail
cocky *adj* próżny
cocoa *n* kakao
coconut *n* orzech kokosowy
cod *n* dorsz
code *n* kod
codify *v* kodować
coefficient *n* współczynnik
coerce *v* przymuszać
coercion *n* przymus
coexist *v* współistnieć
coffee *n* kawa
coffin *n* trumna
cohabit *v* współżyć ze sobą
coherent *adj* spójny

cohesion *n* złączony
coin *n* moneta
coincide *v* zbiegać się
coincidence *n* zbieg okoliczności
coincidental *adj* przypadkowy
cold *adj* zimny
coldness *n* zimno
colic *n* kolka
collaborate *v* współpracować
collaboration *n* współpraca
collaborator *n* współpracownik
collapse *v* załamać się
collapse *n* upadek
collar *n* kołnierz
collarbone *n* obojczyk
collateral *adj* równoległy
colleague *n* kolega
collect *v* zbierać
collection *n* zbiór
collector *n* kolektor
college *n* uczelnia
collide *v* zderzać się
collision *n* kolizja
cologne *n* woda kolońska
colon *n* dwukropek
colonel *n* pułkownik
colonial *adj* kolonialny
colonization *n* kolinizacja

colonize *v* kolonizować
colony *n* kolonia
color *n* kolor
color *v* kolorować
colorful *adj* barwny
colossal *adj* kolosalny
colt *n* źrebię
column *n* kolumna
coma *n* śpiączka
comb *n* grzebień
comb *v* czesać
combat *n* walka
combat *v* walczyć
combatant *n* kombatant
combination *n* kombinacja
combine *v* łączyć
combustible *n* paliwo
combustion *n* spalanie
come *iv* przychodzić
come about *v* zdarzać się
come across *v* przechodzić przez
come back *v* wracać
come down *v* spadać
come forward *v* zgłaszać się
come from *v* pochodzić z
come in *v* wchodzić
come out *v* wychodzić
come over *v* przechodzić nad

come up *v* podchodzić
comeback *n* powrót
comedian *n* komik
comedy *n* komedia
comet *n* kometa
comfort *n* komfort
comfortable *adj* komfortowy
comforter *n* pocieszyciel
comical *adj* komiczny
coming *n* nadejście
coming *adj* nadchodzący
comma *n* przecinek
command *v* rozkazywać
commander *n* dowódca
commandment *n* przykazanie
commemorate *v* czcić
commence *v* zaczynać
commend *v* polecać
commendation *n* polecenie
comment *v* komentować
comment *n* komentarz
commerce *n* handel
commercial *adj* handlowy
commission *n* komisja
commit *v* zangażować się
commitment *n* zaangażowanie
committed *adj* zaangażowany
committee *n* komitet

common *adj* wspólny
commotion *n* poruszenie
communicate *v* komunikować się
communication *n* komunikacja
communion *n* wspólnota
communism *n* komunizm
communist *adj* komunistyczny
community *n* społeczność
commute *v* dojeżdżać do
compact *adj* kompaktowy
compact *v* złożyć
companion *n* towarzysz
companionship *n* koleżeństwo
company *n* spółka
comparable *adj* porównywalny
comparative *adj* porównawczy
compare *v* porównywać
comparison *n* porównanie
compartment *n* przedział
compass *n* kompas
compassion *n* współczucie
compassionate *adj* współczujący
compatibility *n* zgodność
compatible *adj* zgodny
compatriot *n* rodak
compel *v* zmuszać
compelling *adj* wciągający
compendium *n* kompendium
compensate *v* rekompensować
compensation *n* rekompensata
compete *v* konkurować
competence *n* wiedza
competent *adj* kompetentny
competition *n* konkurs
competitive *adj* konkurencyjny
competitor *n* konkurent
compile *v* zbierać
complain *v* skarżyć (się)
complaint *n* skarga
complement *n* uzupełnienie
complete *adj* całkowity
complete *v* uzupełniać
completely *adv* całkowicie
completion *n* ukończenie
complex *adj* złożony
complexion *n* cera
complexity *n* złożoność
compliance *n* zgoda
compliant *adj* zgodny
complicate *v* komplikować
complication *n* komplikacja
complicity *n* współudział
compliment *n* komplement
complimentary *adj* pochlebny
comply *v* dostosować się
component *n* składnik

compose v komponować
composed adj złożony
composer n kompozytor
composition n kompozycja
compost n kompost
composure n opanowanie
compound n złożony
compound v składać
comprehend v zrozumieć
comprehensive adj zrozumiały
compress v ściskać
compression n ściśnięcie
comprise v zawierać
compromise n kompromis
compromise v kompromitować
compulsive adj przymusowy
compulsory adj obowiązkowy
compute v obliczyć
computer n komputer
comrade n towarzysz
con man n naciągacz
conceal v ukrywać
concede v przyznawać
conceited adj zarozumiały
conceive v pojmować
concentrate v koncentrować
concentration n koncentracja
concentric adj koncentryczny

concept n pomysł
conception n poczęcie
concern v dotyczyć
concern n obawa
concerning pre odnośnie
concert n koncert
concession n ulga
conciliate v zjednywać sobie
conciliatory adj pojednawczy
conciousness n świadomość
concise adj zwięzły
conclude v kończyć
conclusion n konkluzja
conclusive adj rozstrzygający
concoct v wymyślać
concoction n sporządzenie
concrete n beton
concrete adj betonowy
concur v zbiegać się
concurrent adj zbieżny
concussion n wstrząs
condemn v potępiać
condemnation n potępienie
condensation n kondensancja
condense v kondensować
condescend v być łaskawym
condiment n przyprawa
condition n warunek

conditional *adj* warunkowy
condolences *n* kondolencje
condone *v* przebaczyć
conducive *adj* sprzyjający
conduct *n* zachowanie
conduct *v* prowadzić
conductor *n* dyrygent
cone *n* stożek
confer *v* nadawać
conference *n* konferencja
confess *v* wyznać
confession *n* wyznanie
confessional *n* konfesjonał
confessor *n* spowiednik
confidant *n* powiernik
confide *v* zwierzać się
confidence *n* pewność siebie
confident *adj* pewny
confidential *adj* poufny
confine *v* ograniczać
confinement *n* zamknięcie
confirm *v* potwierdzać
confirmation *n* potwierdzenie
confiscate *v* konfiskować
confiscation *n* konfiskata
conflict *n* konflikt
conflict *v* być w konflikcie
conflicting *adj* sprzeczny

conform *v* dostosowywać
conformist *adj* konformistyczny
conformity *n* zgodność
confound *v* pogmatwać
confront *v* konfrontować
confrontation *n* konfrontacja
confuse *v* mylić
confusing *adj* mylący
confusion *n* pomieszanie
congenial *adj* pokrewny
congested *adj* przeciążony
congestion *n* przeciążenie
congratulate *v* gratulować
congratulations *n* gratulacje
congregate *v* zbierać
congregation *n* zebranie
congress *n* kongres
conjecture *n* przypuszczenie
conjugal *adj* małżeński
conjugate *v* konigować
conjunction *n* połączenie
conjure up *v* wyczarowywać
connect *v* łączyć
connection *n* połączenie
connive *v* tolerować
connote *v* oznaczać
conquer *v* zdobywać
conqueror *n* zdobywca

conquest *n* zdobycie
conscience *n* sumienie
conscious *adj* świadomy
conscript *n* rekrut
consecrate *v* poświecać
consecration *n* poświęcenie
consecutive *adj* kolejny
consensus *n* zgoda
consent *v* zgadzać się
consent *n* zgoda
consequence *n* konsekwencja
consequent *adj* konsekwentny
conservation *n* konserwacja
conservative *adj* konserwatywny
conserve *v* konserwować
conserve *n* konfitura
consider *v* rozważać
considerable *adj* znaczny
considerate *adj* uważający
consideration *n* rozważanie
consignment *n* wysyłka
consist *v* składać się
consistency *n* konsystencja
consistent *adj* konsystentny
consolation *n* pocieszenie
console *v* pocieszać
consolidate *v* konsolidować
consonant *n* spółgłoska

conspicuous *adj* widoczny
conspiracy *n* konspiracja
conspirator *n* konspirator
conspire *v* konspirować
constancy *n* trwałość
constant *adj* stały
constellation *n* konstelacja
consternation *n* konsternacja
constipated *adj* z zaparciem
constipation *n* zaparcie
constitute *v* tworzyć
constitution *n* konstytucja
constrain *v* zmuszać
constraint *n* przymus
construct *v* budować
construction *n* konstrukcja
constructive *adj* konstruktywny
consul *n* konsul
consulate *n* konsulat
consult *v* konsultować
consultation *n* konsultacja
consume *v* konsumować
consumer *n* konsument
consumption *n* konsumpcja
contact *v* kontaktować
contact *n* kontakt
contagious *adj* zaraźliwy
contain *v* zawierać

container *n* pojemnik
contaminate *v* zanieczyszczać
contemplate *v* kontemplować
contemporary *adj* współczesny
contempt *n* pogarda
contend *v* walczyć
contender *n* kandydat
content *adj* zawartość
content *v* zadowalać
contentious *adj* sporny
contents *n* spis rzeczy
contest *n* konkurs
contestant *n* współzawodnik
context *n* kontekst
continent *n* kontynent
continental *adj* kontynentalny
contingency *n* przypadek
contingent *adj* przypadkowy
continuation *n* kontynuacja
continue *v* kontynuować
continuity *n* ciągłość
continuous *adj* ciągły
contour *n* kontur
contraband *n* kontrabanda
contract *v* podpisać kontrakt
contract *n* kontrakt
contraction *n* zawieranie
contradict *v* zaprzeczać
contradiction *n* zaprzeczenie
contrary *adj* przeciwny
contrast *v* kontrastować
contrast *n* kontrast
contribute *v* przyczyniać się
contribution *n* wkład
contributor *n* współpracownik
contrition *n* skrucha
control *n* kontrol
control *v* kontrolować
controversial *adj* kontrowersyjny
controversy *n* kontrowersia
convalescent *adj* ozdrowieńczy
convene *v* zwołać
convenience *n* wygoda
convenient *adj* wygodny
convent *n* klasztor
convention *n* konwencja
conventional *adj* konwencjonalny
converge *v* skupiać
conversation *n* konwersacja
converse *v* konwersować
conversely *adv* odwrotnie
conversion *n* zamiana
convert *v* zamieniać
convert *n* neofita
convey *v* przekazywać

convict *v* skazywać
conviction *n* przeświadczenie
convince *v* przekonywać
convincing *adj* przekonywujący
convoluted *adj* zagmatwany
convoy *n* konwój
convulse *v* wstrząsać
convulsion *n* wstrząs
cook *v* gotować
cook *n* kucharz
cookie *n* herbatnik
cooking *n* gotowanie
cool *adj* chłodny
cool *v* ochładzać
cool down *v* ochłonąć
cooling *adj* chłodzący
coolness *n* chłód
cooperate *v* współpracować
cooperation *n* współpraca
cooperative *adj* współdziałający
coordinate *v* koordynować
coordination *n* koordynacja
coordinator *n* koordynator
cop *n* gliniarz
cope *v* radzić sobie
copier *n* kopiarka
copper *n* miedź
copy *v* kopiować
copy *n* kopia
copyright *n* prawo autorskie
cord *n* sznur
cordial *adj* serdeczny
cordless *adj* bezprzewodowy
cordon *n* kordon
core *n* rdzeń
cork *n* korek
corn *n* zboże
corner *n* kąt
cornerstone *n* kamień węgielny
cornet *n* kornet
corollary *n* wniosek
coronary *adj* wieńcowy
coronation *n* koronacja
corporal *adj* cielesny
corporal *n* kapral
corporation *n* korporacja
corpse *n* zwłoki
corpulent *adj* korpulentny
corpuscle *n* cząsteczka
correct *v* poprawiać
correct *adj* poprawny
correction *n* skorygowanie
correspond *v* odpowiadać
correspondent *n* korespondent
corresponding *adj* odpowiedni
corridor *n* korytarz

corroborate v potwierdzać
corrode v ulegać korozji
corrupt v korumpować
corrupt adj skorumpowany
corruption n korupcja
cosmetic n kosmetyk
cosmic adj kosmiczny
cosmonaut n kosmonauta
cost iv kosztować
cost n koszt
costly adj kosztowny
costume n kostium
cottage n domek
cotton n bawełna
couch n kanapa
cough n kaszel
cough v kaszel
council n rada
counsel v radzić
counsel n rada
counselor n doradca
count v liczyć
count n rachunek
countdown n odliczać
countenance n oblicze
counter n lada
counter v sprzeciwiać się
counteract v przeciwdziałać

counterfeit v naśladować
counterfeit adj fałszywy
counterpart n duplikat
countess n hrabina
countless adj niezliczony
country n kraj
countryman n rodak
countryside n okolica
county n powiat
couple n para
coupon n kupon
courage n odwaga
courageous adj odważny
courier n kurier
course n kurs
court n sąd
courteous adj grzeczny
courtesy n kurtuazja
courthouse n budynek sądu
courtship n zaloty
courtyard n dziedziniec
cousin n kuzyn
cove n zatoczka
covenant n konwencja
cover n okrycie
cover v pokrywać
cover up v przykrywać
coverage n pokrycie

covert *adj* ukryty
coverup *n* tuszowanie
covet *v* pożądać
cow *n* krowa
coward *n* tchórz
cowardice *n* tchórzostwo
cowardly *adv* tchórzliwie
cowboy *n* cowboy
cozy *adj* wygodny
crab *n* krab
crack *n* trzask
crack *v* rozbić
cradle *n* kołyska
craft *n* zręczność
craftsman *n* rzemieślnik
cram *v* napełniać
cramp *n* klamra
cramped *adj* ściśnięty
crane *n* dźwig
crank *n* dziwactwo
cranky *adj* powyginany
crap *n* bzdury
crappy *adj* obrzydliwy
crash *n* katastrofa
crash *v* rozwalić
crater *n* krater
crave *v* błagać
craving *n* pragneinie

crawl *v* pełzać
crayon *n* pastel
craziness *n* szał
crazy *adj* zwariowany
creak *v* skrzypieć
creak *n* skrzypienie
cream *n* śmietanka
creamy *adj* śmietankowy
crease *n* fałda
crease *v* miąć
create *v* tworzyć
creation *n* tworzenie
creative *adj* kreatywny
creativity *n* kreatywność
creator *n* twórca
creature *n* stworzenie
credibility *n* wiarygodność
credible *adj* wiarygodny
credit *n* kredyt
creditor *n* wierzyciel
creed *n* wiara
creek *n* zatoczka
creep *v* pełzać
creepy *adj* pełzający
crematorium *n* krematorium
crest *n* grzebiet
crevice *n* szczelina
crew *n* załoga

crib n łóżeczko dziecięce
cricket n krykiet
crime n zbrodnia
criminal adj zbrodniczy
cripple adj uszkodzony
cripple v kaleczyć
crisis n kryzys
crisp adj świeży
crispy adj kruchy
criss-cross v krzyżować
criterion n kryterium
critical adj krytyczny
criticism n krytycyzm
criticize v krytykować
critique n krytyka
crockery n naczynia gliniane
crocodile n krokodyl
crony n serdeczny przyjaciel
crook n kanciarz
crooked adj nieuczciwy
crop n urodzaj
cross n krzyż
cross adj poprzeczny
cross v krzyżować
cross out v wykreślać
crossfire n krzyżowy ogień
crossing n skrzyżowanie ulic
crossroads n skrzyżowanie dróg
crossword n krzyżówka
crouch v kucać
crow n wrona
crow v piać
crowbar n łom
crowd n tłum
crowd v tłoczyć się
crowded adj przepełniony
crown n korona
crown v koronować
crowning n koronacja
crucial adj decydujący
crucifix n krucyfiks
crucifixion n ukrzyżowanie
crucify v ukrzyżować
crude adj surowy
cruel adj okrutny
cruelty n okurcieństwo
cruise v krążyć po morzach
crumb n okruszyna
crumble v rozkruszyć
crunchy adj chrupiący
crusade n krucjata
crusader n krzyżowiec
crush v kruszyć
crushing adj miażdżący
crust n skorupa
crusty adj kruchy

crutch n kula
cry n płacz
cry v płakać
cry out v wywoływać
crying n wołanie
crystal n kryształ
cub n szczenię
cube n sześcian
cubic adj sześcienny
cubicle n izdebka
cucumber n ogórek
cuddle v tulić
cuff n mankiet
cuisine n kuchnia
culpability n wina
culprit n oskrażony
cult n kult
cultivate v kultywować
cultivation n kultywowanie
cultural adj kulturalny
culture n kultura
cumbersome adj niewygodny
cunning adj przebiegły
cup n fliżanka
cupboard n kredens
curable adj uleczalny
curator n kurator
curb v powściągać

curb n krawężnik
curdle v zsiadać się
cure v leczyć
cure n kuracja
curfew n godzina policyjna
curiosity n ciekawość
curious adj ciekawy
curl v zwijać
curl n lok
curly adj kręcony
currency n waluta
current adj aktualny
currently adv aktualnie
curse v przeklinać
curtail v obcinać
curtain n zasłona
curve n zagięcie
curve v zaginać
cushion n poduszka
cuss v przeklinać
custard n krem
custodian n opiekun
custody n opieka
custom n zwyczaj
customary adj zwyczajowy
customer n klient
customs n cło
cut n cięcie

cut *iv* ciąć
cut back *v* przycinać
cut down *v* ścinać
cut off *v* odcinać
cut out *v* wycinać
cute *adj* ładny
cutlery *n* sztućce
cutter *n* przecinarka
cyanide *n* cyjanek
cycle *n* cykl
cyclist *n* rowerzysta
cyclone *n* cyklon
cylinder *n* cylinder
cynic *adj* cyniczny
cynicism *n* cynizm
cypress *n* cyprys
cyst *n* cysta
czar *n* car

dad *n* tatuś
dagger *n* sztylet
daily *adv* codziennie
daisy *n* stokrotka
dam *n* tama
damage *n* szkoda
damage *v* uszkadzać
damaging *adj* szkodliwy
damn *v* przeklinać
damnation *n* potępienie
damp *adj* wilgotny
dampen *v* wilgotnieć
dance *n* taniec
dance *v* tańczyć
dancing *n* tańczący
dandruff *n* łupież
dangerous *adj* niebezpieczny
dangle *v* wisieć
dare *v* smieć
dare *n* wyzwanie
daring *adj* śmiały
dark *adj* ciemny
darken *v* zaciemniać
darkness *n* ciemność
darling *adj* ukochany

decay

darn v cerować
dart n żądło
dash v ciskać
dashing adj ruchliwy
data n dane
database n baza danych
date n data
date v datować
daughter n córka
daughter-in-law n synowa
daunt v zniechęcać
daunting adj zniechęcający
dawn n świt
day n dzień
daydream v bujać w obłokach
daze v oszałamiać
dazed adj oszołomiony
dazzle v oślepiać
dazzling adj oślepiający
de luxe adj luksusowy
deacon n diakon
dead adj martwy
dead end n ślepa uliczka
deaden v znieczulać
deadline n termin ostateczny
deadlock adj martwy punkt
deadly adj śmiertelny
deaf adj głuchy

deafen v ogłuszać
deafening adj ogłuszający
deafness n głuchota
deal iv zajmować się
deal n interes
dealer n dealer
dealings n interesy
dean n dziekan
dear adj szanowny
dearly adv szczerze
death n zgon
death toll n żniwo śmierci
deathbed n łoże śmierci
debase v poniżać
debatable adj dyskusyjny
debate v debatować
debate n debata
debit n debet
debris n gruzy
debt n dług
debtor n dłużnik
debunk v demaskować
debut n zadebiutować
decade n dekada
decadence n dekadencja
decaff adj bezkofeinowy
decapitate v ściąć głowę
decay v gnić

decay *n* gnicie
deceased *adj* zmarły
deceit *n* podstęp
deceitful *adj* podstępny
deceive *v* oszukiwać
December *n* grudzień
decency *n* przyzwoitość
decent *adj* przyzwoity
deception *n* oszustwo
deceptive *adj* złudny
decide *v* decydować
deciding *adj* decydujący
decimal *adj* dziesiętny
decimate *v* dziesiątkować
decipher *v* rozszyfrować
decision *n* decyzja
decisive *adj* stanowczy
deck *n* pokład
declaration *n* deklaracja
declare *v* deklarować
declension *n* deklinacja
decline *v* maleć
decline *n* spadek
decompose *v* rozłożyć
décor *n* wystrój wnętrza
decorate *v* dekorować
decorative *adj* dekoracyjny
decorum *n* decorum

decrease *v* zmniejszać
decrease *n* zmniejszenie
decree *n* dekret
decree *v* dekretować
decrepit *adj* zniszczony
dedicate *v* dedykować
dedication *n* dedykacja
deduce *v* dedukować
deduct *v* odliczać
deduction *n* dedukcja
deed *n* czyn
deem *v* uważać
deep *adj* głęboki
deepen *v* pogłębiać
deer *n* sarna
deface *v* niszczyć
defame *v* zniesławiać
defeat *v* pokonać
defeat *n* porażka
defect *n* defekt
defect *v* zdradzać
defection *n* zdrada
defective *adj* wadliwy
defend *v* bronić
defendant *n* pozwany
defender *n* obrońca
defense *n* pozwany
defenseless *adj* bezbronny

defer *v* odraczać
defiance *n* opór
defiant *adj* oporny
deficiency *n* brak
deficient *adj* deficytowy
deficit *n* deficyt
defile *v* sprofanować
define *v* definiować
definite *adj* pewny
definition *n* definicja
definitive *adj* decydujący
deform *v* deformować
deformity *n* deformacja
defraud *v* defraudować
defray *v* opłacać
defrost *v* rozmrażać
deft *adj* sprawny
defuse *v* rozbrajać
defy *v* przeciwstawić się
degenerate *v* degenerować
degenerate *adj* zdegenerowany
degeneration *n* degenaracja
degradation *n* degradacja
degrade *v* degradować
degrading *adj* poniżający
degree *n* stopień
dehydrate *v* tracić wilgoć
deign *v* zechcieć coś zrobić

deity *n* bóstwo
dejected *adj* przygnębiony
delay *v* opóźniać
delay *n* opóźnienie
delegate *v* delegować
delegate *n* delegat
delegation *n* delegacja
delete *v* usunąć
deliberate *v* deliberować
deliberate *adj* zamierzony
delicacy *n* przysmak
delicate *adj* delikatny
delicious *adj* wyborny
delight *n* radość
delight *v* zachwycać
delightful *adj* zachwycający
delinquency *n* przestępstwo
delinquent *adj* przestępczy
deliver *v* dostarczać
delivery *n* dostawa
delude *v* oszukiwać
deluge *n* potop
delusion *n* złudzenie
demand *v* żądać
demand *n* żądanie
demanding *adj* wymagający
demean *v* poniżać
demeaning *adj* poniżający

demeanor *n* zachowanie
demented *adj* oszalały
demise *n* darowizna
democracy *n* demokracja
democratic *adj* demokratyczny
demolish *v* burzyć
demolition *n* zburzenie
demon *n* demon
demonstrate *v* demonstrować
demonstrative *adj* wskazujący
demoralize *v* demoralizwoać
demote *v* degradować
den *n* nora
denial *n* zaprzeczenie
denigrate *v* oczerniać
Denmak *n* Dania
denominator *n* mianownik
denote *v* wskazywać
denounce *v* denuncjować
dense *adj* gęsty
density *n* gęstość
dent *v* wyginać
dent *n* wklęśnięcie
dental *adj* dentystyczny
dentist *n* dentysta
dentures *n* sztuczna szczęka
deny *v* zaprzeczać
deodorant *n* dezodoroant

depart *v* odchodzić
department *n* departament
departure *n* odejście
depend *v* zależeć
dependable *adj* pewny
dependence *n* zależność
dependent *adj* zależny
depict *v* przedstawiać
deplete *v* opróżniać
deplorable *adj* żałosny
deplore *v* opłakiwać
deploy *v* rozwijać
deployment *n* rozwinięcie
deport *v* deportować
deportation *n* deportacja
depose *v* usuwać
deposit *n* depozyt
depot *n* skład
deprave *adj* deprawować
depravity *n* deprawacja
depreciate *v* obniżać wartość
depreciation *n* deprecjacja
depress *v* obniżać
depressing *adj* załamujący
depression *n* depresja
deprivation *n* pozbawienie
deprive *v* pozbawiać
deprived *adj* pozbawiony

depth *n* głębokość
derail *v* wykolejać
derailment *n* wykolejenie
deranged *adj* zdezorganizowany
derelict *adj* opuszczony
deride *v* wyśmiewać
derivative *adj* pochodny
derive *v* wywodzić się
derogatory *adj* poniżający
descend *v* pochodzić
descendant *n* potomek
descent *n* pochodzenie
describe *v* opisywać
description *n* opis
descriptive *adj* opisowy
desecrate *v* bezcześcić
desegregate *v* znosić segregację
desert *n* pustynia
desert *v* dezerterować
deserted *adj* bezludny
deserter *n* dezerter
deserve *v* załugiwać na coś
deserving *adj* zasługujący
design *n* projekt
designate *v* desygnować
desirable *adj* pożądany
desire *n* pożądanie
desire *v* pożądać

desist *v* odstępować
desk *n* biurko
desolate *adj* spustoszony
desolation *n* spustoszenie
despair *n* rozpacz
desperate *adj* zrozpaczony
despicable *adj* podły
despise *v* gardzić
despite *c* wbrew
despondent *adj* przygnębiony
despot *n* despota
despotic *adj* despotyczny
dessert *n* deser
destination *n* cel
destiny *n* przeznaczenie
destitute *adj* pozbawiony
destroy *v* niszczyć
destroyer *n* niszczyciel
destruction *n* zniszczenie
destructive *adj* destruktywny
detach *v* odłączać
detail *n* detal
detain *v* zatrzymywać
detect *v* dostrzegać
detective *n* detektyw
detector *n* detektor
detention *n* areszt
deter *v* powstrzymywać

detergent *n* detergent
deteriorate *v* pogarszać
deterioration *n* pogorszenie
determination *n* determinacja
determine *v* określać
deterrence *n* odstraszenie
detest *v* nienawidzić
detestable *adj* znienawidzony
detonate *v* detonować
detonation *n* detonacja
detonator *n* detonator
detour *n* objazd
detriment *n* strata
detrimental *adj* niekorzystny
devaluation *n* dewaluacja
devalue *v* dewaluować
devastate *v* dewastować
devastating *adj* niszczący
devastation *n* dewastacja
develop *v* rozwijać
development *n* rozwój
deviation *n* dewiacja
device *n* urządzenie
devil *n* diabeł
devious *adj* odległy
devise *v* wymyślać
devoid *adj* pozbawiony
devote *v* poświęcać
devotion *n* poświęcenie
devour *v* pożerać
devout *adj* pobożny
dew *n* rosa
diabetes *n* cukrzyca
diabetic *adj* cukrzycowy
diabolical *adj* diaboliczny
diagnose *v* diagnozować
diagnosis *n* diagnoza
diagonal *adj* przekątny
diagram *n* diagram
dial *n* tarcza
dial *v* wybierać numer
dial tone *n* sygnał zgłoszenia
dialect *n* dialekt
dialogue *n* dialog
diameter *n* średnica
diamond *n* diament
diaper *n* pieluszka
diarrhea *n* biegunka
diary *n* pamiętnik
dice *n* kostki do gry
dictate *v* dyktować
dictator *n* dyktator
dictatorial *adj* dyktatorski
dictatorship *n* dyktatura
dictionary *n* słownik
die *v* umierać

disappointment

die out *v* wyginąć
diet *n* dieta
differ *v* różnić się
difference *n* różnica
different *adj* różny
difficult *adj* trudny
difficulty *n* trudność
diffuse *v* rozpraszać
dig *iv* kopać
digest *v* przetrawić
digestion *n* trawienie
digestive *adj* trawienny
digit *n* cyfra
dignify *v* uszlachetniać
dignitary *n* dygnitarz
dignity *n* godność
digress *v* robić dygresje
dilapidated *adj* zniszczony
dilemma *n* dylemat
diligence *n* pilność
diligent *adj* pilny
dilute *v* rozpuszczać
dim *adj* przyćmiony
dim *v* przyciemniać
dimension *n* rozmiar
diminish *v* zmniejszać
dine *v* jeść obiad
dining room *n* jadalnia

dinner *n* obiad
dinosaur *n* dinozaur
diocese *n* diecezja
diphthong *n* dyftong
diploma *n* dyplom
diplomacy *n* dyplomacja
diplomat *n* dyplomata
diplomatic *adj* dyplomatyczny
dire *adj* straszny
direct *adj* bezpośredni
direct *v* kierować
direction *n* kierunek
director *n* dyrektor
directory *n* katalog
dirt *n* brud
dirty *adj* brudny
disability *n* niemożność
disabled *adj* niepełnosprawny
disadvantage *n* wada
disagree *v* byc innego zdania
disagreeable *adj* nieprzyjemny
disagreement *n* niezgodność
disappear *v* znikać
disappearance *n* zniknięcie
disappoint *v* rozczarowywać
disappointing *adj* rozczarowywujący
disappointment *n* rozczarowanie

disapproval *n* dezaprobata
disapprove *v* nie pochwalać
disarm *v* rozbrajać
disarmament *n* robrojenie
disaster *n* katastrofa
disastrous *adj* katastrofalny
disband *v* rozpraszać
disbelief *n* niewiara
disburse *v* wypłacać
discard *v* zaniechać
discern *v* spostrzegać
discharge *v* rozładowywać
discharge *n* rozładowanie
disciple *n* uczeń
discipline *n* dyscyplina
disclaim *v* zrzekać się
disclose *v* wyjawiać
discomfort *n* dyskomfort
disconnect *v* rozłaczać
discontent *adj* niezadowolony
discontinue *v* przerywać
discord *n* niezgoda
discordant *adj* niezgodny
discount *n* dyskonto
discount *v* dyskontować
discourage *v* zniechęcać
discouragement *n* zniechęcenie
discouraging *adj* zniechęcający

discourtesy *n* niegrzeczność
discover *v* odkrywać
discovery *n* odkrycie
discredit *v* dyskredytować
discreet *adj* dyskretny
discrepancy *n* niezgodność
discretion *n* dyskrecja
discriminate *v* dyskryminować
discrimination *n* dyskryminacja
discuss *v* dyskutować
discussion *n* dyskusja
disdain *n* pogarda
disease *n* choroba
disembark *v* wyładowywać
disenchanted *adj* rozczarowany
disentangle *v* rozwikłać
disfigure *v* szpecić
disgrace *n* hańba
disgrace *v* hańbić
disgraceful *adj* haniebny
disgruntled *adj* niezadowolony
disguise *v* przebrać się
disguise *n* przebranie
disgust *n* wstręt
disgusting *adj* wsrętny
dish *n* danie
dishearten *v* zniechęcać
dishonest *adj* nieuczciwy

dishonesty *n* nieuczciwość
dishonor *n* dyshonor
dishonorable *adj* haniebny
dishwasher *n* zmywarka
disillusion *n* rozczarowanie
disinfect *v* dezynfekować
disinherit *v* wydziedziczać
disintegrate *v* rozdrabniać
disintegration *n* dezintegracja
disinterested *adj* bezinteresowny
disk *n* dysk
dislike *v* nie lubić
dislike *n* niechęć
dislocate *v* zwichnąć
dislodge *v* usuwać
disloyal *adj* nielojalny
disloyalty *n* nielojalność
dismal *adj* posępny
dismantle *v* demontować
dismay *n* konsternacja
dismay *v* konsternować
dismiss *v* odprawiać
dismissal *n* dymisja
dismount *v* zsiadać
disobedience *n* nieposłuszeństwo
disobedient *adj* nieposłuszny
disobey *v* być nie posłusznym
disorder *n* nieporządek

disorganized *adj* zdezorganizowany
disoriented *adj* zdezorientowany
disown *v* zapierać się
disparity *n* różnica
dispatch *v* wysłać
dispel *v* rozpędzać
dispensation *n* dyspensa
dispense *v* wydawać
dispersal *n* rozproszenie
disperse *v* rozpraszać
displace *v* przemieszczać
display *n* pokaz
display *v* pokazywać
displease *v* irytować
displeasing *adj* urażający
displeasure *n* niezadowolenie
disposal *n* usuwanie
dispose *v* usuwać
disprove *v* odeprzeć
dispute *n* spór
dispute *v* dysputować
disqualify *v* dyskwalifikować
disregard *v* lekceważyć
disrepair *n* zaniedbanie
disrespect *n* brak szacunku
disrespectful *adj* lekceważący
disrupt *v* rozrywać

disruption *n* rozerwanie
dissatisfied *adj* niezadowolony
disseminate *v* szerzyć
dissent *v* być innego zdania
dissident *adj* niezgodny
dissimilar *adj* niepodobny
dissipate *v* roztrwonić
dissolute *adj* rozpustny
dissolution *n* rozkład
dissolve *v* rozpuszczać
dissonant *adj* dysharmonijny
dissuade *v* wyperswadować
distance *n* dystans
distant *adj* odległy
distaste *n* awersja
distasteful *adj* wstrętny
distill *v* destylować
distinct *adj* odmienny
distinction *n* dystynkcja
distinctive *adj* wyróżniający
distinguish *v* odróżniać
distort *v* zniekształcać
distract *v* rozpraszać
distraction *n* dystrakcja
distraught *adj* zakłopotany
distress *n* strapienie
distress *v* trapić
distressing *adj* niepokojący

distribute *v* rozprowadzać
distribution *n* dystrybucja
district *n* rejon
distrust *n* nieufność
distrust *v* nie ufać
distrustful *adj* nieufny
disturb *v* niepokoić
disturbance *n* zaniepokojenie
disturbing *adj* niepokojący
disunity *n* rozłączność
disuse *n* zarzucenie
ditch *n* rów
dive *v* nurkować
diver *n* nurek
diverse *adj* rozmaity
diversify *v* urozmaicać
diversion *n* dywersja
diversity *n* rozmaitość
divert *v* odwracać kierunek
divide *v* dzielić
dividend *n* dywydenda
divine *adj* boski
diving *n* nurkowanie
divinity *n* boskość
divisible *adj* podzielny
division *n* podział
divorce *n* rozwód
divorce *v* rozwodzić

divorcee *n* rozwodnik
divulge *v* wyjawiać
dizziness *n* zawrót głowy
do *iv* robić
docile *adj* pojętny
docility *n* łatwość pojmowania
dock *n* dok
dock *v* dokować
doctor *n* doktor
doctrine *n* doktryna
document *n* dokument
documentary *n* film dokumentalny
documentation *n* dokumentacja
dodge *v* wymykać się
dog *n* pies
dogmatic *adj* dogamtyczny
doll *n* lalka
dollar *n* dolar
dolphin *n* delfin
dome *n* kopuła
domestic *adj* domowy
domesticate *v* oswajać
dominate *v* dominować
domination *n* dominacja
domineering *adj* despotyczny
dominion *n* dominium
donate *v* darować

donation *n* darowizna
donkey *n* małpa
donor *n* dawca
doom *n* przeznaczenie
door *n* drzwi
doorbell *n* dzwonek u drzwi
doorstep *n* stopień u drzwi
doorway *n* wejście
dope *n* narkotyk
dope *v* narkotyzować się
dormitory *n* dormitorium
dosage *n* dawkowanie
dossier *n* akta
dot *n* kropka
double *adj* podwójny
double *v* podwajać
double-cross *v* oszukać
doubt *n* wątpliwość
doubt *v* wątpić
doubtful *adl* wątpliwy
dough *n* forsa
dove *n* gołąb
down *adv* na dół
down payment *n* zadatek
downcast *adj* przybity
downfall *n* upadek
downhill *adv* opadający
downpour *n* ulewa

downsize v zmniejaszać się
downstairs adv na dole
down-to-earth adj praktyczny
downtown n centrum miasta
downtrodden adj tyranizowany
downturn n obniżenie
dowry n posag
doze n drzemka
doze v drzemać
dozen n tuzin
draft n zarys
draft v szkicować
draftsman n kreślarz
drag v ciągnąć
dragon n smok
drain v osuszać
drainage n osuszanie
dramatic adj dramatyczny
dramatize v dramatyzować
drape n drapować
drastic adj drastyczny
draw n losowanie
draw iv rysować
drawback n wada
drawer n szuflada
drawing n rysunek
dread v bać się
dreaded adj straszny

dreadful adj okropny
dream iv marzyć
dream n marzenie
dress n strój
dress v ubierać się
dresser n kredens kuchenny
dressing n przyprrawa
dried adj suszony
drift v dryfować
drift apart v rozdzielić się
drifter n włóczęga
drill v nomada
drill n ćwiczenie
drink iv pić
drink n napój
drinkable adj pitny
drinker n pijak
drip v kapać
drip n kapanie
drive n przejażdżka
drive iv kierować
drive at v dążyć do czegoć
drive away v odpędzać
driver n kierowca
driveway n droga
drizzle v mżyć
drizzle n mżawka
drop n kropla

dynasty

drop v kropić
drop in v wpadać
drop off v odpadać
drop out v wypuszczać
drought n susza
drown v tłumić
drowsy adj senny
drug n narkotyk
drug v narkotyzować
drugstore n apteka
drum n bęben
drunk adj pijany
drunkenness n pijaństwo
dry v wysuszać
dry adj suchy
dryer n suszarka
dual adj podwójny
dubious adj wątpliwy
duchess n księżna
duck n kaczka
duck v zanurzać w wodzie
duct n kanał
due adj należny
duel n pojedynek
dues n opłaty
duke n książę
dull adj nudny
duly adv słusznie

dumb adj niemy
dummy n niemowa
dummy adj sztuczny
dump v wyrzucać
dump n śmietnisko
dung n nawóz
dungeon n loch
dupe v oszukiwać
duplicate v kopiować
duplication n duplikacja
durable adj trwały
duration n trwanie
during pre podczas
dusk n zmierzch
dust n kurz
dusty adj zakurzony
Dutch adj holenderski
duty n obowiązek
dwarf n karzeł
dwell iv mieszkać
dwelling n mieszkanie
dwindle v zmniejszać
dye v farbować
dye n farba
dying adj umierający
dynamic adj dynamiczny
dynamite n dynamit
dynasty n dynastia

E

each *adj* każdy
each other *adj* sobie wzajemnie
eager *adj* pełen entuzjazmu
eagerness *n* zapał
eagle *n* orzeł
ear *n* ucho
earache *n* ból ucha
eardrum *n* błona bębenkowa
early *adv* wcześnie
earmark *v* znakowa
earn *v* zarabiać
earnestly *adv* poważnie
earnings *n* zarobki
earphones *n* słuchawki
earring *n* kolczyk
earth *n* ziemia
earthquake *n* trzęsienie ziemi
earwax *n* woskowina
ease *v* łagodzić
ease *n* spokój
easily *adv* łatwo
east *n* wschód
Easter *n* Wielkanoc
eastern *adj* wschodni
eastward *adv* na wschód
easy *adj* łatwy
eat *iv* jeść
eat away *v* wyżerać
eavesdrop *v* podsłuchiwać
ebb *v* odpływać
eccentric *adj* ekcentryczny
echo *n* echo
eclipse *n* zaćmienie
ecology *n* ekologia
economical *adj* ekonomiczny
economize *v* oszczędzać
economy *n* ekonomia
ecstasy *n* ekstaza
ecstatic *adj* ekstatyczny
edge *n* krawędź
edgy *adj* kanciasty
edible *adj* jadalny
edifice *n* gmach
edit *v* edytować
edition *n* edycja
educate *v* edukować
educational *adj* edukacyjny
eerie *adj* dziwny
effect *n* efekt
effective *adj* efektowny
effectiveness *n* efektywność
efficiency *n* sprawność
efficient *adj* sprawny

effigy *n* wizerunek
effort *n* wysiłek
effusive *adj* wylewny
egg *n* jajko
egg white *n* białko
egoism *n* egoizm
egoist *n* egoista
eight *adj* osiem
eighteen *adj* osiemnaście
eighth *adj* ósmy
eighty *adj* osiemdziesiąć
either *adj* którykolwiek
either *adv* też
eject *v* wyrzucać
elapse *v* mijać
elastic *adj* elastyczny
elated *adj* podenicony
elbow *n* łokieć
elder *n* człowiek starszy
elderly *adj* starszy
elect *v* wybierać
election *n* elekcja
electric *adj* elektryczny
electrician *n* elektryk
electricity *n* elektryczność
electrify *v* elektryfikować
electrocute *v* porazić prądem
electronic *adj* elektroniczny

elegance *n* elegancja
elegant *adj* eleganki
element *n* element
elementary *adj* elementarny
elephant *n* słoń
elevate *v* podmosić
elevation *n* elewacja
elevator *n* winda
eleven *adj* jedenaście
eleventh *adj* jedenasty
eligible *adj* odpowiedni
eliminate *v* eliminować
elm *n* wiąz
eloquence *n* elokwencja
else *adv* inaczej
elsewhere *adv* gdzie indziej
elude *v* uchodzić
elusive *adj* nieuchwytny
emaciated *adj* wychudzony
emanate *v* emanować
emancipate *v* emancypować
embalm *v* balsamować
embark *v* załadować na statek
embarrass *v* zakłopotać
embassy *n* ambasada
embellish *v* upiekszać
embers *n* żar
embezzle *v* sprzeniewierzać

embitter v rozgoryczać
emblem n emblemat
embody v wcielać
emboss v ryć
embrace v obejmować
embrace n objęcie
embroider v haftować
embroidery n haft
embroil v zagmatwać
embryo n embrion
emerald n szmaragd
emerge v pojawiać się
emergency n nagły wypadek
emigrant n emigrant
emigrate v emigrować
emission n emisja
emit v emitować
emotion n emocja
emotional adj emocjonalny
emperor n imperator
emphasis n nacisk
emphasize v kłaść nacisk
empire n imperium
employ v zatrudniać
employee n pracownik
employer n pracodawca
employment n zatrudnienie
empress n cesarzowa

emptiness n pustka
empty adj pusty
empty v opróżniać
enable v umożliwiać
enchant v czarować
enchanting adj czarujący
encircle v okrążać
enclave n enklawa
enclose v załączać
enclosure n załącznik
encompass v otaczać
encounter v spotykać
encounter n spotkanie
encourage v zachęcać
encroach v wdzierać się
encyclopedia n encyklopedia
end n koniec
end v kończyć
end up v zakończyć
endanger v ryzykować
endeavor v usiłować
endeavor n wysiłek
ending n zakończenie
endless adj nie kończący się
endorse v umieszczać uwagę
endorsement n poparcie
endure v znosić
enemy n wróg

energetic *adj* energetyczny
energy *n* energia
enforce *v* narzucać
engage *v* angażować
engaged *adj* zaręczony
engagement *n* zaręczyny
engine *n* silnik
engineer *n* inżynier
England *n* Anglia
English *adj* angielski
engrave *v* wyryć
engraving *n* rytownictwo
engrossed *adj* zaabsorbowany
engulf *v* pochłaniać
enhance *v* wzmagać
enjoy *v* cieszyć się
enjoyable *adj* przyjemny
enjoyment *n* przyjemność
enlarge *v* powiększać
enlargement *n* powiększenie
enlighten *v* oświecać
enlist *v* werbować
enormous *adj* ogromny
enough *adv* dość
enrage *v* rozwścieczać
enrich *v* wzbogacać
enroll *v* werbować
enrollment *n* pobór

ensure *v* zapewniać
entail *v* pociągać za sobą
entangle *v* plątać
enter *v* wchodzić
enterprise *n* przedsiębiorstwo
entertain *v* zabawiać
entertaining *adj* zabawny
entertainment *n* zabawa
enthrall *v* oczarowywać
enthralling *adj* czarujący
enthuse *v* entuzjaznować
enthusiasm *n* entuzjazm
entice *v* wabić
enticement *n* pokusa
enticing *adj* kuszący
entire *adj* cały
entirely *adv* całkowicie
entrance *n* wejście
entreat *v* błagać
entree *n* przystawka
entrenched *adj* zakorzeniony
entrepreneur *n* przedsiębiorca
entrust *v* powierzać
entry *n* wejście
enumerate *v* wyliczać
envelop *v* owijać
envelope *n* koperta
envious *adj* zawistny

environment n środowisko
envisage v patrzyć w oczy
envoy n wysłannik
envy n zazdrość
envy v zadrościć
epidemic n epidemia
epilepsy n epilepsja
episode n epizod
epistle n list
epitaph n eptafimu
epitomize v streszczać
epoch n epoka
equal adj równy
equality n równoe rzeczy
equate v równać się
equation n równanie
equator n równik
equilibrium n równowaga
equip v zaopatrywać
equipment n ekwipunek
equivalent adj równoważny
era n era
eradicate v wykorzeniać
erase v wymazywać
erect v wznosić
erect adj prosty
err v błądzić
errand n sprawa

erroneous adj błędny
error n błąd
erupt v wybuchać
eruption n wybuch
escalate v eskalować
escalator n nasilać
escapade n eskapada
escape v uciekać
escort n eskorta
esophagus n przełyk
especially adv specjalnie
espionage n szpiegostwo
essay n esej
essence n esencja
essential adj zasadniczy
establish v zakładać
estate n stan
esteem v szacunek
estimate v oceniać
estimation n oszacowanie
estranged adj odseparowany
estuary n ujście
eternity n wieczność
ethical adj etyczny
ethics n etyka
etiquette n etykieta
euphoria n euforia
Europe n Europa

European *adj* europejski
evacuate *v* ewakuować
evade *v* unikać
evaluate *v* oceniać
evaporate *v* parować
evasion *n* unikanie
evasive *adj* wymijający
eve *n* wigilia
even *adj* nawet
even if *c* nawet jeśli
even more *c* nawet więcej
evening *n* wieczór
event *n* zdarzenie
eventuality *n* ewentualność
eventually *adv* w końcu
ever *adv* zawsze
everlasting *adj* wieczny
every *adj* wszelki
everybody *pro* każdy
everyday *adj* powszechni
everyone *pro* każdy
everything *pro* wszystko
evict *v* eksmitować
evidence *n* dowód
evil *n* zło
evil *adj* zły
evoke *v* wywoływać
evolution *n* ewolucja

evolve *v* rozwijać
exact *adj* dokładny
exaggerate *v* wyolbrzymiać
exalt *v* potęgować
examination *n* egzamin
examine *v* egzaminować
example *n* przykład
exasperate *v* rozdrażniać
excavate *v* wykopywać
exceed *v* przekraczać
exceedingly *adv* niezmiennie
excel *v* przewyższać
excellence *n* doskonałość
excellent *adj* doskonały
except *pre* z wyjątkiem
exception *n* wyjątek
exceptional *adj* wyjątkowy
excerpt *n* wyjątek
excess *n* nadmiar
excessive *adj* nadmierny
exchange *v* wymieniać
excite *v* ekscytować
excitement *n* podniecenie
exciting *adj* podniecający
exclaim *v* wołać
exclude *v* wyłączać
excruciating *adj* straszliwy
excursion *n* wycieczka

excuse *v* usprawiedliwiać
excuse *n* wytłumaczenie
execute *v* wykonywać
executive *n* egzekutywa
exemplary *adj* wzorowy
exemplify *v* ilustrować
exempt *adj* uwalniać
exemption *n* uwolnienie
exercise *n* ćwiczenie
exercise *v* ćwiczyć
exert *v* stosować
exertion *n* stosowanie
exhaust *v* wyczerpać
exhausting *adj* wyczerpujący
exhaustion *n* wyczerpanie
exhibit *v* pokazywać
exhibition *n* pokaz
exhilarating *adj* radosny
exhort *v* napominać
exile *n* banicja
exist *v* egzystować
existence *n* egzystencja
exit *n* wyjście
exodus *n* eksodus
exonerate *v* uwalniać
exorbitant *adj* nadmierny
exorcist *n* egzorcysta
exotic *adj* egzotczyny

expand *v* rozszerzać
expansion *n* ekspansja
expect *v* oczekiwać
expectancy *n* perspektywa
expectation *n* oczekiwanie
expediency *n* stosowność
expedient *adj* stosowny
expedition *n* ekspedycja
expel *v* wydalać
expenditure *n* wydatek
expense *n* koszt
expensive *adj* kosztowny
experience *n* doświadczenie
experiment *n* eksperyment
expert *adj* fachowy
expiate *v* odpokutować
expiation *n* odpokutowanie
expiration *n* wygaśnięcie
expire *v* wygasać
explain *v* wyjasniać
explicit *adj* wyraźny
explode *v* eksplodować
exploit *v* eskploatować
exploit *n* wyczyn
explore *v* badać
explorer *n* badacz
explosion *n* eksplozja
explosive *adj* wybuchowy

explotation *n* eksploatacja
export *v* eksportować
expose *v* wystawiać
exposed *adj* widoczny
express *adj* ekspresowy
expression *n* ekspresja
expressly *adv* wyraźnie
expropriate *v* konfiskować
expulsion *n* wydalenie
exquisite *adj* wspaniały
extend *v* roszerzać
extension *n* rozszerzenie
extent *n* zasięg
extenuating *adj* zmniejszający
exterior *adj* zewnętrzny
exterminate *v* wytępić
external *adj* zewnętrzny
extinct *adj* wymarły
extinguish *v* gasić
extort *v* wydzierać
extortion *n* wymuszenie
extra *adv* dodatkowo
extract *v* wyciągać
extradite *v* ekstradować
extradition *n* ekstradycja
extraneous *adj* obcy
extravagance *n* ekstrawagancja
extravagant *adj* ekstrawagancki

extreme *adj* ekstremalny
extremist *adj* ekstermistyczny
extremities *n* skrajności
extricate *v* wyplątywać
extroverted *adj* ekstrawertyczny
exude *v* wydzielać
exult *v* radować się
eye *n* oko
eyebrow *n* brew
eyeglasses *n* okulary
eyelash *n* rzęsa
eyelid *n* powieka
eyesight *n* wzrok
eyewitness *n* świadek naoczny

fable *n* bajka
fabric *n* tkanina
fabricate *v* fabrykować
fabulous *adj* bajeczny
face *n* twarz
face up to *v* stawia czoło
facet *n* ścianka

facilitate *v* ułatwia
facing *pre* stający naprzeciw
fact *n* fakt
factor *n* czynnik
factory *n* fabryka
factual *adj* faktyczny
faculty *n* fakultet
fad *n* kaprys
fade *v* zanikać
faded *adj* wyblakły
fail *v* oblać egzamin
failure *n* niepowodzenie
faint *v* mdleć
faint *n* zemdlenie
faint *adj* blady
fair *n* jarmark
fair *adj* piękny
fairness *n* sprawiedliwość
fairy *n* wróżka
faith *n* wiara
faithful *adj* wierny
fake *v* fałszować
fake *adj* zmyślony
fall *n* upadek
fall *iv* upadać
fall back *v* cofać się
fall behind *v* pozostawać w tyle
fall down *v* przewracać się

fall through *v* oblać egzamin
fallacy *n* błędne pojęcie
fallout *n* pył radioaktywny
falsehood *n* kłamstwo
falsify *v* fałszować
falter *v* chwiać się
fame *n* sława
familiar *adj* znajomy
family *n* rodzina
famine *n* głód
famous *adj* sławny
fan *n* entuzjasta
fanatic *adj* fanatyczny
fancy *adj* fantazyjny
fang *n* kieł
fantastic *adj* fantastyczny
fantasy *n* fantazja
far *adv* daleko
faraway *adj* daleki
farce *n* farsa
fare *n* opłata
farewell *n* pożegnanie
farm *n* farma
farmer *n* farmer
farming *n* gospodarka
farther *adv* dalej
fascinate *v* fascynować
fashion *n* moda

fashionable *adj* modny
fast *adj* szybki
fasten *v* przymocowywać
fat *n* tłuszcz
fat *adj* tłusty
fatal *adj* śmiertelny
fate *n* los
fateful *adj* proroczy
father *n* ojciec
fatherhood *n* ojcostwo
father-in-law *n* teść
fatherly *adj* ojcowski
fathom out *v* zrozumieć
fatigue *n* zmęczenie
fatten *v* tuczyć
fatty *adj* tłuszczowy
faucet *n* kurek
fault *n* błąd
faulty *adj* błędny
favor *n* przysługa
favorable *adj* sprzyjający
favorite *adj* ulubiony
fear *n* obawa
fearful *adj* straszny
feasible *adj* wykonalny
feast *n* święto
feat *n* czyn
feather *n* pióro

feature *n* cecha
February *n* luty
fed up *adj* zniechęcony
federal *adj* federalny
fee *n* opłata
feeble *adj* słaby
feed *iv* karmić
feedback *n* reakcja
feel *iv* czuć
feeling *n* uczucie
feelings *n* uczucia
feet *n* stopy
feign *v* udawać
fellow *n* towarzysz
fellowship *n* wpółudział
felon *n* przestępca
felony *n* przestępstwo
female *n* kobieta
feminine *adj* kobiecy
fence *n* ogrodzenie
fencing *n* szermierka
fend *v* bronić
fend off *v* odpierać
fender *n* zderzak
ferment *v* fermentować
ferment *n* fermentacja
ferocious *adj* dziki
ferocity *n* dzikość**

ferry *n* prom
fertile *adj* urodzajny
fertility *n* urodzajność
fertilize *v* użyniać
fervent *adj* gorący
fester *v* ropieć
festive *adj* uroczysty
festivity *n* uroczystość
fetid *adj* śmierdzący
fetus *n* płód
feud *n* wendeta
fever *n* gorączka
feverish *adj* gorączkowy
few *adj* niewielu
fewer *adj* mniej
fiancé *n* narzeczony
fiber *n* włókno
fickle *adj* zmienny
fiction *n* fikcja
fictitious *adj* fikcyjny
fiddle *n* skrzypce
fidelity *n* wierność
field *n* pole
fierce *adj* dziki
fiery *adj* ognisty
fifteen *adj* piętnaście
fifth *adj* piąty
fifty *adj* pięćdziesiąt
fifty-fifty *adv* pięćdziesiąt pięć
fig *n* figa
fight *iv* walczyć
fight *n* walka
fighter *n* wojownik
figure *n* figura
figure out *v* zrozumieć
file *v* ułożyć
file *n* akta
fill *v* napełniać
filling *n* wypełnienie
film *n* film
filter *n* filter
filter *v* filtrować
filth *n* brud
filthy *adj* brudny
fin *n* płetwa
final *adj* końcowy
finalize *v* finalizować
finance *v* finansować
financial *adj* finansowy
find *iv* znajdować
find out *v* dowiadywać się
fine *n* grzywna
fine *v* karać grzywną
fine *adv* pięknie
fine *adj* świetny
fine print *n* drobny druk

finger *n* palec
fingernail *n* paznokieć
fingerprint *n* odcisk palca
fingertip *n* czubek palca
finish *v* kończyć
Finland *n* Finlandia
Finnish *adj* fiński
fire *v* rozpalać
fire *n* ogień
firearm *n* broń palna
firecracker *n* petarda
firefighter *n* strażak
fireman *n* strażak
fireplace *n* kominek
firewood *n* drewno opałowe
fireworks *n* fajerwerk
firm *adj* mocny
firm *n* firma
firmness *n* stałość
first *adj* pierwszy
fish *n* ryba
fisherman *n* rybak
fishy *adj* podejrzany
fist *n* pięść
fit *n* atak
fit *v* odpowiadać
fitness *n* sprawność
fitting *adj* stosowny

five *adj* piąty
fix *v* ustalać
fjord *n* fiord
flag *n* flaga
flagpole *n* maszt flagi
flamboyant *adj* kwiecisty
flame *n* płomień
flammable *adj* łatwopalny
flank *n* bok
flare *n* światło sygnałowe
flare-up *v* błysk
flash *n* błyśnięcie
flashlight *n* latarka
flashy *adj* błyskotliwy
flat *n* mieszkanie
flat *adj* płaski
flatten *v* spłaszczać
flatter *v* schlebiać
flattery *n* schlebianie
flaunt *v* paradować
flavor *n* smak
flaw *n* skaza
flawless *adj* bez skazy
flea *n* pchła
flee *iv* uciekać
fleece *n* runo
fleet *n* flota
fleeting *adj* przelotny

flesh n ciało
flex v zginać
flexible adj elastyczny
flicker v migotać
flier n lotnik
flight n lot
flimsy adj słaby
flip v pstrykać palcami
flirt v flitrować
float v płynąć
flock n stado
flog v chłostać
flood v zalewać
floodgate n śluza
flooding n zalanie
floodlight n iluminacja
floor n podłoga
flop n fiasko
flour n mąka
flourish v kwitnąć
flow v płynąć
flow n srtumień
flower n kwiat
flowerpot n doniczka
flu n grypa
fluctuate v zmieniać się
fluently adv płynnie
fluid n płyn
flunk v oblać egzamin
flush v spłukiwać
flute n flet
fly iv latać
fly n mucha
foam n piana
focus n skupienie
focus on v koncentrować
foe n wróg
fog n mgła
foggy adj mglisty
fold v składać
folder n folder
folks n ludzie
folksy adj ludowy
follow v iść w ślad
follower n zwolennik
folly n szaleństwo
fond adj czuły
fondle v pieścić
fondness n czułość
food n żywność
foodstuff n odżywka
fool v wygłupiać się
fool adj głupi
foolproof adj nie do zepsucia
foot n stopa
football n futbol

footnote *n* przypis
footprint *n* ślad stopy
footstep *n* odgłos kroku
footwear *n* obuwie
for *pre* dla
forbid *iv* zabraniać
force *n* siła
force *v* zmuszać
forceful *adj* silny
forcibly *adv* przymusowo
forecast *iv* przewidywać
forefront *n* przód
foreground *n* orzedni plan
forehead *n* czoło
foreign *adj* obcy
foreigner *n* cudzoziemiec
foreman *n* brygadzista
foremost *adj* główny
foresee *iv* przewidywać
foreshadow *v* zapowiadać
foresight *n* przewidywanie
forest *n* las
foretaste *n* przedsmak
foretell *v* przepowiadać
forever *adv* zawsze
forewarn *v* przestrzegać
foreword *n* przedmowa
forfeit *v* konfiskować

forge *v* fałszować
forgery *n* fałszerstwo
forget *v* zapominać
forgivable *adj* przebaczalny
forgive *v* przebaczać
forgiveness *n* przebaczenie
fork *n* widelec
form *n* forma
formal *adj* formalny
formality *n* formalność
formalize *v* formalizować
formally *adv* formalnie
format *n* format
formation *n* formacja
former *adj* poprzedni
formerly *adv* dawniej
formidable *adj* straszny
formula *n* przepis
forsake *iv* porzucać
fort *n* fort
forthcoming *adj* przyszły
forthright *adj* prosty
fortify *v* fortyfikować
fortitude *n* hart
fortress *n* forteca
fortunate *adj* szczęśliwy
fortune *n* szczęście
forty *adj* czterdzieści

forward *adv* naprzód
fossil *n* skamieniałość
foster *v* wychowywać
foul *adj* wadliwy
foundation *n* fundacja
founder *n* założyciel
foundry *n* odlewnia
fountain *n* fontanna
four *adj* cztery
fourteen *adj* czternaście
fourth *adj* czwarty
fox *n* lis
foxy *adj* lisi
fraction *n* frakcja
fracture *n* złamanie
fragile *adj* kruchy
fragment *n* fragment
fragrance *n* aromat
fragrant *adj* aromatyczny
frail *adj* kruchy
frailty *n* kruchość
frame *n* rama
frame *v* kształować
framework *n* ramy
France *n* Francja
franchise *n* przywilej
frank *adj* szczery
frankly *adv* szczerze

frankness *n* szczerość
frantic *adj* szalony
fraternal *adj* braterski
fraternity *n* braterstwo
fraud *n* oszustwo
fraudulent *adj* oszukańczy
freckle *n* pieg
freckled *adj* piegowaty
free *v* uwalniać
free *adj* wolny
freedom *n* wolność
freeway *n* autostrada
freeze *iv* marznć
freezer *n* zamrażalnik
freezing *adj* mrożący
freight *n* fracht
French *adj* francuski
frenetic *adj* szalony
frenzied *adj* oszalały
frenzy *n* szał
frequency *n* częstotliwość
frequent *adj* częsty
frequent *v* uczęszczać
fresh *adj* świeży
freshen *v* odświeżacz
freshness *n* świeżość
friar *n* zakonnik
friction *n* nieporozumienie

Friday n piątek
fried adj smażony
friend n przyjaciel
friendship n przyjaźń
fries n frytki
frigate n fregata
fright n strach
frighten v przestraszyć
frightening adj przerażający
frigid adj zimny
fringe n grzywka
frivolous adj frywolny
frog n żaba
from pre od
front n przód
front adj przedni
frontage n front
frontier n granica
frost n mróz
frostbite n odmrożenie
frostbitten adj odmrożony
frosty adj mroźny
frown v marszczyć brwi
frozen adj zamrożony
frugal adj oszczędny
frugality n oszczędność
fruit n owoc
fruitful adj owocujący

fruity adj owocowy
frustrate v frustrować
frustration n frustracja
fry v smażyć
frying pan n patelnia
fuel n paliwo
fuel v karmić
fugitive n przelotny
fulfill v spełniać
fulfillment n spełnienie
full adj pełny
fully adv całkowicie
fumes n spaliny
fumigate v zadymiać
fun n zabawa
function n funkcja
fund n fundusz
fund v fundować
fundamental adj fundamentalny
funds n fundusze
funeral n pogrzeb
fungus n grzyb
funny adj zabawny
fur n futro
furious adj wściekły
furiously adv wściekle
furnace n piec
furnish v zaopatrywać

furnishings *n* wyposażenie
furniture *n* meble
furor *n* furia
furrow *n* bruzda
furry *adj* futrzany
further *adv* dalej
furthermore *adv* ponadto
fury *n* furia
fuse *n* zapalnik
fusion *n* fuzja
fuss *n* zamieszanie
fussy *adj* grymaśny
futile *adj* daremny
futility *n* daremność
future *n* przyszłość
fuzzy *adj* zamazany

gadget *n* gadżet
gag *n* zamknięcie debaty
gag *v* zamykać obrady
gage *v* rękojmia
gain *v* zyskiwać
gain *n* zysk

gal *n* dziewczyna
galaxy *n* galaktyka
gale *n* poryw wiatru
gall bladder *n* pęcherzyk żółciowy
gallant *adj* wspaniały
gallery *n* galeria
gallon *n* galon
gallop *v* galopować
gallows *n* szubienica
galvanize *v* galwanizować
gamble *v* uprawiać hazard
game *n* gra
gang *n* gang
gangrene *n* gangrena
gangster *n* gangster
gap *n* luka
garage *n* garaż
garbage *n* śmieci
garden *n* ogród
gardener *n* ogrodnik
gargle *v* płukać
garland *n* girlanda
garlic *n* czosnek
garment *n* okrycie
garnish *v* ozdabiać
garnish *n* garnirowanie
garrison *n* garnizon

garrulous *adj* rozmowny
garter *n* podwiązka
gas *n* gaz
gash *n* szrama
gasoline *n* benzyna
gasp *v* chwytać powietrze
gastric *adj* gastryczny
gate *n* brama
gather *v* zbierać
gathering *n* zebranie
gauge *v* mierzyć
gauze *n* gaza
gaze *v* przyglądać się
gear *n* bieg
geese *n* gęsi
gem *n* klejnot
gender *n* rodzaj
gene *n* gen
general *n* generał
generalize *v* uogólniać
generate *v* generować
generation *n* pokolenie
generator *n* generator
generic *adj* ogólny
generosity *n* hojność
genetic *adj* genetyczny
genial *adj* genialny
genius *n* geniusz

genocide *n* ludobójstwo
genteel *adj* dystyngowany
gentle *adj* delikatny
gentleman *n* dżentelman
gentleness *n* delikatność
genuflect *v* klękać
genuine *adj* prawdziwy
geography *n* geografia
geology *n* geologia
geometry *n* geometria
germ *n* zarodek
German *adj* niemiecki
Germany *n* Niemcy
germinate *v* kiełkować
gestation *n* okres ciąży
gesticulate *v* gestykulować
gesture *n* gest
get *iv* dostawać
get along *v* dawać sobie radę
get away *v* odchodzić
get back *v* wracać
get by *v* poradzić sobie
get down *v* schodzić
get down to *v* zaczynać
get in *v* wchodzić
get off *v* zsiadać
get out *v* wysiadać
get over *v* pokonywać

get together *v* gromadzić się
get up *v* wstawać
geyser *n* gejzer
ghastly *adj* okropny
ghost *n* duch
giant *n* olbrzym
gift *n* dar
gifted *adj* utalentowany
gigantic *adj* olbrzymi
giggle *v* chichotać
gimmick *n* sztuczka
ginger *n* imbir
gingerly *adv* ostrożnie
giraffe *n* żyrafa
girl *n* dziewczyna
girlfriend *n* sympatia
give *iv* dawać
give away *v* wydawać
give back *v* zwracać
give in *v* ustępować
give out *v* rozdawać
give up *v* poddawać się
glacier *n* lodowiec
glad *adj* zadowolony
gladiator *n* gladiator
glamorous *adj* wspaniały
glance *v* spoglądać
glance *n* spojrzenie

gland *n* gruczoł
glare *n* blask
glass *n* szkło
glasses *n* okulary
glassware *n* wyroby szklane
gleam *n* błysk
gleam *v* błyszczeć
glide *v* szybować
glimmer *n* słabe światło
glimpse *v* rzucić okiem
glitter *v* błyszczeć
globe *n* kula
globule *n* pigułka
gloom *n* mrok
gloomy *adj* mroczny
glorify *v* gloryfikować
glorious *adj* świetny
glory *n* gloria
gloss *n* połysk
glossary *n* glosariusz
glossy *adj* połyskujący
glove *n* rękawica
glow *v* błyszczeć
glucose *n* glukoza
glue *n* klejnot
glue *v* kleić
glut *n* przesyt
glutton *n* żarłok

gnaw *v* gryźć
go *iv* iść
go ahead *v* iść naprzód
go away *v* odchodzić
go back *v* wracać
go down *v* schodzić
go in *v* wchodzić
go on *v* kontynuować
go out *v* wychodzić
go over *v* przechodzić
go through *v* zostać przejętym
go under *v* zatonąć
go up *v* podnosić się
goad *v* prowokować
goal *n* cel
goalkeeper *n* bramkarz
goat *n* kozioł
gobble *v* żreć
God *n* Bóg
goddess *n* bogini
godless *adj* bezbożny
goggles *n* gogle
gold *n* złoto
golden *adj* złoty
good *adj* dobry
good-looking *adj* przystojny
goodness *n* dobroć
goods *n* towary

goodwill *n* dobra wola
goof *v* psuć
goof *n* głuptas
goose *n* gęś
gorge *n* wąwóz
gorgeous *adj* wspaniały
gorilla *n* goryl
gory *adj* skrwawiony
gospel *n* ewangelia
gossip *v* plotkować
gossip *n* plotka
gout *n* dna
govern *v* rządzić
government *n* rząd
governor *n* gubernator
gown *n* toga
grab *v* chwytać
grace *n* wdzięk
graceful *adj* pełen wdzięku
gracious *adj* wdzięczny
grade *n* stopień
gradual *adj* stopniowy
graduate *v* ukończyć studia
graduation *n* ukończenie szkoły
graft *v* brać łapówki
graft *n* łapówka
grain *n* ziarno
gram *n* gram

grammar *n* gramatyka
grand *adj* wielki
grandchild *n* wnuk
granddad *n* dziadunio
grandfather *n* dziadek
grandmother *n* babcia
grandparents *n* dziadkowie
grandson *n* wnuk
grandstand *n* trybuna główna
granite *n* granit
granny *n* babcia
grant *v* przyznawać
grant *n* stypendium
grape *n* winogrono
grapefruit *n* gejpfrut
grapevine *n* winorośl
graphic *adj* graficzny
grasp *n* chwyt
grasp *v* chwytać
grass *n* trawa
grassroots *adj* zwykli ludzie
grateful *adj* wdzięczny
gratify *v* zadowalać
gratifying *adj* zachęcający
gratitude *n* wdzięczność
gratuity *n* gratyfikacja
grave *adj* poważny
grave *n* grób

gravel *n* żwir
gravely *adv* poważnie
gravestone *n* nagrobek
graveyard *n* cmentarz
gravitate *v* grawitować
gravity *n* grawitacja
gravy *n* sos pieczeniowy
gray *adj* szary
grayish *adj* szarawy
graze *v* drasnąć
graze *n* draśnięcie
grease *v* smarować
grease *n* tłuszcz
greasy *adj* tłusty
great *adj* wspaniały
greatness *n* wielkość
Greece *n* Grecja
greed *n* chciwość
greedy *adj* chciwy
Greek *adj* grecki
green *adj* zielony
green bean *n* zielona fasola
greenhouse *n* cieplarnia
Greenland *n* Grenlandia
greet *v* witać
greetings *n* pozdrowienia
gregarious *adj* stadny
grenade *n* granat

greyhound *n* chart
grief *n* smutek
grievance *n* żal
grieve *v* smucić
grill *v* piec na ruszcie
grill *n* ruszt
grim *adj* srogi
grimace *n* grymas
grime *n* brud
grind *iv* mleć
grip *v* chwytać
grip *n* chwyt
gripe *n* chwytać
grisly *adj* przerażający
groan *v* jęczeć
groan *n* jęk
groin *n* pachwina
groom *n* pan młody
groove *n* rowek
gross *adj* gruby
grossly *adv* ciężko
grotesque *adj* groteskowy
grotto *n* grota
grouch *v* zrzędzić
grouchy *adj* zrzędny
ground *n* grunt
ground floor *n* parter
groundless *adj* bezpodstawny
groundwork *n* podstawa
group *n* grupa
grow *iv* rosnąć
grow up *v* dorastać
growl *v* wraczeć
grown-up *n* dorosły
growth *n* wzrost
grudge *n* uraza
grudgingly *adv* niechętnie
gruelling *adj* wyczerpujący
gruesome *adj* okropny
grumble *v* narzekać
grumpy *adj* w złym humorze
guarantee *v* gwarantować
guarantee *n* gwarancja
guarantor *n* poręczyciel
guard *n* straż
guardian *n* strażnik
guerrilla *n* partyzant
guess *v* domyślać się
guess *n* domysł
guest *n* gość
guidance *n* kierownictwo
guide *v* kierować
guide *n* przewodnik
guidebook *n* przewodnik
guidelines *n* wytczne
guild *n* cech

guile *n* podstęp
guillotine *n* gilotyna
guilt *n* wina
guilty *adj* winny
guise *n* powierzchowność
guitar *n* gitara
gulf *n* zatoka
gull *n* mewa
gullible *adj* łatwowierny
gulp *v* łykać
gulp *n* łykać
gulp down *v* połykać
gum *n* guma
gun *n* broń
gun down *v* zastrzelić
gunfire *n* ogień armatni
gunshot *n* wystrzał
gust *n* poryw
gusto *n* zapał
gusty *adj* porywisty
gut *n* jelito
guts *n* charakter
gutter *n* rynsztok
guy *n* facet
guzzle *v* żreć
gymnasium *n* gimnazjum
gynecology *n* ginekologia
gypsy *n* Cygan

habit *n* zwyczaj
habitable *adj* mieszkalny
habitual *adj* zwykły
hack *v* rąbać
haggle *v* tragować się
hail *n* grad
hail *v* padać
hair *n* włosy
hairbrush *n* szczotka
haircut *n* strzyżenie
hairdo *n* fryzura
hairdresser *n* fryzjer
hairpiece *n* peruka
hairy *adj* owłosiony
half *n* połowa
half *adj* wygrabej
hall *n* sala
hallucinate *v* mieć halucynacje
hallway *n* korytarz
halt *v* zatrzymywać
halve *v* przepoławiać
ham *n* szynka
hamburger *n* kotlet wołowy
hamlet *n* wioska
hammer *n* młotek

hammock *n* hamak
hand *n* ręka
hand down *v* podawać
hand in *v* wręczać
hand out *v* wydawać
hand over *v* wręczać
handbag *n* torebka
handbook *n* podręcznik
handcuff *v* zakładać kajdanki
handcuffs *n* kajdanki
handful *n* garść
handgun *n* pistolet
handicap *n* przeszkoda
handkerchief *n* chusteczka
handle *v* posługiwać się
handle *n* uchwyt
handmade *adj* robiony ręcznie
handout *n* datek
handrail *n* poręcz
handshake *n* uścisk dłoni
handsome *adj* przystojny
handwritting *n* charakter pisma
handy *adj* zręczny
hang *iv* wieszać
hang around *v* wałęsać się
hang on *v* wsieć na
hang up *v* zawieszać
hanger *n* wieszak

hangup *n* zawieszenie
happen *v* zdarzać się
happening *n* wydarzenie
happiness *n* szczęście
happy *adj* szczęśliwy
harass *v* niepokoić
harassment *n* szykana
harbor *n* port
hard *adj* twardy
harden *v* wzmacniać
hardly *adv* ledwie
hardness *n* twardość
hardship *n* niewygoda
hardwood *n* twarde drzewo
hardy *adj* odważny
hare *n* zając
harm *v* szkodzić
harm *n* szkoda
harmful *adj* szkodliwy
harmless *adj* nieszkodliwy
harmonize *v* harmonizować
harmony *n* harmonia
harp *n* szarfa
harpoon *n* harpun
harrowing *adj* wstrząsający
harsh *adj* szorstki
harshly *adv* szorstko
harshness *n* szorstkość

harvest *n* żniwa
harvest *v* zbierać plony
hashish *n* haszysz
hassle *v* dokuczać
hassle *n* kłopot
haste *n* pośpiech
hasten *v* ponaglać
hastily *adv* pośpiesznie
hasty *adj* pośpieszny
hat *n* kapelusz
hatchet *n* siekiera
hate *v* nienawidzić
hateful *adj* znienawidzony
hatred *n* nienawiść
haughty *adj* hardy
haul *v* ciągnąć
haunt *v* uczęszczać
have *iv* mieć
have to *v* musieć
haven *n* przystań
havoc *n* spustoszenie
hawk *n* jastrząb
hay *n* siano
haystack *n* stóg siana
hazard *n* hazard
hazardous *adj* ryzykowny
haze *n* mgiełka
hazelnut *n* orzech laskowy

hazy *adj* zamglony
he *pro* on
head *n* głowa
head for *v* kierować się do
headache *n* ból głowy
heading *n* nagłówek
head-on *adv* czołowy
headphones *n* słuchawki
headquarters *n* główne biuro
headway *n* postęp
heal *v* leczyć
healer *n* uzdrowiciel
health *n* zdrowie
healthy *adj* zdrowy
heap *n* sterta
heap *v* nagromadzić
hear *iv* słyszeć
hearing *n* przesłuchanie
hearsay *n* pogłoska
hearse *n* karawan
heart *n* serce
heartbeat *n* bicie serca
heartburn *n* zgaga
hearten *v* ośmielać
heartfelt *adj* z głębi serca
hearth *n* palenisko
heartless *adj* bez serca
hearty *adj* serdeczny

heat *v* ogrzewać
heat *n* ciepło
heater *n* grzejnik
heathen *n* poganin
heating *n* ogrzewanie
heatstroke *n* udar cieplny
heatwave *n* fala upałów
heaven *n* niebo
heavenly *adj* niebiański
heaviness *n* ciężkość
heavy *adj* ciężki
heckle *v* czesać
hectic *adj* gorączkowy
heed *v* uważać
heel *n* pięta
height *n* wysokość
heighten *v* podnosić
heinous *adj* ohydny
heir *n* spadkobierca
heiress *n* spadkobierczyni
heist *n* napad
helicopter *n* helikopter
hell *n* piekło
hello *e* cześć
helm *n* ster
helmet *n* hełm
help *v* pomagać
help *n* pomoc

helper *n* pomocnik
helpful *adj* pomocny
helpless *adj* bezradny
hem *n* brzeg
hemisphere *n* półkula
hemorrhage *n* krwotok
hen *n* kura
hence *adv* stąd
henchman *n* giermek
her *adj* jej
herald *v* zwiastować
herald *n* herold
herb *n* zioło
here *adv* tutaj
hereafter *adv* poniżej
hereby *adv* przy niniejszym
hereditary *adj* dziedzczny
heresy *n* herezja
heretic *adj* heretyk
heritage *n* dziedzictwo
hermetic *adj* hermetyczny
hermit *n* pustelnik
hernia *n* przepuklina
hero *n* bohater
heroic *adj* heroiczny
heroin *n* heroina
heroism *n* heroizm
hers *pro* jej

herself *pro* siebie
hesitant *adj* niezdecydowany
hesitate *v* wahać się
hesitation *n* wahanie
heyday *n* szczyt
hiccup *n* czkawka
hidden *adj* ukryty
hide *iv* ukrywać
hideaway *n* kryjówka
hideous *adj* ohydny
hierarchy *n* hierarchia
high *adj* wysoki
highlight *n* główna atrakcja
highly *adv* wysoko
Highness *n* wysokość
highway *n* droga
hijack *v* porywać
hijack *n* porwanie
hijacker *n* porywacz
hike *v* wędrować
hike *n* wędrówka
hilarious *adj* wesoły
hill *n* wgórze
hillside *n* stok
hilltop *n* szczyt wzgórza
hilly *adj* pagórkowaty
hilt *n* rękojeść
hinder *v* przeszkadzać

hindrance *n* przeszkoda
hinge *v* zależeć
hinge *n* zawias
hint *n* aluzja
hint *v* robić aluzję
hip *n* biodro
hire *v* wynajmować
his *adj* należący do niego
his *pro* jego
hiss *v* syczeć
historian *n* historyk
history *n* historia
hit *n* uderzenie
hit *iv* uderzać
hit back *v* oddawać
hitch *n* szarpnięcie
hitch up *v* szarpać
hitherto *adv* dotąd
hive *n* ul
hoard *v* gromadzić
hoarse *adj* ochrypły
hoax *n* żart
hobby *n* hobby
hog *n* świnia
hoist *v* podnosić
hoist *n* winda
hold *iv* trzymać
hold back *v* powstrzymywać

hold out *v* wyciągać
hold up *v* podtrzymywać
holdup *n* zatrzymanie
hole *n* dziura
holiday *n* urlop
holiness *n* świętość
Holland *n* Holandia
hollow *adj* pusty
holocaust *n* holokaust
holy *adj* święty
homage *n* hołd
home *n* dom
homeland *n* ojczyzna
homeless *adj* bezdomny
homely *adj* przytulny
homemade *adj* domowej roboty
hometown *n* miasto rodzinne
homework *n* praca domowa
homicide *n* zabójstwo
homily *n* homila
honest *adj* uczciwy
honesty *n* uczciwość
honey *n* miód
honeymoon *n* miodowy miesiąc
honk *v* trąbić
honor *n* honor
hood *n* kaptur
hoodlum *n* opryszek

hoof *n* kopyto
hook *n* hak
hooligan *n* chuligan
hop *v* skakać
hope *n* nadzieja
hopeful pełen nadziei
hopefully *adv* z nadzieją
hopeless *adj* beznadziejny
horizon *n* horyzont
horizontal *adj* horyzontalny
hormone *n* hormon
horn *n* róg
horrendous *adj* straszliwy
horrible *adj* straszny
horrify *v* przerażać
horror *n* przerażenie
horse *n* koń
hose *n* pończochy
hospital *n* szpital
hospitality *n* gościnność
hospitalize *v* hospitalizować
host *n* gospodarz
hostage *n* zakładnik
hostess *n* gospodyni
hostile *adj* wrogi
hostility *n* wrogość
hot *adj* gorący
hotel *n* hotel

hound *n* pies gończy
hour *n* godzina
hourly *adv* cogodzinny
house *n* dom
housekeeper *n* gospodyni
housewife *n* gospodyni domowa
housework *n* praca domowa
hover *v* unosić się
how *adv* jak
however *c* jednak
howl *v* wyć
howl *n* wycie
hub *n* centrum
huddle *v* nagromadzać
hug *v* ściskać
hug *n* uścisk
huge *adj* ogromny
hull *n* kadłub
hum *v* brzęczenie
human *adj* ludzki
human being *n* człowiek
humanities *n* sztuki wyzwolone
humankind *n* rodzaj ludzki
humble *adj* pokorny
humbly *adv* pokornie
humid *adj* wilgotny
humidity *n* wilgotność
humiliate *v* upokarzać

humility *n* pokora
humor *n* humor
humorous *adj* humorystyczny
hump *n* garb
hunch *n* garb
hunchback *n* garb
hunched *adj* zgarbiony
hundred *adj* sto
hundredth *adj* setny
hunger *n* głód
hungry *adj* głodny
hunt *v* polować
hunter *n* myśliwy
hunting *n* polowanie
hurdle *n* płotek
hurl *v* rzucać
hurricane *n* huragan
hurriedly *adv* pośpiesznie
hurry *v* śpieszyć się
hurry up *v* przyśpieszać
hurt *iv* ranić
hurt *adj* ranny
hurtful *adj* bolesny
husband *n* mąż
hush *n* cisza
hush up *v* uciszać
husky *adj* silny
hustle *n* krzątanina

hut *n* chata
hydraulic *adj* hydrauliczny
hydrogen *n* wodór
hyena *n* hiena
hygiene *n* higiena
hymn *n* hymn
hyphen *n* łącznik
hypnosis *n* hipnoza
hypnotize *v* hipnotyzować
hypocrisy *n* hipokryzja
hypocrite *adj* obłudny
hypothesis *n* hipoteza
hysteria *n* histeria
hysterical *adj* histerczyny

ice *n* lód
ice cream *n* lody
ice cube *n* kostka lodu
ice skate *v* jeździć na łyżwach
iceberg *n* góra lodowa
icebox *n* lodówka
ice-cold *adj* zimni jak lód

icon *n* ikona
icy *adj* lodowaty
idea *n* idea
ideal *adj* idealny
identical *adj* identyczny
identify *v* indetyfikować
identity *n* tożsamoć
ideology *n* ideologia
idiom *n* idiom
idiot *n* idiota
idiotic *adj* idiotczyny
idle *adj* leniwy
idol *n* idol
idolatry *n* bałwochawlstwo
if *c* jeżeli
ignite *v* zapalać
ignorance *n* ignorancja
ignorant *adj* ignorancki
ignore *v* ignorować
ill *adj* chory
illegal *adj* nielegalny
illegible *adj* nieczytelny
illegitimate *adj* nieprawny
illicit *adj* bezprawny
illiterate *adj* niepiśmienny
illness *n* choroba
illogical *adj* nielogiczny
illuminate *v* oświetlać

illusion *n* iluzja
illustrate *v* ilustrować
illustration *n* ilustracja
illustrious *adj* ilustracyjny
image *n* obraz
imagination *n* wyobraźnia
imagine *v* wyobrażać sobie
imbalance *n* brak równowagi
imitate *v* naśladować
imitation *n* imitacja
immaculate *adj* niepokalany
immature *adj* niedojrzały
immaturity *n* niedojrzałość
immediately *adv* natychmiast
immense *adj* ogromny
immensity *n* ogrom
immerse *v* zanurzać
immersion *n* zanurzenie
immigrant *n* imigrant
immigrate *v* imigrować
immigration *n* imigracja
imminent *adj* nadciągający
immobile *adj* nieruchomy
immobilize *v* unieruchamiać
immoral *adj* niemoralny
immorality *n* niemoralność
immortal *adj* nieśmiertelny
immortality *n* nieśmiertelność
immune *adj* wolny
immunity *n* uwolnienie
immunize *v* uodparniać
immutable *adj* niezmienny
impact *n* wpływ
impact *v* wgniatać
impair *v* uszkadzać
impartial *adj* bezstronny
impatience *n* niecierpliwość
impatient *adj* niecierpliwyy
impeccable *adj* bezgrzeszny
impediment *n* przeszkoda
impending *adj* nieuchronny
imperfection *n* niedoskonałość
imperial *adj* imperialny
imperialism *n* imperializm
impersonal *adj* bezosobowy
impertinence *n* impertynencja
impertinent *adj* impertynencki
impetuous *adj* porywczy
implacable *adj* nieubłagalny
implant *v* wszczepiać
implicate *v* zawierać w sobie
implication *n* implikacja
implicit *adj* implikowany
implore *v* błagać
imply *v* oznaczać
impolite *adj* niegrzeczny

import *v* importować
importance *n* ważność
importation *n* import
impose *v* narzucać
imposing *adj* imponujący
imposition *n* narzucanie
impossibility *n* niemożliwość
impossible *adj* niemożliwy
impotent *adj* impotent
impound *v* konfiskować
impoverished *adj* zubożały
impractical *adj* niepraktyczny
imprecise *adj* nieprecyzyjny
impress *v* wywierać wrażenie
impressive *adj* imponujący
imprison *v* uwięzić
impromptu *adv* bez przygotowania
improper *adj* niewłaściwy
improve *v* ulepszać
improvement *n* poprawa
improvise *v* improwizować
impulse *n* impuls
impulsive *adj* impulsywny
impunity *n* bezkarność
impure *adj* nieczysty
in *pre* w
in depth *adv* dogłębnie

inability *n* niezdolność
inaccessible *adj* niedostępny
inaccurate *adj* nieścisły
inadequate *adj* nieadekwatny
inadmissible *adj* niedopuszczalny
inappropriate *adj* nieodpowiedni
inasmuch as *c* o tyle o ile
inaugurate *v* inaugurować
inauguration *n* inauguracja
incalculable *adj* nieobliczalny
incapable *adj* niezdolny
incapacitate *v* czynić nizedolnym
incarcerate *v* uwięzić
incense *n* kadzidło
incentive *n* podnieta
inception *n* rozpoczęcie
incessant *adj* nieustający
inch *n* cal
incident *n* incydent
incidentally *adv* przypadkowo
incision *n* nacięcie
incite *v* namawiać
incitement *n* namawianie
inclination *n* pochylenie
incline *v* nachylać się
include *v* włączać
inclusive *adv* włącznie
incoherent *adj* niespójny

income *n* dochód
incoming *adj* przybywający
incompatible *adj* niezgodny
incompetence *n* niekompetencja
incompetent *adj* niekompetentny
incomplete *adj* niekompletny
inconsistent *adj* niezgodny
inconvenient *adj* niewygodny
incorporate *v* wcielać
incorrect *adj* niepoprawny
incorrigible *adj* niepoprawny
increase *v* wzrastać
increase *n* wzrost
increasing *adj* wzrastający
incredible *adj* niewiarygodny
increment *n* wzrost
incriminate *v* obwiniać
incur *v* narażać się
incurable *adj* nieuleczalny
indecency *n* nieprzyzwoitość
indecision *n* niezdecydowanie
indecisive *adj* niezdecydowany
indeed naprawdę
indefinite *adj* nie sprecyzowany
indemnify *v* wynagradzać
indemnity *n* wynagrodzenie
independence *n* niepodległość
independent *adj* niepodległy

index *n* indeks
indicate *v* wskazywać
indication *n* wskazanie
indict *v* oskarżać
indifference *n* obojętność
indifferent *adj* obojętny
indigent *adj* biedny
indigestion *n* niestrawność
indirect *adj* pośredni
indiscreet *adj* niedyskretny
indiscretion *n* niedyskrecja
indispensable *adj* niezbędny
indisposed *adj* niedysponowany
indisputable *adj* bezsporny
indivisible *adj* niepodzielny
indoctrinate *v* indoktrynować
indoor *adv* wewnątrz
induce *v* skłaniać
indulge *v* pobłażać sobie
indulgent *adj* pobłażliwy
industrious *adj* pilny
industry *n* przemysł
ineffective *adj* nieefektywny
inefficient *adj* nieskuteczny
inept *adj* niestosowny
inequality *n* nierówność
inevitable *adj* nieunikniony
inexcusable *adj* niewybaczalny

inexpensive *adj* niedrogi
infallible *adj* nieomylny
infamous *adj* niesławny
infancy *n* niemowlęctwo
infant *n* niemowlę
infantry *n* piechota
infect *v* zakażać
infection *n* zakażenie
infectious *adj* infekcyjny
infer *v* wnioskować
inferior *adj* niższy
infertile *adj* nieurodzajny
infested *adj* robaczywy
infidelity *n* niewiara
infiltrate *v* infiltrować
infiltration *n* infiltracja
infinite *adj* nieskończony
infirmary *n* szpital
inflammation *n* zapalenie
inflate *v* wywoływać inflacje
inflation *n* inflacja
inflexible *adj* nieelastyczny
inflict *v* zadawać
influence *n* wpływ
influential *adj* wpływowy
influenza *n* grypa
influx *n* przypływ
inform *v* informować

informal *adj* nieformalny
informality *n* nieformalność
informant *n* informator
information *n* informacja
informer *n* donosiciel
infraction *n* naruszenie
infrequent *adj* nieczęsty
infuriate *v* rozwścieczać
infusion *n* dodawanie
ingenuity *n* pomysłowość
ingest *v* spożywać
ingot *n* sztaba
ingrained *adj* wrodzony
ingratiate *v* przypodobać się
ingratitude *n* niewdzięczność
ingredient *n* składnik
inhabit *v* mieszkać
inhabitable *adj* mieszkalny
inhabitant *n* mieszkaniec
inhale *v* wdychać
inherit *v* dziedziczyć
inheritance *n* dziedzictwo
inhibit *v* hamować
inhuman *adj* nieludzki
initial *adj* początkowy
initially *adv* początkowo
initials *n* inicjały
initiate *v* inicjować

initiative *n* inicjatywa
inject *v* wstrzykiwać
injection *n* zastrzyk
injure *v* ranić
injurious *adj* szkodliwy
injury *n* szkoda
injustice *n* niesprawiedliwość
ink *n* atrament
inkling *n* podejrzenie
inlaid *adj* inkrustowany
inland *adv* w głąb kraju
inland *adj* krajowy
in-laws *n* teściowie
inmate *n* mieszkaniec
inn *n* zajazd
innate *adj* wrodzony
inner *adj* wewnętrzny
innocence *n* niewinność
innocent *adj* niewinny
innovation *n* innowacja
innuendo *n* insynuacja
innumerable *adj* niezliczony
input *n* wejście
inquest *n* śledztwo
inquire *v* dowiadywać si
inquiry *n* dowiadywanie si
inquisition *n* badanie
insane *adj* obłąkany

insanity *n* obłąkanie
insatiable *adj* nienasycony
inscription *n* inskrypcja
insect *n* insekt
insecurity *n* niepewność
insensitive *adj* nieczuły
inseparable *adj* nierozłączny
insert *v* wstawianie
insertion *n* wstawka
inside *adj* wewnętrzny
inside *pre* wewnątrz
inside out *adv* na drugą stronę
insignificant *adj* znikomy
insincere *adj* nieszczery
insincerity *n* nieszczerość
insinuate *v* insynuować
insinuation *n* insynuacja
insipid *adj* bez smaku
insist *v* nalegać
insistence *n* naleganie
insolent *adj* bezczelny
insomnia *n* bezsenność
inspect *v* kontrolować
inspection *n* kontrola
inspector *n* kontroler
inspiration *n* inspiracja
inspire *v* inspirować
instability *n* niestałość

install *v* instalować
installation *n* instalacja
installment *n* rata
instance *n* przykład
instant *n* nagły
instantly *adv* natychmiast
instead *adv* zamiast tego
instigate *v* namawiać
instil *v* wpajać
instinct *n* instynkt
institute *v* ustanawiać
institution *n* instytucja
instruct *v* instruować
instructor *n* instruktor
insufficient *adj* niedostateczny
insulate *v* izolować
insulation *n* izolacja
insult *v* obrażać
insult *n* obraza
insurance *n* ubezpieczenie
insure *v* ubezpieczać
insurgency *n* powstanie
insurrection *n* insurekcja
intact *adj* nietknięty
intake *n* napływ
integrate *v* integrować
integration *n* integracja
integrity *n* integralność

intelligent *adj* inteligentny
intend *v* zamierzać
intense *adj* intensywny
intensify *v* wzmacniać
intensity *n* intensywność
intensive *adj* intensywny
intention *n* intencja
intercede *v* interweniować
intercept *v* przerywać
intercession *n* interwencja
interchange *v* zamieniać
interchange *n* zamiana
interest *n* zainteresowanie
interested *adj* zainteresowany
interesting *adj* interesujący
interfere *v* przeszkadzać
interference *n* ingerencja
interior *adj* wewnętrzny
interlude *n* interludium
intermediary *n* pośredni
intern *v* internować
interpret *v* interpretować
interpretation *n* interpretacja
interpreter *n* interprator
interrogate *v* przesłuchiwać
interrupt *v* przerywać
interruption *n* przerwa
intersect *v* przecinać

intertwine v przeplatać
interval n przerwa
intervene v interweniować
intervention n interwencja
interview n wywiad
intestine n jelito
intimacy n zażyłość
intimate adj intymny
intimidate v onieśmielać
intolerable adj nieznośny
intolerance n nietolerancja
intoxicated adj odurzony
intravenous adj dożylny
intrepid adj nieustraszony
intricate adj zawiły
intrigue n intryga
intriguing adj intrygujący
intrinsic adj wewnętrzny
introduce v wprowadzać
introduction n wprowadzenie
introvert adj introwertyk
intrude v niepokoić
intruder n intruz
intrusion n wtragnięcie
intuition n intuicja
inundate v zalewać
invade v najeżdżać
invader n najeźdźca

invalid n inwalida
invalidate v unieważniać
invaluable adj bezcenny
invasion n inwazja
invent v wymyślać
invention n inwencja
inventory n inwentarz
invest v inwestować
investigate v badać
investigation n badanie
investment n inwestycja
investor n inwestor
invincible adj niezwyciężony
invisible adj niewidzialny
invitation n zaproszenie
invite v zapraszać
invoice n faktura
invoke v fakturować
involve v wciągać
involved v zaangażowany
involvement n wciągnięcie
inward adj wewnętrzny
inwards adv wewnątrz
iodine n jodyna
irate adj zirytowany
Ireland n Irlandia
Irish adj irlandzki
iron n żelazo

iron *v* prasować
ironic *adj* ironiczny
irony *n* ironia
irrational *adj* nieracjonalny
irrefutable *adj* niezbity
irregular *adj* nieregularny
irreparable *adj* nienaprawialny
irresistible *adj* nieodparty
irrespective *adj* niezależny
irreversible *adj* nieodwracalny
irrevocable *adj* nieodwołalny
irrigate *v* nawadniać
irrigation *n* nawadnianie
irritate *v* irytować
irritating *adj* irytujący
Islamic *adj* muzułmański
island *n* wyspa
isle *n* wspa
isolate *v* izolować
isolation *n* izolacja
issue *n* kwestia
Italian *adj* włoski
italics *adj* kursywa
Italy *n* Włochy
itch *v* swędzić
itchiness *n* swędzenie
item *n* pozycja
itemize *v* wyszczególniać
itinerary *n* plan podróży
ivory *n* kość słoniowa

J

jackal *n* szakal
jacket *n* żakiet
jaguar *n* jaguar
jail *n* więzienie
jail *v* więzić
jailer *n* dozorca więzienny
jam *n* dżem
janitor *n* stróż
January *n* styczeń
Japan *n* Japonia
Japanese *adj* japoński
jar *n* słój
jasmine *n* jaśmin
jaw *n* szczęka
jealous *adj* zazdrosny
jealousy *n* zazdrość
jeans *n* dżinsy
jeopardize *v* ryzykować
jerk *v* szarpać
jerk *n* szarpnięcie

jersey *n* sweter
Jew *n* Żyd
jewel *n* klejnot
jeweler *n* jubiler
jewelry store *n* sklep jubilerski
Jewish *adj* żydowski
jigsaw *n* układanka
job *n* praca
jobless *adj* bezrobotny
join *v* połączyć się
joint *n* połączenie
jointly *adv* wspólnie
joke *n* żart
joke *v* żartować
jokingly *adv* żartobliwie
jolly *adj* wesoły
jolt *v* trząść się
jolt *n* trzęsienie
journal *n* dziennik
journalist *n* dziennikarz
journey *n* podróż
jovial *adj* jowialny
joy *n* radość
joyful *adj* radosny
joyfully *adv* radośnie
jubilant *adj* triumfujący
Judaism *n* judaizm
judge *n* sędzia

judgment *n* sądzenie
judicious *adj* rozsądny
jug *n* dzbanek
juggler *n* żongler
juice *n* sok
juicy *adj* soczysty
July *n* lipiec
jump *v* skakać
jump *n* skok
jumpy *adj* nerwowy
junction *n* połączenie
June *n* czerwiec
jungle *n* dżungla
junior *adj* młodszy
junk *n* rupieć
jury *n* sąd przysięgłych
just *adj* sprawiedliwy
justice *n* sprawiedliwość
justify *v* usprawiedliwiać
justly *adv* sprawiedliwie
juvenile *n* młodzieniec
juvenile *adj* małoletni

kangaroo *n* kangur
karate *n* karate
keep *iv* utrzymywać
keep on *v* kontynuować
keep up *v* podtrzymywać
keg *n* beczułka
kennel *n* psia buda
kettle *n* czajnik
key *n* klucz
key ring *n* kółko na klucze
keyboard *n* klawiatura
kick *v* kopać
kickback *n* oddawać
kickoff *n* rozpoczęcie
kid *n* dziecko
kidnap *v* porwać
kidnapper *n* porywacz
kidnapping *n* porwanie
kidney *n* nerka
kidney bean *n* fasola
kill *v* zabija
killer *n* zabójca
killing *n* zabójstwo
kilogram *n* kilogram
kilometer *n* kilometr

kilowatt *n* kilowat
kind *adj* uprzejmy
kindle *v* rozpalać
kindly *adv* uprzejmie
kindness *n* uprzejmość
king *n* król
kingdom *n* królestwo
kinship *n* pokrewieństwo
kiosk *n* kiosk
kiss *v* całować
kiss *n* pocałunek
kitchen *n* kuchnia
kite *n* latawiec
kitten *n* kociak
knee *n* kolano
kneecap *n* rzepka
kneel *iv* klękać
knife *n* nóż
knight *n* rycerz
knit *v* robić na drutach
knob *n* gałka
knock *n* stukanie
knock *v* pukać
knot *n* węzeł
know *iv* zawiązywać
know-how *n* wiedza
knowingly *adv* świadomie
knowledge *n* wiedza

L

lab *n* laboratorium
label *n* etykieta
labor *n* robota
laborer *n* robotnik
labyrinth *n* labirynt
lace *n* sznurowadło
lack *v* odczuwać brak
lack *n* brak
lad *n* chłopiec
ladder *n* drabina
laden *adj* obładowany
lady *n* dama
ladylike *adj* damski
lagoon *n* laguna
lake *n* jezioro
lamb *n* jagnię
lame *adj* kulawy
lament *v* lamentować
lament *n* lament
lamp *n* lampa
lamppost *n* słup latarniany
lampshade *n* abażur
land *n* ziemia
landing *n* lądowanie
landlocked *adj* śródlądowy
landscape *n* krajobraz
lane *n* droga
language *n* język
languish *v* usychać z tęsknoty
lantern *n* latarnia
lap *n* łono
lapse *n* okres
lapse *v* tracić ważność
larceny *n* drobna kradzież
lard *n* słonina
large *adj* wielki
larynx *n* krtań
laser *n* laser
lash *n* bicz
lash *v* chłostać
lash out *v* ciotka
last *v* trwać
last *adj* ostatni
last name *n* nazwisko
last night *adv* ubiegłej nocy
lasting *adj* trwały
lastly *adv* w końcu
latch *n* klamka
late *adv* późno
lately *adv* ostatnio
later *adv* później
later *adj* późniejszy
lateral *adj* boczny

latest *adj* ostatni
lather *n* piana z mydła
latitude *n* szerokość
latter *adj* późniejszy
laugh *v* śmiać się
laugh *n* śmiech
laughable *adj* śmieszny
laughing stock *n* pośmiewisko
laughter *n* śmiech
launch *n* wypuszczenie
launch *v* wypuszczać
laundry *n* pranie
lavatory *n* umywalnia
lavish *adj* hojny
lavish *v* obsypywać
law *n* prawo
law-abiding *adj* prawomyślny
lawful *adj* legalny
lawmaker *n* ustawodawca
lawn *n* trawnik
lawsuit *n* proces
lawyer *n* prawnik
lax *adj* luźny
lay *n* pieśń
lay *iv* kłaść
lay off *v* zwalniać
layer *n* warstwa
layman *n* człowiek świecki
layout *n* układ
laziness *n* lenistwo
lazy *adj* leniwy
lead *iv* prowadzić
lead *n* prowadzenie
leaded *adj* ołowiany
leader *n* lider
leadership *n* przywództwo
leading *adj* wiodący
leaf *n* liść
leaflet *n* ulotka
league *n* liga
leak *v* przeciekać
leak *n* przeciek
leakage *n* przeciekanie
lean *adj* szczupły
lean *iv* opierać się
lean on *v* wesprzeć się
leaning *n* nachylenie
leap *iv* skakać
leap *n* skok
leap year *n* rok przestępny
learn *iv* uczyć się
learned *adj* uczony
learner *n* uczeń
learning *n* nauka
lease *v* brać w dzierżawę
lease *n* dzierżawa

leash *n* smycz
least *adj* najmniejszy
leather *n* skóra
leave *iv* zostawiać
leave out *v* opuszczać
lectern *n* pulpit
lecture *n* wykład
ledger *n* księga główna
leech *n* pijawka
leftovers *n* pozostałości
leg *n* noga
legacy *n* zapis
legal *adj* prawny
legality *n* prawomocność
legalize *v* legalizować
legend *n* legenda
legible *adj* czytelny
legion *n* legion
legislate *v* uchwalać ustawę
legislation *n* ustawodawstwo
legislature *n* legislatura
legitimate *adj* prawowity
leisure *n* wolny czas
lemon *n* cytryna
lemonade *n* lemoniada
lend *iv* pożyczać
length *n* długość
lengthen *v* wydłużać
lengthy *adj* rozwlekły
leniency *n* wyrozumiałość
lenient *adj* wyrozumiały
lense *n* szkło kontaktowe
Lent *n* Wielki Post
lentil *n* soczewica
leopard *n* lampart
leper *n* trędowaty
leprosy *n* trąd
less *adj* bez
lessee *n* dzierżawca
lessen *v* zmniejszać
lesser *adj* mniejszy
lesson *n* lekcja
let *iv* pozwalać
let down *v* zawodzić
let go *v* przestać
let in *v* wpuszczać
let out *v* wypuszczać
lethal *adj* śmiertelny
letter *n* list
lettuce *n* sałata
leukemia *n* białaczka
level *v* zrównywać
level *n* poziom
lever *n* dźwignia
leverage *n* dźwignięcie
levy *v* pobierać

lewd *adj* lubieżny
liability *n* odpowiedzialność
liable *adj* podlegający
liaison *n* łączność
liar *n* kłamca
libel *n* paszkwil
liberate *v* uwalniać
liberation *n* uwolnienie
liberty *n* wolność
librarian *n* bibliotekarz
library *n* biblioteka
lice *n* wszy
licence *n* licencja
license *v* upoważniać
lick *v* lizać
lid *n* wieko
lie *iv* kłamać
lie *v* kłaść
lie *n* kłamstwo
lieu *n* miejsce
lieutenant *n* porucznik
life *n* życie
lifeguard *n* ratownik
lifeless *adj* zmarły
lifestyle *n* styl życia
lifetime *adj* dożywotni
lift *v* podnosić
lift off *v* wznosić się

lift-off *n* start
ligament *n* wiązadło
light *iv* zapalać
light *adj* jasny
light *n* światło
lighter *n* zapalniczka
lighthouse *n* latarnia morska
lighting *n* oświetlenie
lightly *adv* lekko
lightning *n* błyskawica
lightweight *n* waga lekka
likable *adj* sympatyczny
like *pre* tak jak
like *v* lubić
likely *adv* prawdopodobnie
likeness *n* podobieństwo
likewise *adv* pdobnie
liking *n* sympatia
limb *n* kończyna
lime *n* wapno
limestone *n* wapień
limit *n* granica
limit *v* ograniczać
limitation *n* ograniczenie
limp *v* powłóczyć nogą
limp *n* utykanie na nogę
linchpin *n* podpora
line *n* linia

line up *v* ustawić w rząd
linen *n* płótno
linger *v* ociągać się
lingerie *n* bielizna
lingering *adj* ociągający się
lining *n* podszewka
link *v* łączyć
link *n* łącze
lion *n* lew
lioness *n* lwica
lip *n* warga
liqueur *n* likier
liquid *n* płyn
liquidate *v* likwidować
liquidation *n* likwidacja
liquor *n* napój alkoholowy
list *v* spisywać
list *n* lista
listen *v* słuchać
listener *n* słuchacz
litany *n* litania
liter *n* litr
literal *adj* dosłowny
literally *adv* dosłownie
literate *adj* piśmienny
literature *n* literatura
litigate *v* kwestionować
litigation *n* sprawa sądowa

litre *n* litr
litter *n* odpadki
little *adj* mały
little bit *n* mała porcja
little by little *adv* po trochu
liturgy *n* liturgia
live *adj* żywy
live *v* żyć
live off *v* żyć z
live up *v* żyć zgodnie
livelihood *n* utrzymanie
lively *adj* żywy
liver *n* wątroba
livestock *n* żywy inwentarz
livid *adj* siny
living room *n* salon
lizard *n* jaszczurka
load *v* ładować
load *n* ładunek
loaded *adj* załadowany
loaf *n* bochenek
loan *v* pożyczać
loan *n* pożyczka
loathe *v* nienawdzić
loathing *n* obrzydzenie
lobby *n* lobby
lobby *v* bywać w kuluarach
lobster *n* homar

local *adj* lokalny
localize *v* lokalizować
locate *v* lokować
located *adj* umieszczony
location *n* lokalizacja
lock *v* zablokować
lock *n* blokada
lock up *v* zamykać na klucz
locker room *n* szatnia
locksmith *n* ślusarz
locust *n* szarańcza
lodge *v* przenocować
lodging *n* portiernia
lofty *adj* wysoki
log *n* kloc
log *v* wpisywać
log in *v* logować się
log off *v* wylogować się
logic *n* logika
logical *adj* logiczny
loin *n* polędwica
loiter *v* wałęsać się
loneliness *n* samotność
lonely *adj* samotny
loner *n* samotnik
lonesome *adj* samotny
long *adj* długi
long for *v* pragnąć czegoś
longing *n* tęsknota
longitude *n* długość
long-standing *adj* długoletni
long-term *adj* długoterminowy
look *n* spojrzenie
look *v* patrzeć
look after *v* troszczyć się
look at *v* patrzeć na
look down *v* patrzeć w dół
look for *v* szukać
look forward *v* oczekiwać
look into *v* zaglądać do
look out *v* wyglądać
look over *v* rzucić okiem
look through *v* przeglądać
looking glass *n* lustro
looks *n* wygląd
loom *n* warsztat tkacki
loom *v* wynurzać się
loophole *n* kruczek
loose *v* rozluźniać
loose *adj* luźny
loosen *v* obluzowywać
loot *v* plądrować
loot *n* plądrowanie
lord *n* pan
lordship *n* majątek lorda
lose *iv* tracić

loser *n* przegrywający
loss *n* strata
lot *adv* często
lotion *n* płyn
lots *adj* dużo
lottery *n* loteria
loud *adj* głośny
loudly *adv* głośno
loudspeaker *n* głośnik
lounge *n* kanapa
louse *n* wesz
lousy *adj* zawszony
lovable *adj* miły
love *v* kochać
love *n* miłość
lovely *adj* śliczny
lover *n* kochanek
loving *adj* kochający
low *adj* niski
lower *adj* niższy
lowkey *adj* powściągliwy
lowly *adj* skromny
loyal *adj* lojalny
loyalty *n* lojalność
lubricate *v* smarować
lubrication *n* smarowanie
lucid *adj* jasny
luck *n* szczęście

lucky *adj* szczęśliwy
lucrative *adj* lukratywny
ludicrous *adj* śmieszny
luggage *n* bagaż
lukewarm *adj* letni
lull *n* cisza
lumber *n* graty
luminous *adj* świecący
lump *n* całość
lump sum *n* suma globalna
lump together *v* gromadzić
lunacy *n* obłąkanie
lunatic *adj* obłąkany
lunch *n* posiłek południowy
lung *n* płuco
lure *v* wabić
lurid *adj* ponury
lurk *v* czaić się
lush *adj* soczysty
lust *v* pożądać
lust *n* pożądanie
lustful *adj* pożądliwy
luxurious *adj* luksusowy
luxury *n* luksus
lynch *v* linczować
lynx *n* ryś
lyrics *n* tekst

M

machine *n* maszyna
mad *adj* szalony
madam *n* pani
madly *adv* szalenie
madman *n* obłąkaniec
madness *n* obłąkaniec
magazine *n* magazyn
magic *n* magia
magical *adj* magiczny
magician *n* magik
magistrate *n* sędzia
magnet *n* magnes
magnetic *adj* magnetyczny
magnetism *n* magnetyzm
magnificent *adj* wspaniały
magnify *v* powiększać
magnitude *n* wielkość
maid *n* dziewczyna
maiden *n* panna
mail *v* wysyłać pocztą
mail *n* poczta
mailbox *n* skrzynka pocztowa
mailman *n* listonosz
maim *v* okaleczać
main *adj* główny

mainland *n* ląd stały
mainly *adv* głównie
maintain *v* podtrzymywać
maintenance *n* utrzymanie
majestic *adj* majestatyczny
majesty *n* majestat
major *n* major
major *adj* ważny
major in *v* specjalizować się w
majority *n* większość
make *n* marka
make *iv* robić
make up *v* sprządzać
make up for *v* nadrabiać
maker *n* twórca
makeup *n* makijaż
malaria *n* malaria
male *n* mężczyzna
malevolent *adj* niechętny
malfunction *v* psuć się
malfunction *n* awaria
malice *n* złośliwość
malign *v* złośliwy
malignancy *n* złośliwość
malignant *adj* złośliwy
mall *n* centrum handlowe
malnutrition *n* niedożywienie
malpractice *v* czyn karygodny

mammal *n* ssak
mammoth *n* mamut
man *n* mężczyzna
manage *v* zarządzać
management *n* zarządzanie
manager *n* menedżer
mandate *n* mandat
mandatory *adj* obowiązkowy
maneuver *n* manewr
manger *n* żłób
mangle *v* maglować
manhandle *v* źle traktować
manhunt *n* obława
maniac *adj* maniakalny
manifest *v* manifestować
manipulate *v* manipulować
mankind *n* rodzaj ludzki
manliness *n* mężność
manly *adj* mężny
manner *n* sposób
mannerism *n* maniera
manners *n* zwyczaje
manpower *n* siła robocza
mansion *n* dwór
manslaughter *n* rzeź ludzka
manual *n* podręcznik
manual *adj* ręczny
manufacture *v* produkować

manure *n* nawóz
manuscript *n* manuskrypt
many *adj* liczni
map *n* mapa
marble *n* marmur
march *v* maszerować
march *n* marsz
March *n* marzec
mare *n* klacz
margin *n* margines
marginal *adj* margnalny
marinate *v* marynować
marine *adj* morski
marital *adj* wojenny
mark *n* znak
mark *v* zaznaczać
mark down *v* obniżać
marker *n* marker
market *n* rynek
marksman *n* strzelec wyborowy
marmalade *n* marmolada
marriage *n* małżeństwo
married *adj* żonaty
marrow *n* szpik kostny
marry *v* poślubiać
Mars *n* Mars
marshal *n* marszałek
martyr *n* męczennik

martyrdom *n* męczeństwo
marvel *n* cud
marvelous *adj* cudowny
marxist *adj* marksistowski
masculine *adj* męski
mash *v* gniecione ziemniaki
mask *n* maska
masochism *n* masochizm
mason *n* kamieniarz
masquerade *v* maskarada
mass *n* masa
massacre *n* maskra
massage *n* masaż
massage *v* masować
masseur *n* masażysta
masseuse *n* masażystka
massive *adj* masywny
mast *n* maszt
master *n* pan
master *v* nabywać biegłości
mastermind *n* inicjator
mastermind *v* planować
masterpiece *n* arcydzieło
mastery *n* opanowanie
mat *n* mata
match *n* zapałka
match *v* harmonizować
mate *n* kolega

material *n* materiał
materialism *n* materializm
maternal *adj* matczyny
maternity *n* macierzyństwo
math *n* matematyka
matriculate *v* immatrykulować
matrimony *n* małżeństwo
matter *n* sprawa
mattress *n* materac
mature *adj* dojrzały
maturity *n* dojrzałość
maul *v* poturbować
maxim *n* maksyma
maximum *adj* maksymalny
May *n* maj
may *iv* móc
may-be *adv* być może
mayhem *n* okaleczenie
mayor *n* burmistrz
maze *n* labirynt
meadow *n* łąka
meager *adj* chudy
meal *n* posiłek
mean *iv* oznaczać
mean *adj* średni
meaning *n* znaczenie
meaningful *adj* znaczący
meaningless *adj* bez znaczenia

meanness n ubóstwo
means n środki
meantime adv tymczasem
meanwhile adv tymczasem
measles n odra
measure v mierzyć
measurement n miara
meat n mięso
meatball n klopsik
mechanic n mechanik
mechanism n mechanizm
mechanize v mechanizować
medal n medal
medallion n medalion
meddle v wtrącać się
mediate v pośredniczyć
mediator n mediator
medication n leczenie
medicinal adj medyczny
medicine n medycyna
medieval adj średniowieczny
mediocre adj średni
mediocrity n mierność
meditate v medytować
meditation n medytacja
medium adj średni
meek adj potulny
meekness n potulność

meet iv spotykać
meeting n spotkanie
melancholy n melancholia
mellow adj dojrzały
melodic adj melodyczny
melody n melodia
melon n melon
melt v topnieć
member n członek
membership n członkowstwo
membrane n membrana
memento n pamiątka
memo n memo
memoirs n wspomnienia
memorable adj pamiętny
memory n pamięć
men n mężczyźni
menace n groźba
mend v naprawiać
menopause n meopauza
menstruation n menstruacja
mental adj umysłowy
mentality n umysłowość
mentally adv umysłowo
mention v wspominać
mention n wspomnienie
menu n jadłospis
merchandise n towar

merchant *n* kupiec
merciful *adj* miłosierny
merciless *adj* niemiłosierny
mercury *n* rtęć
mercy *n* litość
merely *adv* zaledwie
merge *v* łączyć
merger *n* połączenie
merit *n* wartość
merit *v* zasługiwać
mermaid *n* syrena
merry *adj* wesoły
mesh *n* oczko
mesmerize *v* hipnotyzować
mess *n* nieporządek
mess around *v* lenić się
mess up *v* psuć
message *n* wiadomość
messenger *n* posłaniec
Messiah *n* Mesjasz
messy *adj* brudny
metal *n* metal
metallic *adj* metaliczny
metaphor *n* metafora
meteor *n* meteor
meter *n* metr
method *n* metoda
methodical *adj* metodyczny

meticulous *adj* drobiazgowy
metric *adj* metryczny
metropolis *n* mertopolia
Mexican *adj* meksykański
mice *n* myszy
microbe *n* bakteria
microphone *n* mikrofon
microscope *n* mikroskop
microwave *n* mikrofala
midair *n* w górze
midday *n* południe
middle *n* środek
middleman *n* pośrednik
midget *n* karzeł
midnight *n* północ
midsummer *n* środek lata
midwife *n* akuszerka
mighty *adj* potężny
migraine *n* migrena
migrant *n* emigrant
migrate *v* emigrować
mild *adj* łagodny
mildew *n* pleśń
mile *n* mila
mileage *n* odległość w milach
milestone *n* kamień milowy
militant *adj* wojowniczy
milk *n* mleko

milky *adj* mleczny
mill *n* młyn
millennium *n* milenium
milligram *n* miligram
millimeter *n* milimetr
million *n* milion
millionaire *n* milioner
mime *v* grać gestami
mince *v* siekać
mincemeat *n* siekane mięso
mind *v* mieć na uwadze
mind *n* umysł
mind-boggling *adj* niewyobrażalny
mindful *adj* uważający
mindless *adj* durny
mine *n* kopalnia
mine *v* kopać
mine *pro* mój
minefield *n* pole minowe
miner *n* górnik
mineral *n* minerał
mingle *v* mieszać
miniature *n* miniatura
minimize *v* minimalizować
minimum *n* minimum
miniskirt *n* minispódniczka
minister *n* minister

minister *v* służyć
ministry *n* ministerstwo
minor *adj* mniejszy
minority *n* mniejszość
mint *n* mięta
mint *v* tworzyć
minus *adj* ujemny
minute *n* minuta
miracle *n* cud
miraculous *adj* cudowny
mirage *n* miraż
mirror *n* lustro
miscalculate *v* źle obliczać
miscarriage *n* poronienie
miscarry *v* poronić
mischief *n* psota
mischievous *adj* psotny
misconduct *n* źle się prowadzić
misconstrue *v* błędnie rozumieć
misdemeanor *n* wykroczenie
miser *n* sknera
miserable *adj* marny
misery *n* niedola
misfit *adj* niedopasowany
misfortune *n* nieszczęście
misgivings *n* obawy
misguided *adj* niefortunny
misinterpret *v* źle interpretować

misjudge v źle sądzić
mislead v oszukiwać
misleading adj podstępny
misprint n błędnie drukować
miss v chybiać
miss n chybienie
missile n pocisk
missing adj brakujący
mission n misja
missionary n misjonarz
mist n mgła
mistake iv pomylić się
mistake n pomyłka
mistaken adj błędny
mister n pan
mistreat v źle traktować
mistreatment n złe traktowanie
mistress n pani
mistrust n nieufność
mistrust v nie ufać
misty adj mglisty
misunderstand v źle zrozumieć
mitigate v łagodzić
mix v mieszać
mixed-up adj zmieszany
mixer n mikser
mixture n mkstura
mix-up n zamieszanie

moan v jęczeć
moan n jęk
mob n tłum
mobile adj ruchomy
mobilize v mobilozować
mobster n mafiozo
mock v wyśmiewać
mockery n kpiny
mode n tryb
model n model
moderate adj umiarkowany
moderation n umirakowanie
modern adj nowoczesny
modernize v zmodernizować
modest adj skromny
modesty n skromność
modify v modyfikować
module n moduł
moisten v zwilżać
moisture n wilogoć
molar n ząb trzonowy
mold v pleśnieć
mold n pleśń
moldy adj spleśniały
mole n kret
molecule n molekuła
molest v molestować
mom n mamusia

moment n moment
momentarily adv momentalnie
momentous adj ważny
monarch n monarcha
monarchy n monarchia
monastery n klasztor
monastic adj klasztorny
Monday n poniedziałek
money n pieniądze
monitor v kontrolować
monk n mnich
monkey n małpa
monogamy n monogamia
monologue n monolog
monopolize v monopolizować
monopoly n monpol
monotonous adj monotonny
monotony n monotonia
monster n potwór
monstrous adj potworny
month n miesiąc
monthly adv miesięcznie
monument n pomnik
monumental adj monumentalny
mood n nastrój
moody adj mający humory
moon n księżyc
moor v cumować

mop v wycierać
moral adj moralny
moral n morał
morality n moralność
more adj liczniejszy
moreover adv ponadto
morning n ranek
moron n kretyn
morphine n morfina
morsel n kęs
mortal adj śmiertelny
mortality n śmiertelność
mortar n cement
mortgage n hipoteka
mortification n umartwienie
mortify v umartwiać
mortuary n kostnica
mosaic n mozaika
mosque n meczet
mosquito n komar
moss n mech
most adj najlepszy
mostly adv najczęściej
motel n motel
moth n ćma
mother n matka
motherhood n macierzyństwo
mother-in-law n teściowa

motion *n* ruch
motionless *adj* nieruchomy
motivate *v* motywować
motive *n* motyw
motor *n* motor
motorcycle *n* motocykl
motto *n* motto
mouldy *adj* spleśniały
mount *n* szczyt
mount *v* wspinać się
mountain *n* góra
mountainous *adj* górzysty
mourn *v* lamentować
mourning *n* żałoba
mouse *n* mysz
mouth *n* usta
move *n* ruch
move *v* ruszać się
move back *v* cofać się
move forward *v* ruszać naprzód
move out *v* wyprowadzać się
move up *v* podnosić
movement *n* poruszenie
movie *n* film
mow *v* kosić
much *adv* niewątpliwie
mucus *n* śluz
mud *n* błoto

muddle *n* zamieszanie
muddy *adj* zabłocony
muffle *v* tłumić
muffler *n* tłumik
mug *v* napadać
mugging *n* napad uliczny
mule *n* muł
multiple *adj* wieloraki
multiplication *n* mnożenie
multiply *v* mnożyć
multitude *n* tłum
mumble *v* mamrotać
mummy *n* mamusia
mumps *n* świnka
munch *v* przeżuwać
munitions *n* zbrojenie
murder *n* morderstwo
murderer *n* morderca
murky *adj* mroczny
murmur *v* mruczeć
murmur *n* mruczenie
muscle *n* mięsień
museum *n* muzeum
mushroom *n* grzyb
music *n* muzyka
musician *n* muzyk
Muslim *adj* muzułmański
must *iv* musieć

mustache *n* wąsy
mustard *n* musztarda
muster *v* gromadzić się
mutate *v* mutować
mute *adj* niemy
mutilate *v* okaleczać
mutiny *n* bunt
mutually *adv* wzajemnie
muzzle *v* nakładać kaganiec
muzzle *n* kaganiec
my *adj* mój
myopic *adj* krótkowzroczny
myself *pro* sam
mysterious *adj* tajemniczy
mystery *n* tajemnica
mystic *adj* mistyczny
mystify *v* mystyfikować
myth *n* mit

N

nag *v* dokuczać
nagging *adj* dokuczający
nail *n* gwóźdź

naive *adj* naiwny
naked *adj* nagi
name *n* imię
namely *adv* mianowicie
nanny *n* nania
nap *n* drzemka
napkin *n* serwetka
narcotic *n* narkotyk
narrate *v* opowiadać
narrow *adj* wąski
narrowly *adv* wąsko
nasty *adj* okropny
nation *n* naród
national *adj* narodowy
nationality *n* narodowość
nationalize *v* upaństwawiać
native *adj* krajowy
natural *adj* naturalny
naturally *adv* naturalnie
nature *n* natura
naughty *adj* niegrzeczny
nausea *n* nudności
nave *n* nawa
navel *n* pępek
navigate *v* żeglować
navigation *n* nawigacja
navy *n* marynarka wojenna
navy blue *adj* granatowy

near *pre* blisko
nearby *adj* pobliski
nearly *adv* prawie
nearsighted *adj* krótkowzroczny
neat *adj* schludny
neatly *adv* schludnie
necessary *adj* konieczny
necessitate *v* wymagać
necessity *n* konieczność
neck *n* szyja
necklace *n* naszyjnik
necktie *n* krawat
need *v* potrzebować
need *n* potrzeba
needle *n* igła
needless *adj* niepotrzebny
needy *adj* potrzebujący
negative *adj* negatywny
neglect *v* zaniedbywać
neglect *n* zaniedbanie
negligence *n* niedbalstwo
negligent *adj* niedbały
negotiate *v* negocjować
negotiation *n* negocjacje
neighbor *n* sąsiad
neighborhood *n* sąsiedztwo
neither *adj* ani ten ani tamten
neither *adv* również nie

nephew *n* bratanek
nerve *n* nerw
nervous *adj* nerwowy
nest *n* gniazdo
net *n* sieć
Netherlands *n* Niderlandy
network *n* siatka
neurotic *adj* neurotyczny
neutral *adj* neutralny
neutralize *v* neutralizować
never *adv* nigdy
nevertheless *adv* mimo to
new *adj* nowy
newborn *n* noworodek
newcomer *n* przybysz
newly *adv* niedawno
newlywed *adj* świeżo poślubiony
news *n* wiadomości
newsletter *n* biuletyn
newspaper *n* gazeta
newsstand *n* kiosk z gazetami
next *adj* sąsiedni
next door *adj* w pobliżu
nibble *v* skubać
nice *adj* miły
nicely *adv* przyjemnie
nickel *n* nikiel
nickname *n* przezwisko

nicotine *n* nikotyna
niece *n* bratanica
night *n* noc
nightfall *n* zmrok
nightgown *n* koszula nocna
nightingale *n* słowik
nightmare *n* koszmar
nine *adj* dziewięć
nineteen *adj* dziewiętnaście
ninety *adj* dziewięćdziesiąt
ninth *adj* dziewiąty
nip *n* uszczypnięcie
nip *v* szczypać
nipple *n* brodawka sutkowa
nitpicking *adj* dociekliwy
nitrogen *n* azot
no one *pro* nikt
nobility *n* szlachetność
noble *adj* szlachetny
nobleman *adj* szlachcic
nobody *pro* nikt
nocturnal *adj* nocny
nod *v* kłaniać się
noise *n* hałas
noisily *adv* hałaśliwie
noisy *adj* hałaśliwy
nominate *v* mianować
none *pre* żaden

nonetheless *c* niemniej jednak
nonsense *n* nonsens
nonsmoker *n* osoba niepaląca
nonstop *adv* bez przerwy
noon *n* południe
noose *n* pętla
nor *c* ani
norm *n* norma
normal *adj* normalny
normalize *v* normalizować
normally *adv* normalnie
north *n* północ
northeast *n* północny wschód
northern *adj* północny
northerner *adj* człowiek północy
Norway *n* Norwegia
Norwegian *adj* norweski
nose *n* nos
nosedive *v* pikowanie
nostalgia *n* nostalgia
nostril *n* nozdrze
nosy *adj* wścibski
not *adv* negująco
notable *adj* znakomity
notably *adv* znakomicie
notary *n* notariusz
note *n* notatka
note *v* notować

notebook *n* notatnik
noteworthy *adj* godny uwagi
nothing *n* drobiazg
notice *v* zauważać
notice *n* zawiadomienie
noticeable *adj* godny uwagi
notification *n* zawiadomienie
notify *v* zawiadamiać
notion *n* pojęcie
notorious *adj* notoryczny
noun *n* rzeczownik
nourish *v* żywić
nourishment *n* pożywienie
novel *n* powieść
novelist *n* powieściopisarz
novelty *n* nowość
November *n* listopad
novice *n* nowicjusz
now *adv* teraz
nowadays *adv* obecnie
nowhere *adv* nigdzie
noxious *adj* szkodliwy
nozzle *n* dysza
nuance *n* niuans
nuclear *adj* nuklearny
nude *adj* nagi
nudism *n* nudyzm
nudist *n* nudysta

nudity *n* nagość
nuisance *n* nieprzyjemność
null *adj* nieważny
nullify *v* unieważniać
numb *adj* zdrętwiały
number *n* liczba
numbness *n* zdrętwienie
numerous *adj* liczny
nun *n* zakonnica
nurse *n* pielęgniarka
nurse *v* opiekować się
nursery *n* żłobek
nurture *v* żywić
nut *n* orzech
nutrition *n* odżywianie
nutritious *adj* odżywczy
nut-shell *n* łupina orzecha
nutty *adj* pomylony

oak *n* dąb
oar *n* wiosło
oasis *n* oaza

oath n przysięga
oatmeal n owsianka
obedience n posłuszeństwo
obedient adj posłuszny
obese adj otyły
obey v być posłusznym
object v sprzeciwiać się
object n przedmiot
objection n sprzeciw
objective n obiektywny
obligate v zobowiązywać
obligation n obowiązek
obligatory adj obowiązkowy
oblige v zoobowiązywać
obliged adj zobowiązany
oblique adj skośny
obliterate v wymazywać
oblivion n zapomnienie
oblivious adj niepamiętny
oblong adj podłużny
obnoxious adj przykry
obscene adj nieprzyzwoity
obscenity n nieprzyzwoitość
obscure adj niejasny
obscurity n niejasność
observation n obserwacja
observatory n obserwatorium
observe v obserwować

obsess v nawiedzać
obsession n obsesja
obsolete adj przestarzały
obstacle n przeszkoda
obstinacy n upór
obstinate adj uparty
obstruct v utrudniać
obstruction n utrudnienie
obtain v otrzymywać
obvious adj oczywisty
obviously adv oczywiście
occasion n okazja
occasionally adv przypadkowo
occult adj okultystyczny
occupant n mieszkaniec
occupation n zajęcie
occupy v zajmować
occur v zdarzać się
ocean n ocean
October n październik
octopus n ośmiornica
ocurrence n występowanie
odd adj dziwny
oddity n dziwaczność
odds n niezgodność
odious adj wstrętny
odometer n hodometr
odor n zapach

odyssey *n* odyseja
of *pre* z
off *adv* precz
offend *v* obrażać
offense *n* obraza
offensive *adj* ofensywny
offer *v* oferować
offer *n* oferta
offering *n* oferowanie
office *n* biuro
officer *n* oficer
official *adj* oficjalny
officiate *v* urzędować
offset *v* równoważyć
offspring *n* potomek
often *adv* często
oil *n* olej
ointment *n* maść
okay *adv* dobrze
old *adj* stary
old age *n* starość
old-fashioned *adj* staromodny
olive *n* oliwka
olympics *n* igrzyska olimpijskie
omelette *n* omlet
omen *n* znak
ominous *adj* złowieszczy
omission *n* przeoczenie

omit *v* pominąć
on *pre* na
once *adv* raz
once *c* skoro
one *adj* niejaki
oneself *pre* sobie
ongoing *adj* kontunuujący się
onion *n* cebula
onlooker *n* widz
only *adv* tylko
onset *n* napad
onslaught *n* gwałtowny napad
onwards *adv* naprzód
opaque *adj* nieprzezroczysty
open *v* otwierać
open *adj* otwarty
open up *v* otwierać
opening *n* otwarcie
open-minded *adj* nieuprzedzony
openness *n* otwartość
opera *n* opera
operate *v* działać
operation *n* operacja
opinion *n* opinia
opinionated *adj* uparty
opium *n* opium
opponent *n* przeciwnik
opportune *adj* właściwy

opportunity *n* okazja
oppose *v* sprzeciwiać się
opposite *adj* przeciwny
opposite *adv* naprzeciwko
opposite *n* przeciwieństwo
opposition *n* opozycja
oppress *v* uciskać
oppression *n* opresja
opt for *v* dokonywać wyboru
optical *adj* optyczny
optician *n* optyk
optimism *n* optymizm
optimistic *adj* optymistyczny
option *n* opcja
optional *adj* opcjonalny
opulence *n* bogactwo
or *c* lub
oracle *n* wyrocznia
orally *adv* ustnie
orange *n* pomarańcza
orangutan *n* orangutan
orbit *n* orbita
orchard *n* sad
orchestra *n* orkiestra
ordain *v* wyświęcać
ordeal *n* ciężka próba
order *n* zamówienie
ordinarily *adv* zwykle
ordinary *adj* zwykły
ordination *n* wyświęcenie
ore *n* ruda
organ *n* organ
organism *n* organizm
organist *n* organista
organization *n* organizacja
organize *v* organizować
orient *n* orient
oriental *adj* orientalny
orientation *n* orientacja
oriented *adj* ukierunkowany
origin *n* początek
original *adj* orginalny
originally *adv* orginalnie
originate *v* zapoczątkować
ornament *n* ornament
ornamental *adj* ornamentalny
orphan *n* sierota
orphanage *n* sierociniec
orthodox *adj* ortodoksyjny
ostentatious *adj* ostentacyjny
ostrich *n* struś
other *adj* inaczej
otherwise *adv* inaczej
otter *n* wydra
ought to *iv* musieć
ounce *n* uncja

our *adj* nasz
ours *pro* nasz
ourselves *pro* sami
oust *v* usuwać
out *adv* poza
outbreak *n* wybuch
outburst *n* wybuch
outcast *adj* wygnany
outcome *n* wynik
outcry *n* wrzawa
outdated *adj* przedawniony
outdo *v* prześcignąć
outdoor *adv* pozadomowy
outer *adj* zewnętrzny
outfit *n* sprzęt
outgoing *adj* odchodzący
outgrow *v* wyrastać
outing *n* wycieczka
outlast *v* przetrwać
outlaw *v* zakazywać
outlet *n* zbyt
outline *n* zarys
outline *v* szkicować
outlive *v* przeżyć
outlook *n* widok
outmoded *adj* przestarzały
outpouring *n* wylew
output *n* produkcja

outrage *n* obraza
outrageous *adj* oburzający
outright *adj* całkowity
outrun *v* dystansować
outset *n* początek
outshine *v* zaćmiewać
outside *adv* na zewnątrz
outsider *n* człowiek obcy
outskirts *n* krańce
outspoken *adj* otwarty
outstanding *adj* wyróżniający się
outstretched *adj* wyciągnięty
outward *adj* zewnętrzny
outweigh *v* przeważać
oval *adj* owalny
ovary *n* jajnik
ovation *n* owacja
oven *n* piec
over *pre* ponad
overall *adv* ogólnie
overbearing *adj* wyniosły
overboard *adv* za burtą
overcast *adj* pochmurny
overcharge *v* przeciążać
overcoat *n* płaszcz
overcome *v* pokonywać
overcrowded *adj* zatłoczony
overdo *v* przesadzać

overdone *adj* przesadny
overdose *n* przedawkowanie
overdue *adj* zaległy
overestimate *v* przeceniać wartość
overflow *v* przelewać się
overhaul *v* gruntownie badać
overlap *v* pokrywać się
overlook *v* przeoczać
overnight *adv* nocny
overpower *v* przytłaczać
overrate *v* przeceniać
override *v* pomijać
overrule *v* odrzucić
overrun *v* przekraczać
overseas *adv* za morze
oversee *v* nadzorować
overshadow *v* zaciemniać
oversight *n* przeoczenie
overstate *v* przesadzać
overstep *v* wychodzić poza
overtake *v* doganiać
overthrow *v* powalać
overthrow *n* przewrót
overtime *adv* nadprogramowo
overturn *v* wywracać
overview *n* przegląd
overweight *adj* mający nadwagę
overwhelm *v* przygniatać
owe *v* być winnym
owing to *adv* z powodu
owl *n* sowa
own *v* posiadać
own *adj* własny
owner *n* właściciel
ownership *n* własność
ox *n* wół
oxen *n* woły
oxygen *n* tlen
oyster *n* ostryga

pace *v* kroczyć
pace *n* krok
pacify *v* pacyfikować
pack *v* pakować
package *n* pakunek
pact *n* pakt
pad *v* wyścielać
padding *n* wyścielenie
paddle *v* wiosłować
padlock *n* kłódka

pagan *adj* pogański
page *n* strona
pail *n* wiadro
pain *n* ból
painful *adj* bolesny
painless *adj* bezbolesny
paint *v* malować
paint *n* farba
painter *n* malarz
painting *n* malarstwo
pair *n* para
pajamas *n* piżama
pal *n* kumpel
palace *n* pałac
palate *n* podniebienie
pale *adj* blady
paleness *n* bladość
palm *n* dłoń
palpable *adj* namacalny
paltry *adj* lichy
pamper *v* rozpieszczać
pamphlet *n* pamflet
pan *n* rondel
pancreas *n* trzustka
pander *v* folgować komuś
pang *n* ból
panic *n* panika
panorama *n* panorama

panther *n* pantera
pantry *n* spiżarnia
pants *n* kalesony
pantyhose *n* rajstopy
papacy *n* papiestwo
paper *n* papier
paperclip *n* spinacz
paperwork *n* papierkowa robota
parable *n* parabola
parachute *n* spadochron
parade *n* parada
paradise *n* raj
paradox *n* paradoks
paragraph *n* paragraf
parakeet *n* papuga
parallel *n* porównanie
paralysis *n* paraliż
paralyze *v* paraliżować
parameters *n* parametry
paramount *adj* główny
paranoid *adj* paranoidalny
parasite *n* pasożyt
paratrooper *n* spadochroniarz
parcel *n* paczka
parcel post *n* poczta paczkowa
parched *adj* spieczony
parchment *n* pergamin
pardon *v* wybaczać

pardon

pardon *n* wybaczenie
parenthesis *n* nawias
parents *n* rodzice
parish *n* parafia
parishioner *n* parafianin
parity *n* równość
park *v* parkować
park *n* park
parking *n* parking
parliament *n* parlament
parochial *adj* parafialny
parrot *n* papuga
parsley *n* pietruszka
parsnip *n* pasternak
part *v* dzielić
part *n* część
partial *adj* częściowy
partially *adv* częściowo
participate *v* partycypować
participation *n* udział
participle *n* imiesłów
particle *n* cząstka
particular *adj* szczególny
particularly *adv* szczególnie
parting *n* rozdział
partisan *n* partyzant
partition *n* podział
partly *adv* częściowo

partner *n* partner
partnership *n* spółka
partridge *n* kuropatwa
party *n* partia
pass *n* przepustka
pass *v* przejeżdżać
pass around *v* puszczać w obieg
pass away *v* umierać
pass out *v* zemdleć
passage *n* przejście
passenger *n* pasażer
passer-by *n* przechodzień
passion *n* pasja
passionate *adj* namiętny
passive *adj* pasywny
passport *n* paszport
password *n* hasło
past *adj* przeszły
paste *v* kleić
paste *n* pasta
pasteurize *v* pasteryzować
pastime *n* rozrywka
pastor *n* pastor
pastoral *adj* pasterski
pastry *n* ciasta
pasture *n* pastwisko
pat *n* klepanie
patch *v* łatać

patch *n* łatka
patent *n* patent
patent *adj* patentowy
paternity *n* ojcostwo
path *n* ścieżka
pathetic *adj* patetyczny
patience *n* cierpliwość
patient *adj* cierpliwy
patio *n* patio
patriarch *n* patriarcha
patrimony *n* ojcowizna
patriot *n* patriota
patriotic *adj* patriotyczny
patrol *n* patrol
patron *n* patrolować
patronage *n* patronat
patronize *v* popierać
pattern *n* wzór
pavement *n* chodnik
pavilion *n* pawilon
paw *n* łapa
pawn *v* zastawiać
pay *n* zapłata
pay *iv* płacić
pay back *v* zwracać pieniądze
pay off *v* spłacać
payable *adj* płatny
paycheck *n* czek z wypłatą
payee *n* beneficjent
payment *n* zapłata
payroll *n* list płac
payslip *n* odcinek wypłaty
pea *n* groch
peace *n* pokój
peaceful *adj* spokojny
peach *n* brzoskwinia
peacock *n* paw
peak *n* szczyt
peanut *n* orzech ziemny
pear *n* gruszka
pearl *n* perła
peasant *n* chłop
pebble *n* kamyk
peck *v* dziobać
peck *n* całus
peculiar *adj* dziwny
pedagogy *n* pedagogika
pedal *n* pedał
pedantic *adj* pedantyczny
pedestrian *n* pieszy
peel *v* obierać
peel *n* skórka
peep *v* zerkać
peer *n* rówieśnik
pelican *n* pelikan
pellet *n* śrut

pen *n* pióro
penalize *v* karać
penalty *n* karać
penance *n* pokuta
penchant *n* skłonność
pencil *n* ołówek
pendant *n* wisiorek
pending *adj* nierozstrzygnięty
pendulum *n* wahadło
penetrate *v* penetrować
penguin *n* pingwin
penicillin *n* penicylina
peninsula *n* półwysep
penitent *n* pokutnik
penniless *adj* bez grosza
penny *n* pens
pension *n* emerytura
pentagon *n* pięciokąt
pent-up *adj* powstrzymywany
people *n* ludzie
pepper *n* pieprz
per *pre* przez
perceive *v* dostrzegać
percent *adv* w procentach
percentage *n* procent
perception *n* percepcja
perennial *adj* całoroczny
perfect *adj* doskonały

perfection *n* perfekcja
perforate *v* perforować
perforation *n* perforacja
perform *v* wykonywać
performance *n* wykonanie
perfume *n* perfumy
perhaps *adv* być może
peril *n* niebezpieczeństwo
perilous *adj* niebezpieczny
perimeter *n* perymetr
period *n* okres
perish *v* ginąć
perishable *adj* psujący się
perjury *n* krzywoprzysięstwo
permanent *adj* trwały
permeate *v* przesiąkać
permission *n* pozwolenie
permit *v* pozwalać
pernicious *adj* szkodliwy
perpetrate *v* popełniać
persecute *v* prześladować
persevere *v* nie ustawać
persist *v* trwać
persistence *n* wytrwałość
persistent *adj* wytrwały
person *n* osoba
personal *adj* osobisty
personality *n* osobowość

personify v uosabiać
personnel n personel
perspective n perpektywa
perspiration n pot
perspire v pocić się
persuade v przekonywać
persuasion n przekonanie
persuasive adj przekonywujący
pertain v odnosić się
pertinent adj odnoszący się
perturb v zakłócać porządek
perverse adj perwersyjny
pervert v deprawować
pervert adj wypaczony
pessimism n pesymizm
pessimistic adj pesymistyczny
pest n plaga
pester v niepokoić
pesticide n pestycyd
pet n ulubieniec
petal n płatek
petite adj drobny
petition n petycja
petrified adj struchlały
petroleum n ropa naftowa
pettiness n małostkowość
petty adj małostkowy
pew n ławka

phantom n fantom
pharmacist n farmaceuta
pharmacy n apteka
phase n faza
pheasant n bażant
phenomenon n fenomen
philosopher n filozof
philosophy n filozofia
phobia n fobia
phone n telefon
phone v telefonować
phoney adj fałszywy
phosphorus n fosfor
photo n fotografia
photocopy n fotokopia
photograph v fotografować
photographer n fotograf
photography n fotografia
phrase n fraza
physically adv ficzynie
physician n lekarz
physics n fizyka
pianist n pianista
piano n pianino
pick v wybierać
pick up v podnosić
pickpocket n kieszonkowiec
pickup n furgonetka

picture *n* obraz
picture *v* malować
picturesque *adj* malowniczy
pie *n* placek
piece *n* kawałek
piecemeal *adv* po kawałku
pier *n* molo
pierce *v* przebijać
piercing *n* ostry
piety *n* pobożność
pig *n* świnia
pigeon *n* gołąb
piggy bank *n* świnka skarbonka
pile *v* gromadzić
pile *n* sterta
pile up *v* gromadzić
pilfer *v* kraść
pilgrim *n* pielgrzym
pilgrimage *n* pielgrzymka
pill *n* pigułka
pillage *v* rabować
pillar *n* filar
pillow *n* poduszka
pillowcase *n* poszewka
pilot *n* pilot
pimple *n* krosta
pin *n* szpilka
pincers *n* szczypce

pinch *v* szczypać
pinch *n* uszczypnięcie
pine *n* sosna
pineapple *n* ananas
pink *adj* różowy
pinpoint *v* wskazywać
pint *n* kufel
pioneer *n* pionier
pious *adj* pobożny
pipe *n* rura
pipeline *n* przewód rurowy
piracy *n* piractwo
pirate *n* pirat
pistol *n* pistolet
pit *n* dół
pitch-black *adj* czarny jak smoła
pitchfork *n* widły
pitfall *n* pułapka
pitiful *adj* żałosny
pity *n* litość
placard *n* afisz
placate *v* zjednywać sobie
place *n* umieszczać
placid *adj* łagodny
plague *n* plaga
plain *n* równina
plain *adj* prosty
plainly *adv* wyraźnie

plaintiff *n* powód
plan *v* planować
plan *n* plan
plane *n* samolot
planet *n* planeta
plant *v* sadzić
plant *n* roślina
plaster *n* gips
plaster *v* tynkować
plastic *n* pastik
plate *n* płyta
plateau *n* płaskowyż
platform *n* platforma
platinum *n* platyna
platoon *n* pluton
plausible *adj* wiarygodny
play *v* grać
play *n* gra
player *n* gracz
playful *adj* figlarny
playground *n* plac zabaw
plea *n* obrona
plead *v* argumentować
pleasant *adj* miły
please *v* podobać się
pleasing *adj* przyjemny
pleasure *n* przyjemność
pleat *n* fałda

pleated *adj* pofałdowany
pledge *v* poręczać
pledge *n* ślubowanie
plentiful *adj* obfity
plenty *n* obfitość
pliable *adj* giętki
pliers *n* szczypce
plot *v* knuć
plot *n* intryga
plow *v* orać
ploy *n* sztuczka
pluck *v* szarpać
plug *v* zatykać
plug *n* wtyczka
plum *n* śliwka
plumber *n* hydraulik
plumbing *n* instalacja
plummet *v* sonda
plump *adj* pulchny
plunder *v* plądrować
plunge *v* zanurzać
plunge *n* zanurkowanie
plural *n* mnogi
plus *adv* z dodatkiem
plush *adj* pluszowy
plutonium *n* pluton
pneumonia *n* zapalenie płuc
pocket *n* kieszeń

poem n poemat
poet n poeta
poetry n poezja
poignant adj wzruszający
point n punkt
point v wskazać
pointed adj ostry
pointless adj bez sensu
poise n równowaga
poison v otruwać
poison n trucizna
poisoning n trucizna
poisonous adj trujący
Poland n Polska
polar adj polarny
pole n biegun
police n policja
policeman n policjant
policy n polityka
Polish adj polski
polish n połysk
polish v polerować
polite adj uprzejmy
politeness n uprzejmość
politician n polityk
politics n polityka
poll n głosowanie
pollen n pyłek

pollute v zanieczyszczać
pollution n zanieczyszczenie
polygamist n poligamista
polygamy n poligamia
pomegranate n granat
pomposity n pompatyczność
pond n staw
ponder v rozważać
pontiff n arykapłan
pool n basen
poor n biedny
poorly adv biednie
Pope n papież
poppy n mak
popular adj popularny
popularize v popularyzować
populate v zaludniać
population n populacja
porcelain n porcelana
porch n ganek
porcupine n jeżozwierz
pore n por
pork n wieprzowina
porous adj porowaty
port n port
portable adj przenośny
portent n zapowiedź
porter n portier

portion *n* porcja
portrait *n* portret
portray *v* potretować
Portugal *n* Portugalia
Portuguese *adj* portugalski
pose *v* pozować
posh *adj* elegancki
position *n* pozycja
positive *adj* pozytywny
possess *v* posiadać
possession *n* posiadanie
possibility *n* możliwość
possible *adj* możliwy
post *n* poczta
post office *n* urząd pocztowy
postage *n* opłata pocztowa
postcard *n* kartka pocztowa
poster *n* plakat
posterity *n* potomkowie
postman *n* listonosz
postmark *n* stempel pocztowy
postpone *v* odkładać
postponement *n* odroczenie
pot *n* naczynie
potato *n* ziemniak
potent *adj* potężny
potential *adj* potencjalny
pothole *n* jaskinia

poultry *n* drób
pound *v* walić
pound *n* funt
pour *v* nalewać
poverty *n* ubóstwo
powder *n* proszek
power *n* siła
powerful *adj* potężny
powerless *adj* bezsilny
practical *adj* praktyczny
practice *v* praktyka
practise *v* praktykować
practising *adj* praktykujący
pragmatist *n* pragmatyk
prairie *n* preria
praise *v* chwalić
praise *n* chwała
praiseworthy *adj* godny pochwały
prank *n* wybryk
prawn *n* krewetka
pray *v* modlić się
prayer *n* modlitwa
preach *v* wygłaszać kazanie
preacher *n* kaznodzieja
preamble *n* preambuła
precarious *adj* niebezpieczny
precaution *n* ostrożność

precede v poprzedzać
precedent n precedens
preceding adj poprzedni
precept n nakaz
precious adj cenny
precipice n przepaść
precipitate v zurzucać
precise adj precyzyjny
precision n precyzja
precocious adj wczesny
precursor n prekursor
predecessor n poprzednik
predicament n sytuacja
predict v przepowiadać
prediction n przepowiadanie
predisposed adj predysponowany
predominate v przeważać
prefabricate v prefabrykować
preface n przedmowa
prefer v preferować
preference n preferencja
prefix n prefiks
pregnancy n ciąża
pregnant adj ciężarna
prehistoric adj prehistoryczny
prejudice n uprzedzenie
preliminary adj wstępny

prelude n preludium
premature adj przedwczesny
premeditate v obmyślać
premeditation n premedytacja
premier adj pierwszy
premise n przesłanka
premises n lokal
premonition n przeczucie
preoccupation n zaabsorbowanie
preoccupy v absorbować
preparation n przygotowanie
prepare v przygotowywać
preposition n przyimek
prerequisite n wstępny warunek
prerogative n prerogatywa
prescribe v przepisywać
prescription n przepis
presence n obecność
present adj obecny
present v prezentować
presentation n prezentacja
preserve v zachowywać
preside v przewodniczyć
presidency n prezydentura
president n prezydent
press n prasa
press v naciskać

pressing *adj* pilny
pressure *v* wywierać nacisk
pressure *n* ciśnienie
prestige *n* prestiż
presume *v* przypuszczać
presumption *n* przypuszczenie
presuppose *v* przyjmować
presupposition *n* założenie
pretend *v* udawać
pretense *n* udawanie
pretension *n* pretensja
pretty *adj* ładny
prevail *v* zwyciężać
prevalent *adj* panujący
prevent *v* zapobiegać
prevention *n* zapobieganie
preventive *adj* zapobiegawczy
preview *n* podgląd
previous *adj* porzedni
previously *adv* poprzednio
prey *n* zdobycz
price *n* cena
pricey *adj* drogi
prick *v* przekłuwać
pride *n* duma
priest *n* kapłan
priestess *n* kapłanka
priesthood *n* kapłaństwo

primacy *n* pierszeństwo
primarily *adv* gównie
prime *adj* pierwszy
primitive *adj* prymitywny
prince *n* książę
princess *n* księżna
principal *adj* główny
principle *n* zasada
print *v* drukować
print *n* druk
printer *n* drukarka
printing *n* drukowanie
prior *adj* wcześniejszy
priority *n* pierszeństwo
prism *n* pryzmat
prison *n* więzienie
prisoner *n* więzień
privacy *n* prywatność
private *adj* prywatny
privilege *n* przywilej
prize *n* nagroda
probable *adj* prawdopodobny
probe *v* sondować
probing *n* sondowanie
problem *n* problem
problematic *adj* problematyczny
procedure *n* procedura
proceed *v* kontynuować

proceedings *n* postępowanie
proceeds *n* przychód
process *v* wytoczyć proces
process *n* proces
procession *n* procesja
proclaim *v* proklamować
proclamation *n* proklamacja
procrastinate *v* odwlekać
procreate *v* płodzić
procure *v* dostawać
prod *v* pchać
prodigious *adj* cudowny
prodigy *n* cud
produce *v* produkować
produce *n* produkcja
product *n* produkt
production *n* produkcja
productive *adj* produktywny
profane *adj* świecki
profess *v* uprawiać
profession *n* zawód
professional *adj* profesjonalny
professor *n* profesor
proficiency *n* sprawność
proficient *adj* sprawny
profile *n* profil
profit *v* zyskiwać
profit *n* zysk

profitable *adj* korzystny
profound *adj* głęboki
program *n* program
programmer *n* programista
progress *v* robić postępy
progress *n* postęp
progressive *adj* postępowy
prohibit *v* zakazywać
prohibition *n* zakaz
project *v* projektować
project *n* projekt
projectile *n* pocisk
prologue *n* prolog
prolong *v* przedłużać
promenade *n* promenada
prominent *adj* ważny
promiscuous *adj* rozwiązły
promise *n* obietnica
promote *v* promować
promotion *n* promocja
prompt *adj* szybki
prone *adj* skłonny
pronoun *n* zaimek
pronounce *v* wypowiadać
proof *n* dowód
propaganda *n* propaganda
propagate *v* propagować
propel *v* napędzać

propensity *n* skłonność
proper *adj* właściwy
properly *adv* właściwie
property *n* własność
prophecy *n* proroctwo
prophet *n* prorok
proportion *n* proporcja
proposal *n* propozycja
propose *v* proponować
proposition *n* wniosek
prose *n* proza
prosecute *v* oskarżać
prosecutor *n* oskarżyciel
prospect *n* perspektywa
prosper *v* prosperować
prosperity *n* prosperity
prostate *n* prostata
prostrate *adj* klękać
protect *v* chronić
protection *n* ochrona
protein *n* proteina
protest *v* protestować
protest *n* protest
protocol *n* protokół
prototype *n* prototyp
protract *v* przedłużać
protracted *adj* przewlekły
protrude *v* wysuwać

proud *adj* dumny
proudly *adv* dumnie
prove *v* udowadniać
proven *adj* udowodniony
proverb *n* przysłowie
provide *v* dostarczać
providence *n* przezorność
providing that *c* pod warunkiem że
province *n* prowincja
provision *n* zaopatrzenie
provisional *adj* prowizoryczny
provocation *n* prowokacja
provoke *v* prowokować
prow *n* dziób
prowl *v* kręcić się
proximity *n* bliskość
proxy *n* pełnomocnictwo
prudence *n* rozwaga
prudent *adj* rozważny
prune *v* przycinać
prune *n* suszona śliwka
prurient *adj* lubieżny
pseudonym *n* pseudonim
psychiatrist *n* psychiatra
psychiatry *n* psychiatria
psychic *adj* psychiczny
psychology *n* psychologia
psychopath *n* psychopata

public *adj* publiczny
publication *n* publikacja
publicity *n* rozgłos
publicly *adv* publicznie
publish *v* publikować
publisher *n* wydawca
pudding *n* budyń
puerile *adj* infantylny
puff *n* dmuchać
puffed *adj* zadyszany
pull *v* ciągnąć
pull ahead *v* zyskiwać
pull down *v* rozbierać
pull out *v* wyciągać
pulley *n* krążek
pulp *n* miazga
pulpit *n* pulpit
pulsate *v* pulsować
pulse *n* puls
pulverize *v* proszkować
pump *v* pompować
pump *n* pompa
pumpkin *n* dynia
punch *v* uderzać pięścią
punch *n* poncz
punctual *adj* punktualny
puncture *n* przebicie
punish *v* karać

punishable *adj* karalny
punishment *n* kara
pupil *n* uczeń
puppet *n* marionetka
puppy *n* szczenię
purchase *v* kupić
purchase *n* zakup
pure *adj* czysty
puree *n* puree
purgatory *n* oczyszczający
purge *n* eliminować
purge *v* oczyszczać
purification *n* oczyszczanie
purify *v* oczyszczać
purity *n* czystość
purple *adj* purpurowy
purpose *n* cel
purposely *adv* celowo
purse *n* portfel
pursue *v* ścigać
pursuit *n* pogoń
pus *n* ropa
push *v* pchać
pushy *adj* natrętny
put *iv* kłaść
put aside *v* odkładać
put away *v* pozbyć się
put off *v* odraczać

put out *v* gasić
put up *v* wznosić
put up with *v* znosić
putrid *adj* cuchnący
puzzle *n* puzzle
puzzling *adj* zagadkowy
pyramid *n* piramida
python *n* pyton

quagmire *n* bagno
quail *n* przepiórka
quake *v* trząść się
qualify *v* kwalifikować
quality *n* jakość
qualm *n* wątpliwość
quandery *n* kłopot
quantity *n* ilość
quarrel *v* kłócić się
quarrel *n* kłótnia
quarrelsome *adj* kłótliwy
quarry *n* zdobycz
quarter *n* ćwierć
quarterly *adj* kwartalny
quarters *n* kwatery
quash *v* unieważniać
queen *n* królowa
queer *adj* dziwny
quell *v* stłumić
quench *v* gasić
quest *n* poszukiwanie
question *v* pytać
question *n* pyanie
questionable *adj* niepewny
questionnaire *n* kwestionariusz
queue *n* kolejka
quick *adj* szybki
quicken *v* przyspieszać
quickly *adv* szybko
quicksand *n* grząski piasek
quiet *adj* cichy
quietness *n* cisza
quilt *n* kołdra
quit *iv* zrezygnować
quite *adv* całkiem
quiver *v* drżeć
quiz *v* wypytywać
quotation *n* cytat
quote *v* cytować
quotient *n* iloraz

R

rabbi *n* rabin
rabbit *n* królik
rabies *n* wścieklizna
raccoon *n* szop pracz
race *v* ścigać się
race *n* wyścig
racism *n* rasizm
racist *adj* rasistowski
racket *n* rakieta
radar *n* radar
radiation *n* promieniowanie
radiator *n* grzejnik
radical *adj* radykalny
radio *n* radio
radish *n* rzodkiewka
radius *n* promień
raffle *n* loteria fantowa
raft *n* tratwa
rag *n* szmata
rage *n* wściekłość
ragged *adj* obszarpany
raid *n* najazd
raid *v* najeżdżać
raider *n* najeźdźca
rail *n* szyna
railroad *n* trasa kolejowa
rain *n* deszcz
rain *v* padać
rainbow *n* tęcza
rainfall *n* opady deszczu
rainy *adj* deszczowy
raise *n* podwyżka
raise *v* podnosić
raisin *n* rodzynek
rake *n* grabie
rally *n* rajd
ram *n* baran
ram *v* ubijać
ramification *n* konsekwencja
ramp *n* rampa
rampage *v* siać zniszczenie
rampant *adj* gwałtowny
ranch *n* rancho
rancor *n* uraza
randomly *adv* przypadkowo
range *n* zasięg
rank *n* szereg
rank *v* szeregować
ransack *v* plądrować
ransom *v* płacić okup
ransom *n* okup
rape *v* gwałcić
rape *n* gwałt

rapid *adj* prędki
rapist *n* gwałciciel
rapport *n* porozumienie
rare *adj* rzadki
rarely *adv* rzadko
rascal *n* łajdak
rash *v* spieszyć się
rash *n* wysypka
raspberry *n* malina
rat *n* szczur
rate *n* tempo
rather *adv* raczej
ratification *n* ratyfikacja
ratify *v* ratyfikować
ratio *n* stosunek
ration *v* racjonować
ration *n* przydział
rational *adj* racjonalny
rationalize *v* racjonalizować
rattle *v* grzechotać
ravage *v* niszczyć
ravage *n* zniszczenie
raven *n* kruk
ravine *n* szczelina
raw *adj* surowy
ray *n* promień
raze *v* wymazać
razor *n* brzytwa
reach *v* osiągać
reach *n* zasięg
react *v* reagować
reaction *n* reakcja
read *iv* czytać
reader *n* czytelnik
readiness *n* gotowość
reading *n* czytanie
ready *adj* gotowy
real *adj* realny
realism *n* realizm
reality *n* rzeczywistość
realize *v* uświadamiać sobie
really *adv* naprawdę
realm *n* królestwo
realty *n* nieruchomość
reap *v* zbierać
rear *v* wznosić
rear *n* tył
rear *adj* tylny
reason *v* przekonywać
reason *n* powód
reasonable *adj* rozsądny
reasoning *n* rozumowanie
reassure *v* zapeniać ponownie
rebate *n* rabat
rebel *v* buntować się
rebel *n* buntownik

rebellion *n* bunt
rebirth *n* odrodzenie się
rebound *v* odbijać się
rebuff *v* dawać odprawę
rebuff *n* odprawa
rebuild *v* przebudować
rebuke *v* upominać
rebuke *n* nagana
rebut *v* obalać
recall *v* odwołać
recant *v* odwołać
recap *v* streszczać
recapture *v* odzyskać
recede *v* cofać się
receipt *n* recepta
receive *v* otrzymywać
recent *adj* ostatni
reception *n* przyjęcie
receptionist *n* recepcjonista
receptive *adj* recepcyjny
recess *n* przerwa
recession *n* recesja
recharge *v* ponownie ładować
recipe *n* recepta
reciprocal *adj* dwustronny
recital *n* recital
recite *v* recytować
reckless *adj* nierozważny

reckon *v* uważać
reckon on *v* liczyć na
reclaim *v* reklamować
recline *v* leżeć
recluse *n* samotnik
recognition *n* rozpoznanie
recognize *v* rozpoznawać
recollect *v* przypominać się
recollection *n* wspomnienie
recommend *v* rekomendować
recompense *v* rekompensować
recompense *n* rekompensata
reconcile *v* łagodzić
reconsider *v* rozpatrywać
reconstruct *v* rekonstruować
record *v* rejestrować
record *n* zapis
recorder *n* nagrywarka
recording *n* nagrywanie
recount *n* przeliczyć
recoup *v* wynagradzać
recourse *v* uciekanie się
recourse *n* uciekanie
recover *v* wyzdrowieć
recovery *n* ozdrowienie
recreate *v* odtwarzać
recreation *n* rekreacja
recruit *v* rekrutować

recruit *n* rekrut
recruitment *n* rekrutacja
rectangle *n* prostokąt
rectangular *adj* prostokątny
rectify *v* rektyfikować
rector *n* rektor
rectum *n* odbyt
recuperate *v* zdrowieć
recur *v* powtarzać
recurrence *n* powtarzanie się
recycle *v* przetwarzać
red *adj* czerwony
red tape *n* biurokracja
redden *v* czerwienić się
redeem *v* ocalić
redemption *n* wykup
redo *v* wykonać ponownie
redouble *v* zwiększać
redress *v* zrekompensować
reduce *v* redukować
redundant *adj* zbędny
reed *n* trzcina
reef *n* rafa
reel *n* szpulka
reelect *v* wybierać ponownie
reentry *n* ponowne wejście
refer to *v* odnosić się do
referee *n* sędzia
reference *n* odniesienie
referendum *n* referendum
refill *v* napełniać
refinance *v* refinansować
refine *v* udoskonalać
refinery *n* rafineria
reflect *v* odbijać
reflection *n* odbicie
reflexive *adj* zwrotny
reform *v* reformować
reform *n* reforma
refrain *v* powstrzymywać
refresh *v* odświeżać
refreshing *adj* ożywczy
refreshment *n* odświeżanie
refrigerate *v* ochładzać
refuel *v* zatankować
refuge *n* schronić
refugee *n* uchodźca
refund *v* zwracać pieniądze
refund *n* zwrot
refurbish *v* odnawiać
refusal *n* odmowa
refuse *v* odmawiać
refuse *n* odpady
refute *v* obalać
regain *v* odzyskiwać
regal *adj* królewski

regard v uważać
regarding pre co do
regardless adv nie zważając
regards n wyrazy szacunku
regeneration n regeneracja
regent n regent
regime n reżim
regiment n pułk
region n region
regional adj regionalny
register v rejestrować
registration n rejestracja
regret v żałować
regret n żal
regrettable adj godny pożałowania
regularity n regularność
regularly adv regularnie
regulate v regulować
regulation n regulacja
rehabilitate v rehabilitować
rehearsal n próba
rehearse v robić próbę
reign v panować
reign n panowanie
reimburse v zwracać
reimbursement n zwrot
rein v trzymać za lejce

rein n lejce
reindeer n renifer
reinforce v wzmacniać
reinforcements n posiłki
reiterate v powtarzać
reject v odrzucać
rejection n odrzucenie
rejoice v radować się
rejuvenate v odmładzać
relapse n nawrót
related adj spokrewniony
relationship n stosunek
relative adj względny
relative n krewny
relax v zrelaksować się
relax n relaks
relaxing adj relaksujący
relay v retransmitować
release v wypuszczać
relegate v relegować
relent v ulegać
relentless adj nieugięty
relevant adj istotny
reliable adj niezawodny
reliance n zaufanie
relic n relikwia
relief n ulga
relieve v ulżyć

repentance

religion *n* religia
religious *adj* religijny
relinquish *v* rezygnować
relish *v* dodawać smaku
relive *v* przeżyć na nowo
relocate *v* relokować
relocation *n* relokacja
reluctant *adj* niechętny
reluctantly *adv* niechętnie
rely on *v* polegać na
remain *v* pozostawać
remainder *n* pozostałość
remaining *adj* pozostały
remains *n* pozostałości
remake *v* przerabiać
remark *v* zauważać
remark *n* uwaga
remarkable *adj* nadzwyczajny
remarry *v* żenić się ponownie
remedy *v* leczyć
remedy *n* lekarstwo
remember *v* pamiętać
remembrance *n* wspominanie
remind *v* przypominać
reminder *n* pamiątka
remission *n* odpuszczenie
remit *v* zmniejszyć się
remittance *n* przekaz

remnant *n* reszta
remodel *v* przemodelować
remorse *n* wyrzut sumienia
remorseful *adj* pełen wyrzutów
remote *adj* odległy
removal *n* usuwanie
remove *v* usuwać
remunerate *v* rekompensować
renew *v* wznawiać
renewal *n* odnowienie
renounce *v* wyrzekać się
renovate *v* odnawiać
renovation *n* renowacja
renowned *adj* renomowany
rent *v* wynajmować
rent *n* wynajęcie
reorganize *v* reorganizwoać
repair *v* reperować
reparation *n* podział
repatriate *v* repatriować
repay *v* spłacić
repayment *n* spłata
repeal *v* odwoływać
repeal *n* odwołanie
repeat *v* powtarzać
repel *v* odpierać
repent *v* żałować
repentance *n* żal

R

repetition *n* powtarzanie
replace *v* wymieniać
replacement *n* wymiana
replay *n* powtórka
replenish *v* ponownie napełniać
replete *adj* pełny
replica *n* replika
replicate *v* kopiować
reply *v* odpowiadać
reply *n* odpowiedź
report *v* relacjonować
report *n* sprawozdanie
reportedly *adv* podobno
reporter *n* sprawodawca
repose *v* odpoczywać
repose *n* odpoczynek
represent *v* reprezentować
repress *v* tłumić
repression *n* represja
reprieve *n* zawieszenie
reprint *v* przedrukować
reprint *n* przedruk
reprisal *n* odwet
reproach *v* robić wyrzuty
reproach *n* wyrzut
reproduce *v* reprodukować
reproduction *n* reprodukcja
reptile *n* gad

republic *n* republika
repudiate *v* odmawiać
repugnant *adj* odrażający
repulse *v* odpierać
repulse *n* odparcie
repulsive *adj* odpychający
reputation *n* reputacja
reputedly *adv* rzekomo
request *v* prosić
request *n* prośba
require *v* wymagać
requirement *n* wymaganie
rescue *v* ratować
rescue *n* ratunek
research *v* badać
research *n* badanie
resemblance *n* podobieństwo
resemble *v* być podobnym
resent *v* obrażać
resentment *n* obraza
reservation *n* rezerwacja
reserve *v* rezerwować
reservoir *n* zbiornik
reside *v* rezydować
residence *n* rezydencja
residue *n* pozostałość
resign *v* rezygnować
resignation *n* rezygnacja

resilient *adj* elastyczny
resist *v* opierać się
resistance *n* opór
resolute *adj* zdecydowany
resolution *n* postanowienie
resolve *v* rozwiązywać
resort *v* uciekać się do
resounding *adj* donośny
resource *n* zasób
respect *v* szanować
respect *n* szacunek
respectful *adj* pełen szacunku
respective *adj* poszczególny
respiration *n* oddychanie
respite *n* odpoczywać
respond *v* odpowiadać
response *n* odpowiedź
responsibility *n* odpowiedzialność
responsible *adj* odpowiedzialny
responsive *adj* wrażliwy
rest *v* odpoczywać
rest *n* odpoczynek
rest room *n* toaleta
restaurant *n* restauracja
restful *adj* kojący
restitution *n* restytucja
restless *adj* niespokojny

restoration *n* renowacja
restore *v* odnawiać
restrain *v* powstrzymywać
restraint *n* powstrzymanie
restrict *v* ograniczać
result *n* rezultat
resume *v* wznawiać
resumption *n* wznowienie
resurface *v* ukazywać się
resurrection *n* zmartwychwstanie
resuscitate *v* wskrzeszać
retain *v* zatrzymywać
retaliation *n* odwet
retarded *adj* opóźniony
retention *n* zatrzymanie
retirement *n* emerytura
retract *v* odwołać
retreat *v* wycofywać się
retreat *n* wycofanie
retrieval *n* odzyskanie
retrieve *v* odzyskać
retroactive *adj* działający wstecz
return *v* wracać
return *n* powrót
reunion *n* zjazd
reveal *v* ujawniać
revealing *adj* odsłaniający

revel v zabawiać się
revelation n odkrycie
revenge v mścić się
revenge n zemsta
revenue n dochód
reverence n cześć
reversal n odwrócenie
reverse n odwracać
reversible adj odwracalny
revert v wracać
review v przeglądać
review n przegląd
revise v rewidować
revision n rewizja
revive v odżywać
revoke v odwoływać
revolt v buntować się
revolt n bunt
revolting adj buntowniczy
revolve v obracać
revolver n rewolwer
revue n rewia
revulsion n rewulsja
reward v nagradzać
reward n nagroda
rewarding adj dający satysfakcję
rheumatism n reumatyzm
rhinoceros n nosorożec

rhyme n rym
rhythm n rytm
rib n żebro
ribbon n wstążka
rice n ryż
rich adj bogaty
rid of iv pozbywać się
riddle n zagadka
ride iv jeździć
ridge n grzbiet
ridicule v wyśmiewać się
ridicule n wyśmiewanie się
ridiculous adj śmieszny
rifle n karabin
rift n szczelina
right adv dobrze
right adj właściwy
right n prawo
rigid adj sztywny
rigor n rygor
rim n krawędź
ring iv dzwonić
ring n pierścień
ringleader n prowodyr
rinse v płukać
riot v rozniecać bunt
riot n bunt
rip v pruć

rip apart v rozerwać
rip off v zdzierać
ripe adj dojrzały
ripen v dojrzewać
ripple n marszczenie się
rise iv wzrastać
risk v ryzykować
risk n ryzyko
risky adj ryzykowny
rite n obrządek
rival n rywal
rivalry n rywalizacja
river n rzeka
rivet v przykuwać uwagę
riveting adj ciekawy
road n droga
roam v wędrować
roar v ryczeć
roar n ryk
roast v piec
roast n pieczeń
rob v obrawowywać
robber n złodziej
robbery n rabunek
robe n szata
robust adj krzepki
rock n skała
rocket n rakieta
rocky adj skalisty
rod n pręt
rodent n gryzoń
roll v toczyć się
romance n romans
roof n dach
room n pokój
roomy adj przestronny
rooster n kogut
root n korzeń
rope n sznur
rosary n różaniec
rose n róża
rosy adj różowy
rot v gnić
rot n gnicie
rotate v obracać
rotation n rotacja
rotten adj zgniły
rough adj obcesowy
round adj okrągły
roundup n przegląd
rouse v budzić
rousing adj pobudzający
route n szlak
routine n rutyna
row v robić awanturę
row n rząd

rowdy *adj* awanturniczy
royal *adj* królewski
royalty *n* królewskość
rub *v* przecierać
rubber *n* gumka
rubbish *n* bzdura
rubble *n* gruz
ruby *n* rubin
rudder *n* ster
rude *adj* nieuprzejmy
rudeness *n* nieuprzejmość
rudimentary *adj* szczątkowy
rug *n* dywanik
ruin *v* rujnować
ruin *n* ruina
rule *v* rządzić
rule *n* reguła
ruler *n* władca
rum *n* rum
rumble *v* huczeć
rumble *n* huk
rumor *n* wieść
run *iv* biec
run away *v* uciekać
run into *v* spotkanie
run out *v* wyczerpać się
run over *v* przejeżdżać
run up *v* wzrastać

runner *n* goniec
runway *n* zbieg
rupture *n* zerwanie
rupture *v* zrywać
rural *adj* wiejski
ruse *n* podstęp
rush *v* śpieszyć
Russia *n* Rosja
Russian *adj* rosyjski
rust *v* rdzewieć
rust *n* rdza
rustic *adj* wiejski
rust-proof *adj* nierdzewny
rusty *adj* zardzewiały
ruthless *adj* bezlistosny
rye *n* żyto

S

sabotage *n* sabotaż
sack *v* zwalniać
sack *n* worek
sacrament *n* sakrament
sacred *adj* święty

sacrifice *n* ofiara
sacrilege *n* świętokradztwo
sad *adj* smutny
sadden *v* zasmucać
saddle *n* siodło
sadist *n* sadysta
sadness *n* smutek
safe *adj* bezpieczny
safeguard *n* gwarancja
safety *n* bezpieczeństwo
sail *v* żeglować
sail *n* żagiel
sailboat *n* żaglówka
sailor *n* marynarz
saint *n* święty
salad *n* sałata
salary *n* pensja
sale *n* sprzedaż
sale slip *n* rachunek
salesman *n* ekspedient
saliva *n* ślina
salmon *n* łosoś
saloon *n* salon
salt *n* sól
salty *adj* słony
salvage *v* ocalać
salvation *n* zbawienie
same *adj* taki sam

sample *n* próbka
sanctify *v* uświęcać
sanction *v* sankcjonować
sanction *n* sankcja
sanctity *n* świętość
sanctuary *n* sanktuarium
sand *n* piasek
sandal *n* sandał
sandpaper *n* papier ścierny
sandwich *n* kanapka
sane *adj* zdrowy umysłowo
sanity *n* zdrowie psychiczne
sap *n* sok
sap *v* podkopywać
saphire *n* szafir
sarcasm *n* sarkazm
sarcastic *adj* sarkastyczny
sardine *n* sardynka
satanic *adj* szatański
satellite *n* satelita
satire *n* satyra
satisfaction *n* satysfakcja
satisfactory *adj* zadowalający
satisfy *v* zadowalać
saturate *v* nasycać
Saturday *n* sobota
sauce *n* sos
saucepan *n* rondel

saucer *n* spodek
sausage *n* kiełbaska
savage *adj* dziki
savagery *n* dzikość
save *v* ratować
savings *n* oszczędności
savior *n* zbawiciel
savor *v* mieć smak
saw *iv* piłować
saw *n* piła
say *iv* mówić
saying *n* powiedzenie
scaffolding *n* rusztowanie
scald *v* parzyć
scale *v* wchodzić na
scale *n* skala
scalp *n* skalp
scam *n* oszustwo
scan *v* skanować
scandal *n* skandal
scandalize *v* gorszyć
scapegoat *n* kozioł ofiarny
scar *n* blizna
scarce *adj* rzadki
scarcely *adv* zaledwie
scarcity *n* brak
scare *v* straszyć
scare *n* strach

scare away *v* odstraszyć
scarf *n* szal
scary *adj* straszny
scatter *v* rozrzucać
scenario *n* scenariusz
scene *n* scena
scenery *n* sceneria
scenic *adj* sceniczny
scent *n* zapach
sceptic *adj* sceptyczny
schedule *v* planować
schedule *n* plan
scheme *n* plan
schism *n* schizma
scholar *n* uczony
scholarship *n* stypendium
school *n* szkoła
science *n* nauka
scientific *adj* naukowy
scientist *n* naukowiec
scissors *n* nożyce
scoff *v* drwić
scold *v* besztać
scolding *n* bura
scooter *n* skuter
scope *n* zakres
scorch *v* przypalać
score *n* wynik

score *v* zdobywać
scorn *v* gardzić
scornful *n* pogardliwy
scorpion *n* skorpion
scoundrel *n* łajdak
scour *v* czyścić
scourge *n* plaga
scout *n* skaut
scramble *v* gramolić się
scrambled *adj* niezorganizowany
scrap *n* kawałek
scrape *v* skrobać
scratch *v* drapać
scratch *n* zadrapanie
scream *v* krzyczeć
scream *n* krzyk
screech *v* skrzeczeć
screen *n* ekran
screen *v* filmować
screw *v* skręcać
screw *n* śruba
screwdriver *n* śrubokręt
scribble *v* bazgrać
script *n* skrypt
scroll *n* zwój
scrub *v* przewijać
scruples *n* skrupuły
scrupulous *adj* skrupulatny
scrutiny *n* dokładne badanie
scuffle *n* bójka
sculptor *n* rzeźbiarz
sculpture *n* rzeźba
sea *n* morze
seafood *n* owoce morza
seagull *n* mewa
seal *v* pieczętować
seal *n* pieczęć
seal off *v* blokować
seam *n* szew
seamless *adj* bez szwu
seamstress *n* szwaczka
search *v* przeszukiwać
search *n* poszukiwanie
seashore *n* wybrzeże
seaside *adj* morski
season *n* pora
seasonal *adj* sezonowy
seasoning *n* przyprawa
seat *n* siedzenie
seated *adj* siedzący
secede *v* odłączać się
secluded *adj* odosobniony
seclusion *n* odosobnienie
second *n* sekunda
secondary *adj* drugorzędny
secrecy *n* dyskrecja

secret *n* sekret
secretary *n* sekretarz
secretly *adv* potajemnie
sect *n* sekta
section *n* sekcja
sector *n* sektor
secure *v* zabezpieczać
secure *adj* bezpieczny
security *n* bezpieczeństwo
sedate *v* uspokajać
sedation *n* uspokojenie
seduce *v* uwodzić
seduction *n* uwodzenie
see *iv* widzieć
seed *n* nasienie
seedless *adj* beznasienny
seedy *adj* zapuszczony
seek *iv* szukać
seem *v* wydawać się
see-through *adj* przejrzysty
segment *n* segment
segregate *v* segregować
segregation *n* segregacja
seize *v* chwytać
seizure *n* zagarnianie
seldom *adv* rzadko
select *v* selekcjonować
selection *n* selekcja

self-concious *adj* zażenowany
self-esteem *n* zarozumiałość
self-evident *adj* oczywisty
self-interest *n* interesowność
selfish *adj* samolubny
selfishness *n* bezinteresowny
sell *iv* sprzedawać
seller *n* sprzedawca
sellout *n* wyprzedanie
semblance *n* pozory
semester *n* semestr
seminary *n* seminarium
senate *n* senat
senator *n* senator
send *iv* wysyłać
sender *n* nadawca
senile *adj* starczy
senior *adj* starszy
seniority *n* starszeństwo
sensation *n* sensacja
sense *v* wyczuwać
sense *n* sens
senseless *adj* bezsensowny
sensible *adj* rozsądny
sensitive *adj* wrażliwy
sensual *adj* zmysłowy
sentence *v* skazywać
sentence *n* zdanie

- **sentiment** *n* sentyment
- **sentimental** *adj* sentymentalny
- **sentry** *n* wartownik
- **separate** *v* rozdzielać
- **separate** *adj* oddzielny
- **separation** *n* rozdzielenie
- **September** *n* wrzesień
- **sequel** *n* kontynuacja
- **sequence** *n* sekwencja
- **serenade** *n* serenada
- **serene** *adj* spokojny
- **serenity** *n* spokój
- **sergeant** *n* sierżant
- **series** *n* seria
- **serious** *adj* poważny
- **seriousness** *n* powaga
- **sermon** *n* kazanie
- **serpent** *n* wąż
- **serum** *n* serum
- **servant** *n* służący
- **serve** *v* służyć
- **service** *n* usługa
- **service** *v* naprawiać
- **session** *n* sesja
- **set** *n* zestaw
- **set** *iv* umieszczać
- **set about** *v* zabierać się do
- **set off** *v* wyruszać w drogę
- **set out** *v* przedstawiać
- **set up** *v* wznosić
- **setback** *n* komplikacja
- **setting** *n* ustawienie
- **settle** *v* uspokajać się
- **settle down** *v* osiedlać się
- **settle for** *v* godzić się na
- **settlement** *n* umowa
- **settler** *n* osadnik
- **setup** *n* struktura
- **seven** *n* siedem
- **seventeen** *adj* siedemnasty
- **seventh** *adj* siódmy
- **seventy** *adj* siedemdziesiąty
- **sever** *v* oddzielać
- **several** *adj* oddzielny
- **severance** *n* oddzielenie
- **severe** *adj* surowy
- **severity** *n* surowość
- **sew** *v* szyć
- **sewage** *n* ścieki
- **sewer** *n* ściek
- **sewing** *n* szycie
- **sex** *n* płeć
- **sexuality** *n* seksualność
- **shabby** *adj* wytarty
- **shack** *n* chałupa
- **shackle** *n* pęta

shade *n* odcień
shadow *n* cień
shady *adj* cienisty
shake *iv* potrząsać
shaken *adj* wstrząśnięty
shaky *adj* trzęsący się
shallow *adj* płytki
sham *n* udawanie
shambles *n* bałagan
shame *v* wstydzić się
shame *n* wstyd
shameful *adj* wstydliwy
shameless *adj* bezwstydny
shape *v* kształtować
shape *n* kształt
share *v* dzielić
share *n* udział
shareholder *n* akcjonariusz
shark *n* rekin
sharp *adj* ostry
sharpen *v* ostrzyć
sharpener *n* temperówka
shatter *v* roztrzaskać
shattering *adj* druzgocący
shave *v* golić
she *pro* ona
shear *iv* ciąć
shed *iv* pozbywać się

sheep *n* baran
sheets *n* arkusze
shelf *n* półka
shell *n* skorupa
shellfish *n* skorupiak
shelter *v* ochraniać
shelter *n* schronienie
shelves *n* półki
shepherd *n* pastuch
shield *v* ochraniać
shield *n* tarcza
shift *n* zmiana
shift *v* zmieniać
shine *iv* świecić
shiny *adj* świecący
ship *n* statek
shipment *n* ładunek
shipwreck *n* zatopienie statku
shipyard *n* stocznia
shirk *v* uniakć
shirt *n* koszula
shiver *v* drżeć
shiver *n* dreszcz
shock *v* wstrząsać
shock *n* szok
shocking *adj* wstrząsający
shoddy *adj* kiepski
shoe *n* but

shoelace *n* sznurowadło
shoepolish *n* pasta do butów
shoestore *n* sklep z butami
shoot *iv* strzelać
shoot down *v* zestrzelić
shop *v* robić zakupy
shop *n* sklep
shoplifting *n* kradzież sklepowa
shopping *n* sprawunki
shore *n* brzeg
short *adj* krótki
shortage *n* brak
shortcoming *n* brak
shortcut *n* skrót
shorten *v* skracać
shorthand *n* stenografia
shortlived *adj* krótkotrwały
shortly *adv* wkrótce
shorts *n* szorty
shortsighted *adj* krótkowzroczny
shot *n* strzał
shotgun *n* strzelba
shoulder *n* ramię
shout *v* krzyczeć
shout *n* krzyk
shouting *n* krzyczący
shove *v* pchać
shove *n* pchnięcie

shovel *n* łopata
show *iv* pokazywać
show off *v* popisywać się
show up *v* zjawiać się
showdown *n* finał
shower *n* prysznic
shrapnel *n* szrapnel
shred *v* strzępić
shred *n* strzęp
shrewd *adj* przebiegły
shriek *v* wrzeszczeć
shriek *n* wrzask
shrimp *n* krewetka
shrine *n* relikwiarz
shrink *iv* kurczyć się
shroud *n* okrycie
shrouded *adj* przykryty
shrub *n* krzew
shrug *v* wzruszać ramionami
shudder *n* dreszcz
shudder *v* drżeć
shuffle *v* powłóczyć nogami
shun *v* unikać
shut *iv* zamykać
shut off *v* odcinać
shut up *v* likwidować
shuttle *v* kursować
shy *adj* nieśmiały

shyness *n* nieśmiałość
sick *adj* chory
sicken *v* chorować
sickening *adj* ckliwie
sickle *n* sierp
sickness *n* choroba
side *n* strona
sideburns *n* bokobrody
sidestep *v* unikać
sidewalk *n* chodnik
sideways *adv* bokiem
siege *n* oblężenie
siege *v* oblegać
sift *v* przesiewać
sigh *n* westchnienie
sigh *v* wzdychać
sight *n* widok
sightseeing *adj* turystyczny
sign *v* podpisać
sign *n* znak
signal *n* sygnał
signature *n* podpis
significance *n* znaczenie
significant *adj* znaczący
signify *v* oznaczać
silence *n* cisza
silence *v* uciszać
silent *adj* cichy

silhouette *n* sylwetka
silk *n* jedwab
silly *adj* głupi
silver *n* srebro
silverplated *adj* posrebrzany
silversmith *n* złotnik
silverware *n* srebro stołowe
similar *adj* podobny
similarity *n* podobieństwo
simple *adj* prosty
simplicity *n* prostota
simplify *v* upraszczać
simply *adv* po prostu
simulate *v* symulować
simultaneous *adj* symultaniczny
sin *v* grzeszyć
sin *n* grzech
since *c* odkąd
since *pre* od
since then *adv* od tego czasu
sincere *adj* szczery
sincerity *n* szczerość
sinful *adj* grzeszny
sing *iv* śpiewać
singer *n* śpiewak
single *n* singiel
single *adj* pojedynczy
singlehanded *adj* samodzielny

singleminded *adj* zdeterminowany
singular *adj* pojedynczy
sinister *adj* złowieszczy
sink *iv* tonąć
sink in *v* dotrzeć
sinner *n* grzesznik
sip *v* popijać
sip *n* łyk
sir *n* tytuł szlachecki
siren *n* syrena
sirloin *n* polędwica
sissy *adj* zniewieściały
sister *n* siostra
sister-in-law *n* bratowa
sit *iv* siadać
site *n* miejsce
sitting *n* posiedzenie
situated *adj* sytuowany
situation *n* sytuacja
six *adj* sześć
sixteen *adj* szesnaście
sixth *adj* szósty
sixty *adj* szesnaście
sizable *adj* sześćdziesiąt
size *n* rozmiar
size up *v* ustalać wielkość
skate *v* jeździć na łyżwach
skate *n* łyżwa
skeleton *n* szkielet
skeptic *adj* sceptyczny
sketch *v* szkicować
sketch *n* szkic
sketchy *adj* szkicowy
ski *v* jeździć na nartach
skill *n* umiejętność
skillful *adj* zręczny
skim *v* przeczytać pobieżnie
skin *v* obdzierać ze skóry
skin *n* skóra
skinny *adj* chudy
skip *v* opuszczać
skip *n* skok
skirmish *n* potyczka
skirt *n* spódnica
skull *n* czaszka
sky *n* niebo
skylight *n* świetlik
skyscraper *n* wieżowiec
slab *n* płyta
slack *adj* ospały
slacken *v* opuszczać się
slacks *n* spodnie
slam *v* zatrzasnąć
slander *n* zniesławienie
slanted *adj* nachylony

slap *n* klaps
slap *v* dawać klapsa
slash *n* cięcie
slash *v* ciąć
slate *n* łupek
slaughter *v* zarzynać
slaughter *n* rzeź
slave *n* niewolnik
slavery *n* niewolnictwo
slay *iv* zabijać
sleazy *adj* marny
sleep *iv* spać
sleep *n* sen
sleeve *n* rękaw
sleeveless *adj* bez rękawów
sleigh *n* sanie
slender *adj* smukły
slice *v* krajać
slice *n* plasterek
slide *iv* ślizgać się
slightly *adv* nieznacznie
slim *adj* szczupły
slip *v* poślizgnąć się
slip *n* poślizgnięcie się
slipper *n* pantofel
slippery *adj* śliski
slit *iv* rozcinać
slob *adj* niechluj

slogan *n* slogan
slope *n* pochyłość
sloppy *adj* błotnisty
slot *n* szczelina
slow *adj* powolny
slow down *v* zwalniać
slow motion *n* zwolnione tempo
slowly *adv* powoli
sluggish *adj* powolny
slum *n* dzielnica ruder
slump *v* nagle spadać
slump *n* kryzys
slur *v* zamazywać
sly *adj* przebiegły
smack *n* trzask
smack *v* trzaskać
small *adj* mały
smallpox *n* ospa
smart *adj* inteligentny
smash *v* rozbijać
smear *n* plama
smear *v* pomazać
smell *iv* pachnieć
smelly *adj* śmierdzący
smile *v* uśmiechać się
smile *n* uśmiech
smith *n* kowal
smoke *v* palić

smoked *adj* wędzony
smoker *n* palacz
smooth *v* gładzić
smooth *adj* gładki
smoothly *adv* gładko
smoothness *n* gładkość
smother *v* dusić
smuggler *n* przemytnik
snail *n* ślimak
snake *n* wąż
snapshot *n* migawka
snare *v* łapać w sidła
snare *n* pułapka
snatch *v* chwytać
sneeze *v* kichać
sneeze *n* kichnięcie
sniff *v* wąchać
sniper *n* snajper
snitch *v* zwędzić
snooze *v* zdrzemnąć się
snore *v* chrapać
snore *n* chrapanie
snow *v* prószyć o śniegu
snow *n* śnieg
snowfall *n* opad śnieżny
snowflake *n* śnieżynka
snub *n* bura
soak *v* moczyć

soak in *v* moczyć w
soak up *v* wchłaniać
soar *v* wznosić się
sob *v* szlochać
sob *n* szloch
sober *adj* trzeźwy
so-called *adj* tak zwany
sociable *adj* towarzyski
socialism *n* socjalizm
socialist *adj* socjalistyczny
socialize *v* socjalizować
society *n* społeczeństwo
sock *n* skarpeta
sod *n* łajdak
soda *n* soda
sofa *n* sofa
soft *adj* miękki
soften *v* zmiękczać
softly *adv* miękko
softness *n* miękkość
soggy *adj* rozmokły
soil *v* brudzić
soil *n* ziemia
soiled *adj* brudny
solace *n* pocieszenie
solar *adj* słoneczny
solder *v* służyć w wojsku
soldier *n* żołnierz

sold-out *adj* wyprzedany
sole *n* podeszwa
sole *adj* jedyny
solely *adv* jedynie
solemn *adj* uroczysty
solicit *v* prosić
solid *adj* stały
solidarity *n* solidarność
solitary *adj* samotny
solitude *n* samotność
soluble *adj* rozpuszczalny
solution *n* rozwiązanie
solve *v* rozwiązywać
solvent *adj* wypłacalny
somber *adj* ponury
some *adj* jakiś
somebody *pro* ktoś
someday *adv* pewnego dnia
somehow *adv* jakoś
someone *pro* ktoś
something *pro* coś
sometimes *adv* czasami
someway *adv* jakoś
somewhat *adv* trochę
son *n* syn
song *n* piosenka
son-in-law *n* zięć
soon *adv* wkrótce

soothe *v* uspokajać
sorcerer *n* czarodziej
sorcery *n* czary
sore *n* owrzodzenie
sore *adj* bolesny
sorrow *n* smutek
sorrowful *adj* smutny
sorry *adj* zmartwiony
sort *n* rodzaj
sort out *v* wysortować
soul *n* dusza
sound *n* dźwięk
sound *v* brzmieć
sound out *v* sondować
soup *n* zupa
sour *adj* kwaśny
source *n* źródło
south *n* południe
southbound *adv* na południe
southeast *n* południowy wschód
southern *adj* południowy
southerner *n* południowiec
southwest *n* południowy zachód
souvenir *n* pamiątka
sovereign *adj* suwerenny
sovereignty *n* suwerenność
soviet *adj* sowiecki
sow *iv* siać

spa *n* spa
space *n* przestrzeń
space out *v* rozdzielić
spacious *adj* przestronny
spade *n* łopata
Spain *n* Hiszpania
span *v* obejmować
span *n* rozpiętość
Spaniard *n* Hiszpan
Spanish *adj* hiszpański
spank *v* dawać klapsa
spanking *n* skórobicie
spare *v* oszczędzać
spare *adj* oszczędny
spare part *n* część zamienna
sparingly *adv* oszczędnie
spark *n* iskra
spark off *v* uruchamiać
spark plug *n* świeca zapłonowa
sparkle *v* iskrzyć się
sparrow *n* wróbel
sparse *adj* rzadki
spasm *n* spazm
speak *iv* mówić
speaker *n* mówca
spear *n* włócznia
spearhead *v* stać na czele
special *adj* specjalny
specialize *v* specjalizować się
specialty *n* specjalność
species *n* gatunek
specific *adj* specyficzny
specimen *n* okaz
speck *n* plamka
spectacle *n* spektakl
spectator *n* widz
speculate *v* spekulować
speculation *n* spekulacja
speech *n* mowa
speechless *adj* niemy
speed *iv* pędzić
speed *n* prędkość
speedily *adv* szybko
speedy *adj* szybki
spell *iv* literować
spell *n* okres
spelling *n* pisownia
spend *iv* spędzać
spending *n* wydatki
sperm *n* sperma
sphere *n* kula
spice *n* przyprawa
spicy *adj* ostry
spider *n* pająk
spiderweb *n* pajęczyna
spill *iv* rozlewać

spill *n* upadek
spin *iv* prząść
spine *n* kręgosłup
spineless *adj* bezkręgowy
spinster *n* stara panna
spirit *n* duch
spiritual *adj* duchowy
spit *iv* pluć
spite *n* złośliwość
spiteful *adj* złośliwy
splash *v* pluskać
splendid *adj* wspaniały
splendor *n* wspaniałość
splint *n* szyna
splinter *n* odłamek
splinter *v* rozszczepiać
split *n* podział
split *iv* rozdzielać
split up *v* rozchodzić się
spoil *v* popsuć
spoils *n* zdobycze wojenne
sponge *n* gąbka
sponsor *n* sponsor
spontaneity *n* spontaniczność
spontaneous *adj* spontaniczny
spooky *adj* straszny
spool *n* szpula
spoon *n* łyżka
spoonful *n* pełna łyżka
sporadic *adj* sporadyczny
sport *n* sport
sportman *n* sportowiec
sporty *adj* wysportowany
spot *v* zauważać
spot *n* miejsce
spotless *adj* nieskazitelny
spotlight *n* jupiter
spouse *n* małżonek
sprain *v* zwichnąć
sprawl *v* rozciągać się
spray *v* rozpylać
spread *iv* rozpościerać się
spring *iv* skakać
spring *n* wiosna
springboard *n* trampolina
sprinkle *v* spryskiwać
sprout *v* kiełkować
spruce up *v* wystroić się
spur *v* zachecać
spur *n* zachęta
spy *v* szpiegować
spy *n* szpieg
squalid *adj* brudny
squander *v* marnować
square *adj* kwadratowy
square *n* kwadrat

squash *v* zgniatać
squeak *v* piszczeć
squeaky *adj* piszczący
squeamish *adj* delikatny
squeeze *v* ściskać
squeeze in *v* wciskać do środka
squeeze up *v* ścisnąć się
squid *n* kałamarnica
squirrel *n* wiewiórka
stab *v* dźgnąć
stab *n* dźgnięcie
stability *n* stabilność
stable *adj* stabilny
stable *n* stajnia
stack *v* układać w stóg
stack *n* stóg
staff *n* personel
stage *n* scena
stage *v* wystawiać
stagger *v* zataczać się
staggering *adj* oszałamiający
stagnant *adj* zastojowy
stagnate *v* być w stagnacji
stagnation *n* stagnacja
stain *v* poplamić
stain *n* plama
stair *n* stopień schodów
staircase *n* klatka schodowa
stairs *n* schody
stake *n* stos
stake *v* ryzykować
stale *adj* zleżały
stalemate *n* sytuacja patowa
stalk *v* śledzić
stalk *n* śledzić
stall *n* stragan
stall *v* opóźniać
stammer *v* jąkać się
stamp *v* znakować
stamp *n* stempel
stamp out *v* niszczyć
stampede *n* paniczna ucieczka
stand *iv* stawiać
stand *n* stojak
stand for *v* kandydować na
stand out *v* wyróżniać się
stand up *v* wstawać
standard *n* standard
standardize *v* standaryzować
standing *adj* stały
standpoint *n* stanowisko
standstill *adj* zablokowany
staple *v* spiąć
staple *n* klamra
stapler *n* zszywacz
star *n* gwiazda

starch *n* krochmal
starchy *adj* szytwny
stare *v* gapić się
stark *adj* surowy
start *v* zaczynać
start *n* start
startle *v* zaczynać
startled *adj* zaskoczony
starvation *n* wygłodzenie
starve *v* głodzić
state *n* stan
state *v* oświadczać
statement *n* deklaracja
station *n* stacja
stationary *adj* nieruchomy
stationery *n* papeteria
statistic *n* statystyka
statue *n* statua
status *n* położenie
statute *n* prawo
staunch *adj* zagorzały
stay *v* pozostawać
stay *n* pobyt
steady *adj* równomierny
steak *n* stek
steal *iv* kraść
stealthy *adj* cichy
steam *n* para wodna

steel *n* stal
steep *adj* stromy
stem *n* łodyga
stem *v* tamować
stench *n* smród
step *n* krok
step down *v* ustępować
step out *v* zgłosić się
step up *v* wysilić się
stepbrother *n* brat przyrodni
step-by-step *adv* krok po kroku
stepdaughter *n* pasierbica
stepfather *n* ojczym
stepladder *n* drabina składana
stepmother *n* macocha
stepsister *n* siostra przyrodnia
stepson *n* pasierb
sterile *adj* sterylny
sterilize *v* sterylizować
stern *n* rufa
stern *adj* surowy
sternly *adv* surowo
stew *n* gulasz
stewardess *n* stewardesa
stick *v* wbijać
stick *iv* tkwić
stick around *v* stać w miejscu
stick out *v* wysuwać

stick to *v* przestrzegać
sticker *n* nalepka
sticky *adj* lepki
stiff *adj* sztywny
stiffen *v* usztywniać
stiffness *n* sztywność
stifle *v* dusić się
stifling *adj* duszny
still *adj* spokojny
still *adv* wciąż
stimulant *n* bodziec
stimulate *v* symulować
stimulus *n* bodziec
sting *iv* kłuć
sting *n* żądło
stinging *adj* uszczypliwy
stingy *adj* skąpy
stink *iv* śmierdzieć
stink *n* smród
stinking *adj* śmierdzący
stipulate *v* zastrzegać
stir *v* ruszać
stir up *v* pobudzać
stitch *v* szyć
stitch *n* szew
stock *v* zaopatrywać
stock *n* zapas
stocking *n* pończocha

stockpile *n* zapas
stockroom *n* magazyn
stoic *adj* stoicki
stomach *n* żołądek
stone *n* kamień
stone *v* kamienować
stool *n* taboret
stop *v* zatrzymywać
stop *n* zatrzymanie
stop by *v* wstąpić
stop over *v* zatrzymać się
storage *n* magazyn
store *v* gromadzić
store *n* sklep
stork *n* bocian
storm *n* burza
stormy *adj* burzowy
story *n* historia
stove *n* piec
straight *adj* prosty
straighten out *v* prostować
strain *v* napinać
strain *n* napięcie
strained *adj* napięty
strainer *n* sito
strait *n* cieśnina
stranded *adj* opuszczony
strange *adj* dziwny

stranger *n* obcy
strangle *v* dusić
strap *n* pasek
strategy *n* strategia
straw *n* słomka
strawberry *n* truskawka
stray *adj* zabłąkany
stray *v* błądzić
stream *n* strumień
street *n* ulica
streetcar *n* tramwaj
streetlight *n* oświetlenie uliczne
strength *n* siła
strengthen *v* wzmacniać
strenuous *adj* pracowity
stress *n* stres
stressful *adj* stresujący
stretch *n* rozciągać
stretch *v* rozciągnięcie
stretcher *n* nosze
strict *adj* surowy
stride *iv* kroczyć
strife *n* konflikt
strike *n* strajk
strike *iv* uderzać
strike back *v* oddawać cios
strike out *v* otwierać
strike up *v* intonować

striking *adj* uderzający
string *n* sznur
stringent *adj* surowy
strip *n* pas
strip *v* obnażać
stripe *n* prążek
striped *adj* pasiasty
strive *iv* dążyć
stroke *n* udar
stroll *v* przechadzać się
strong *adj* silny
structure *n* struktura
struggle *v* walczyć
struggle *n* walka
stub *n* odcinek
stubborn *adj* uparty
student *n* student
study *v* studiować
stuff *n* rzeczy
stuff *v* wypychać
stuffing *n* nadzienie
stuffy *adj* duszny
stumble *v* potykać się
stun *v* ogłuszać
stunning *adj* wspaniały
stupendous *adj* zdumiewający
stupid *adj* głupi
stupidity *n* głupota

sturdy *adj* silny
stutter *v* jąkać się
style *n* styl
subdue *v* opanować
subdued *adj* przygnębiony
subject *v* podporządkywać
subject *n* temat
sublime *adj* wzniosły
submerge *v* zanurzać
submissive *adj* uległy
submit *v* przedkładać
subscribe *v* subskrybować
subscription *n* prenumerata
subsequent *adj* następujący
subsidiary *adj* pomocniczy
subsidize *v* subwencjonować
subsidy *n* subewncja
subsist *v* istnieć
substance *n* substancja
substandard *adj* poniżej standardu
substantial *adj* istotny
substitute *v* substytować
substitute *n* subsytut
subtitle *n* podtytuł
subtle *adj* subtelny
subtract *v* odejmować
subtraction *n* odejmowanie

suburb *n* przedmieście
subway *n* metro
succeed *v* odnieść sukces
success *n* sukces
successful *adj* pomyślny
successor *n* następca
succulent *adj* soczysty
succumb *v* ulegać
such *adj* taki
suck *v* ssać
sucker *adj* frajer
sudden *adj* nagły
suddenly *adv* nagle
sue *v* skarżyć
suffer *v* cierpieć
suffer from *v* cierpieć na
suffering *n* cierpienie
sufficient *adj* wystarczający
suffocate *v* dusić
sugar *n* cukier
suggest *v* sugerować
suggestion *n* sugestia
suggestive *adj* sugestywny
suicide *n* samobójstwo
suit *n* garnitur
suitable *adj* odpowiedni
suitcase *n* walizka
sullen *adj* ponury

sulphur n siarka
sum n suma
sum up v smuować
summarize v reasumować
summary n streszczenie
summer n lato
summit n szczyt
summon v pozwać do sądu
sumptuous adj wspaniały
sun n słońce
sunblock n krem ochronny
sunburn n oparzenie słoneczne
Sunday n niedziela
sundown n zachód słońca
sunken adj zapadnięty
sunny adj słoneczny
sunrise n wschód słońca
sunset n zachód słońca
superb adj wspaniały
superfluous adj zbyteczny
superior adj wyższy
superiority n wyższość
supermarket n supermarket
superpower n supermocarstwo
supersede v zastępować
superstition n przesąd
supervise v nadzorować
supervision n nadzór

supper n kolacja
supple adj giętki
supplier n dostawca
supplies n rezerwy
supply v dostarczać
support v popierać
supporter n zwolennik
suppose v przypuszczać
supposing c o ile
supposition n przypuszczenie
suppress v znosić
supremacy n supremacja
supreme adj najwyższy
surcharge n przeciążać
sure adj pewny
surely adv pewnie
surf v surfować
surface n powierzchnia
surge n fala
surgeon n chirurg
surgical adv chirurgicznie
surname n nazwisko
surpass v przewyższać
surplus n nadwyżka
surprise v zaskakiwać
surprise n niespodzianka
surrender v poddawać
surrender n poddanie się

surround *v* otaczać
surroundings *n* otoczenie
surveillance *n* nadzór
survey *n* przegląd
survival *n* przetrwanie
survive *v* przetrwać
survivor *n* osoba
susceptible *adj* wrażliwy
suspect *v* podejrzewać
suspect *n* podejrzany
suspend *v* zawieszać
suspenders *n* szelki
suspense *n* niepewność
suspension *n* zawieszenie
suspicion *n* podejrzenie
suspicious *adj* podejrzliwy
sustain *v* podtrzymwać
sustenance *n* wyżywienie
swallow *v* połykać
swamp *n* bagno
swamped *adj* bagienny
swan *n* łabędź
swap *v* zamieniać
swap *n* zamiana
swarm *n* rój
sway *v* kołysać
swear *iv* przysięgać
sweat *n* pot

sweat *v* pocić się
sweater *n* sweter
Sweden *n* Szwecja
Swedish *adj* szwedzki
sweep *iv* zmiatać
sweet *adj* słodki
sweeten *v* słodzić
sweetheart *n* ukochany
sweetness *n* słodycz
sweets *n* słodycze
swell *iv* puchnąć
swelling *n* zgrubienie
swift *adj* szybki
swim *iv* pływać
swimmer *n* pływak
swimming *n* pływanie
swindle *v* oszukiwać
swindle *n* oszustwo
swindler *n* oszust
swing *iv* huśtać się
swing *n* huśtawka
Swiss *adj* szwajcarski
switch *v* przełączać
switch *n* przełącznik
switch off *v* wyłączać
switch on *v* włączać
Switzerland *n* Szwajcaria
swivel *v* obracać

swollen *adj* spuchnięty
sword *n* miecz
swordfish *n* miecznik
syllable *n* sylaba
symbol *n* symbol
symbolic *adj* symboliczny
symmetry *n* symetria
sympathize *v* współczuć
sympathy *n* współczucie
symphony *n* symfonia
symptom *n* symptom
synagogue *n* synagoga
synchronize *v* synchronizować
synod *n* synod
synonym *n* synonim
synthesis *n* synteza
syphilis *n* syfilis
syringe *n* strzykawka
syrup *n* syrop
system *n* system
systematic *adj* systematyczny

table *n* stół
tablecloth *n* obrus
tablespoon *n* łyżka stołowa
tablet *n* tabletka
tack *n* gwoździk
tackle *v* zmagać się
tact *n* takt
tactful *adj* taktowny
tactical *adj* taktyczny
tactics *n* taktyka
tag *n* kartka
tail *n* ogon
tail *v* śledzić
tailor *n* krawiec
tainted *adj* poplamiony
take *iv* brać
take apart *v* rozbierać
take away *v* zabierać
take back *v* wycofywać
take in *v* wnosić
take off *v* zdejmować
take out *v* wyjmować
take over *v* przejmować
tale *n* opowieść
talent *n* talent

talk v mówić
talkative adj rozmowny
tall adj wysoki
tame v oswajać
tangent n styczna
tangerine n mandarynka
tangible adj namacalny
tangle n plątać
tank n czołg
tantamount to adj równoznaczny
tap n kurek
tap into v sięgać po coś
tape n taśma
tape recorder n magnetofon
tapestry n dekoracyjna tkanina
tar n smoła
tarantula n tarantula
tardy adv niechętnie
target n cel
tariff n taryfa
tarnish v matować
tart n placek z owocami
tartar n kamień nazębny
task n zadanie
taste v skosztować
taste n smak
tasteful adj gustowny
tasteless adj bezgustowny
tasty adj smaczny
tavern n tawerna
tax n podatek
tea n herbata
teach iv uczyć
teacher n nauczyciel
team n zespół
teapot n imbryczek
tear iv rwać
tear n łza
tearful adj zapłakany
tease v dokuczać
technical adj techniczny
technician n technik
technique n technika
technology n technologia
tedious adj nudny
tedium n nudy
teenager n nastolatek
teeth n zęby
telegram n telegram
telepathy n telepatia
telephone n telefon
telescope n teleskop
televise v nadawać w telewizji
television n telewizja
tell iv mówić
teller n narrator

telling *adj* wymowny
temper *n* usposobienie
temperature *n* temperatura
tempest *n* burza
temple *n* świątynia
temporary *adj* tymczasowy
tempt *v* kusić
temptation *n* pokusa
tempting *adj* kuszący
ten *adj* dziesiąty
tenacity *n* upór
tenant *n* lokator
tendency *n* tendencja
tender *adj* czuły
tenderness *n* czułość
tennis *n* tenis
tenor *n* tenor
tense *adj* napięty
tension *n* napięcie
tent *n* namiot
tentacle *n* macka
tentative *adj* tymczasowy
tenth *n* dziesiąty
tenuous *adj* cienki
tepid *adj* ciepławy
term *n* termin
terminate *v* zakończyć
terminology *n* terminologia
termite *n* termit
terms *n* warunki
terrace *n* taras
terrain *n* teren
terrestrial *adj* ziemski
terrible *adj* straszny
terrific *adj* straszliwy
terrify *v* przerażać
terrifying *adj* przerażający
territory *n* terytorium
terror *n* terror
terrorism *n* terroryzm
terrorist *n* terrorysta
terrorize *v* terroryzować
terse *adj* zwięzły
test *v* testować
test *n* test
testament *n* testament
testify *v* oświadczać
testimony *n* świadectwo
text *n* tekst
textbook *n* podręcznik
texture *n* tekstura
thank *v* dziękować
thankful *adj* wdzięczny
thanks *n* dzięki
that *adj* tamten
thaw *v* topnieć

thaw *n* odwilż
theater *n* teatr
theft *n* kradzież
theme *n* temat
themselves *pro* siebie
then *adv* następnie
theologian *n* teolog
theology *n* teologia
theory *n* teoria
therapy *n* terapia
there *adv* tam
therefore *adv* dlatego
thermometer *n* termometr
thermostat *n* termostat
these *adj* ninijeszy
thesis *n* teza
they *pro* oni
thick *adj* gruby
thicken *v* pogrubiać
thickness *n* grubość
thief *n* złodziej
thigh *n* udo
thin *adj* cienki
thing *n* rzecz
think *iv* myśleć
thinly *adv* cienko
third *adj* trzeci
thirst *v* pragnąć

thirsty *adj* spragniony
thirteen *adj* trzynaście
thirty *adj* trzydziesty
this *adj* bieżący
thorn *n* cierń
thorny *adj* ciernisty
thorough *adj* gruntowny
those *adj* tamci
though *c* chociaż
thought *n* myśl
thoughtful *adj* troskliwy
thousand *adj* tysięczny
thread *v* nawlekać
thread *n* nitka
threat *n* groźba
threaten *v* grozić
three *adj* trzeci
thresh *v* młócić
threshold *n* próg
thrifty *adj* oszczędny
thrill *v* przejmować
thrill *n* dreszcz
thrive *v* prosperować
throat *n* gardło
throb *n* pulsowanie
throb *v* pulsować
thrombosis *n* zakrzep
throne *n* tron

throng *n* tłum
through (thru) *pre* przez
throw *iv* rzucać
throw away *v* wyrzucać
throw up *v* wymiotować
thug *n* bandyta
thumb *n* kciuk
thumbtack *n* pinezka
thunder *n* grzmot
thunderbolt *n* piorun
thunderstorm *n* burza z piorunami
Thursday *n* czwartek
thus *adv* a zatem
thwart *v* udaremniać
thyroid *adjn* tarczowy
tickle *v* łaskotać
tickle *n* łaskotanie
ticklish *adj* łaskotliwy
tidal wave *n* fala przypływu
tide *n* fala
tidy *adj* schludny
tie *v* wiązać
tie *n* krawat
tiger *n* tygrys
tight *adj* ciasny
tighten *v* zaciskać
tile *n* dachówka

till *adv* aż do
till *v* uprawiać
tilt *v* nachylać się
timber *n* drewno
time *n* czas
time *v* ustalać czas
timeless *adj* ponadczasowy
timely *adj* aktualny
times *n* czasy
timetable *n* harmonogram
timid *adj* nieśmiały
timidity *n* nieśmiałość
tin *n* puszka
tiny *adj* drobny
tip *n* wskazówka
tiptoe *n* koniec placa u nogi
tired *adj* zmęczony
tiredness *n* zmęczenie
tireless *adj* niestrudzony
tiresome *adj* męczący
tissue *n* tkanka
title *n* tytuł
to *pre* do
toad *n* ropucha
toast *v* wznosić toast
toast *n* grzanka
toaster *n* toster
tobacco *n* tytoń

today *adv* obecnie
toddler *n* berbeć
toe *n* palce u nogi
toenail *n* paznokieć u nogi
together *adv* wspólnie
toil *v* trudzić się
toilet *n* toaleta
token *n* żeton
tolerable *adj* znośny
tolerance *n* tolerancja
tolerate *v* tolerować
toll *n* straty
toll *v* dzwonić
tomato *n* pomidor
tomb *n* grobowiec
tombstone *n* nagrobek
tomorrow *adv* jutro
ton *n* tona
tone *n* ton
tongs *n* szczypce
tongue *n* język
tonic *n* tonik
tonight *adv* dzisiaj wieczorem
tonsil *n* migdałki
too *adv* również
tool *n* narzędzie
tooth *n* ząb
toothache *n* ból zęba

toothpick *n* wykałaczka
top *n* szczyt
topic *n* temat
topple *v* przewracać
torch *n* latarka
torment *v* torturować
torment *n* tortura
torrent *n* potok
torrid *adj* upalny
torso *n* tors
tortoise *n* żółw
torture *v* torturować
torture *n* tortura
toss *v* rzucać
total *adj* całkowity
totalitarian *adj* totalitarny
totality *n* całość
touch *n* dotyk
touch *v* dotykać
touch on *v* sygnalizować
touch up *v* wykańczać coś
touching *adj* wzruszający
tough *adj* ciężki
toughen *v* hartować
tour *n* wycieczka
tourism *n* turystyka
tourist *n* turysta
tournament *n* turniej

tow v holować
tow truck n holownik
towards pre do
towel n ręcznik
tower n wieża
towering adj wysoki
town n miasto
town hall n ratusz
toxic adj toksyczny
toxin n toksyna
toy n zabawka
trace v śledzić
track n ślad
track v tropić
traction n ciągnięcie
tractor n traktor
trade n handel
trade v handlować
trademark n znak handlowy
trader n handlarz
tradition n tradycja
traffic n ruch drogowy
traffic v handlować
tragedy n tragedia
tragic adj tragiczny
trail v ciągnąć
trail n szlak
trailer n przyczepa

train n pociąg
train v trenować
trainee n stażysta
trainer n terner
training n trening
trait n cecha
traitor n zdrajca
trajectory n trajektoria
tram n tramwaj
trample v deptać
trance n trans
tranquility n spokój
transaction n transakcja
transcend v przewyższać
transcribe v przepisać
transfer v przelewać
transfer n przekaz
transform v transformować
transformation n transformacja
transfusion n transfuzja
transient adj krótkotrwały
transit n tranzyt
transition n zmiana
translate v tłumaczyć
translator n tłumacz
transmit v transmitować
transparent adj przezroczysty
transplant v transplantować

transport *v* transportować
trap *n* pułapka
trash *n* śmiecie
trash can *n* kosz na śmieci
traumatic *adj* traumatyczny
traumatize *v* traumatyzować
travel *v* podróżować
traveler *n* podróżnik
tray *n* taca
treacherous *adj* fałszywy
treachery *n* zdrada
tread *iv* stąpać
treason *n* zdrada
treasure *n* skarb
treasurer *n* zarządca finansowy
treat *v* traktować
treat *n* uczta
treatment *n* leczenie
treaty *n* umowa
tree *n* drzewo
tremble *v* trząść się
tremendous *adj* ogromny
tremor *n* drżenie
trench *n* okop
trend *n* trend
trendy *adj* modny
trial *n* próba
triangle *n* trójkąt
tribe *n* plemię
tribulation *n* cierpienie
tribunal *n* trybunał
tribute *n* hołd
trick *v* trik
trick *n* oszukać
trickle *v* kapać
tricky *adj* podchwytliwy
trigger *v* uruchomić
trigger *n* spust
trim *v* obcinać
trimester *n* trymestr
trimmings *n* dodatki
trip *n* podróż
trip *v* podróżować
triple *adj* potrójny
tripod *n* statyw
triumph *n* triumf
triumphant *adj* triumfalny
trivial *adj* trywialny
trivialize *v* trywializować
trolley *n* wózek
troop *n* gromada
trophy *n* trofeum
tropic *n* zwrotnik
tropical *adj* tropikalny
trouble *n* kłopot
trouble *v* kłopotać

troublesome *adj* kłopotliwy
trousers *n* spodnie
trout *n* pstrąg
truce *n* rozejm
truck *n* ciężarówka
trumped-up *adj* zmyślony
trumpet *n* trąbka
trunk *n* pień
trust *v* zaufać
trust *n* zaufanie
truth *n* prawda
truthful *adj* prawdziwy
try *v* próbować
tub *n* wanna
tuberculosis *n* grużlica
Tuesday *n* wtorek
tuition *n* nauka
tulip *n* tulipan
tumble *v* upadać
tummy *n* brzuch
tumor *n* guz
tumult *n* zgiełk
tumultuous *adj* hałaśliwy
tuna *n* tuńczyk
tune *n* melodia
tune *v* stroić
tune up *v* dostrajać się
tunic *n* tunika

tunnel *n* tunel
turbine *n* turbina
turbulence *n* trubulencja
turf *n* torf
Turk *adj* turecki
Turkey *n* Turcja
turmoil *n* zamieszanie
turn *n* obrót
turn *v* obracać
turn back *v* zawracać z drogi
turn down *v* odmawiać
turn in *v* zdawać
turn off *v* wyłączać
turn on *v* włączać
turn out *v* eskmitować
turn over *v* przewracać
turn up *v* ukazywać się
turret *n* wieżyczka
turtle *n* żółw
tusk *n* kieł
tutor *n* opiekun
tweezers *n* pinceta
twelfth *adj* dwunasty
twelve *adj* dwanaście
twentieth *adj* dwudziesty
twenty *adj* dwadzieścia
twice *adv* dwa razy
twilight *n* zmierzch

twin *n* bliźniak
twinkle *v* migotać
twist *v* skręcać
twist *n* skręt
twisted *adj* skręcony
twister *n* trąba powietrzna
two *adj* dwa
tycoon *n* magnat
type *n* typ
type *v* pisać na maszynie
typical *adj* typowy
tyranny *n* tyrania
tyrant *n* tyran

U

ugliness *n* brzydota
ugly *adj* brzydki
ulcer *n* wrzód
ultimate *adj* ostateczny
ultimatum *n* ulitimatum
ultrasound *n* ultradźwięk
umbrella *n* parasol
umpire *n* arbiter
unable *adj* niezdolny

unanimity *n* jednomyślność
unarmed *adj* nieuzbrojony
unassuming *adj* skromny
unattached *adj* nie załączony
unavoidable *adj* nieunikniony
unaware *adj* nieświadomy
unbearable *adj* nieznośny
unbeatable *adj* nie do pobicia
unbelievable *adj* nieprawdopodobny
unbiased *adj* bezstronny
unbroken *adj* nie złamany
unbutton *v* rozpinać
uncertain *adj* niepewny
uncle *n* wujek
uncomfortable *adj* niewygodny
uncommon *adj* niezwykły
unconscious *adj* nieświadomy
uncover *v* odkrywać
undecided *adj* niezdecydowany
undeniable *adj* niezaprzeczalny
under *pre* pod
undercover *adj* tajny
underdog *n* człowiek pokonany
undergo *v* przechodzić
underground *adj* podziemny
underlie *v* leżeć pod
underline *v* podkreślać

underlying *adj* podwładny
undermine *v* podkopywać
underneath *pre* poniżej
understand *v* rozumieć
understandable *adj* zrozumiały
understanding *adj* rozumienie
undertake *v* przedsięwziąć
underwear *n* bielizna
underwrite *v* gwarantować
undeserved *adj* niezasłużony
undesirable *adj* niepożądany
undo *v* anulować
undoubtedly *adv* niewątpliwie
undress *v* rozbierać
undue *adj* nadmierny
unearth *v* wykopywać
uneasiness *n* niepokój
uneasy *adj* niespokojny
uneducated *adj* niewyszktałcony
unemployed *adj* bezrobotny
unemployment *n* bezrobocie
unending *adj* bezustanny
unequal *adj* nierówny
unequivocal *adj* niedwuznaczny
uneven *adj* nierówny
uneventful *adj* bez wydarzeń
unexpected *adj* niespodziewany
unfailing *adj* niezawodny

unfair *adj* niesprawiedliwy
unfairly *adv* niesprawiedliwie
unfairness *n* stronniczość
unfaithful *adj* niewierny
unfamiliar *adj* nieznany
unfasten *v* odczepiać
unfavorable *adj* niepomyślny
unfit *adj* nie nadający się
unfold *v* rozwijać
unforeseen *adj* nieprzewidziany
unforgettable *adj* niezapomniany
unfounded *adj* niezuzasadniony
unfriendly *adj* nieprzyjazny
unfurnished *adj* nie umeblowany
ungrateful *adj* niewdzięczny
unhappiness *n* nieszczęście
unhappy *adj* nieszczęśliwy
unharmed *adj* nie uszkodzony
unhealthy *adj* niezdrowy
unheard-of *adj* niesłychany
unhurt *adj* nie uszkodzony
unification *n* unifikacja
uniform *n* uniform
uniformity *n* jednolitość
unify *v* jednoczyć
unilateral *adj* jednostronny
union *n* unia
unique *adj* unikalny

unit *n* jednostka
unite *v* jednoczyć
unity *n* jedność
universal *adj* uniwersalny
universe *n* wszechświat
university *n* uniwersytet
unjust *adj* niesprawiedliwy
unjustified *adj* nieuzasadniony
unknown *adj* nieznany
unlawful *adj* bezprawny
unleaded *adj* bezołowiowy
unleash *v* puścić ze smyczy
unless *c* jeżeli nie
unlike *adj* niepodobny
unlikely *adj* nieprawdopodobny
unlimited *adj* nieograniczony
unload *v* rozładowywać
unlock *v* otwierać
unlucky *adj* pechowy
unmarried *adj* nieżonaty
unmask *v* demaskować
unmistakable *adj* niewątpliwy
unnecessary *adj* niepotrzebny
unnoticed *adj* nie zauważony
unoccupied *adj* nie zajęty
unofficially *adv* nieoficjalnie
unpack *v* rozpakowywać
unpleasant *adj* nieprzyjemny

unplug *v* wyłączać z sieci
unpopular *adj* niepopularny
unpredictable *adj* nie do przewidzenia
unprofitable *adj* niekorzystny
unprotected *adj* nie chroniony
unravel *v* rozwikłać
unreal *adj* nierealny
unrealistic *adj* nierealistyczny
unreasonable *adj* nierozsądny
unrelated *adj* nie związany
unreliable *adj* niesolidny
unrest *n* niepokój
unsafe *adj* niebezpieczny
unselfish *adj* bezinteresowny
unspeakable *adj* niewypowiedziany
unstable *adj* niestabilny
unsteady *adj* niestały
unsuccessful *adj* nieudany
unsuitable *adj* niewłaściwy
untie *v* rozwiązywać
until *pre* aż do
untimely *adj* przedwczesny
untouchable *adj* niedotykalny
untrue *adj* nieprawdziwy
unusual *adj* niezwykły
unveil *v* odsłaniać

unwillingly *adv* niechętnie
unwind *v* rozwijać
unwise *adj* niemądry
unwrap *v* odwijać
upbringing *n* wychowanie
upcoming *adj* nadchodzący
update *v* aktualizować
upgrade *v* unowocześniać
upheaval *n* przewrót
uphill *adv* pod górę
uphold *v* przestrzegać
upholstery *n* tapicerstwo
upkeep *n* utrzymanie
upon *pre* nad
upper *adj* górny
upright *adj* pionowy
uprising *n* powstanie
uproar *n* zgiełk
uproot *v* eliminować
upset *v* martwić się
upside-down *adv* do góry nogami
upstairs *adv* na górze
uptight *adj* spięty
up-to-date *adj* aktualny
upturn *n* poprawa
upwards *adv* powyżej
urban *adj* miejski

urge *n* pragnienie
urge *v* ponaglać
urgency *n* pilna potrzeba
urgent *adj* pilny
urinate *v* oddawać mocz
urine *n* mocz
urn *n* urna
us *pro* nam
usage *n* używanie
use *v* używać
use *n* użycie
used to *adj* przyzwyczajony do
useful *adj* użyteczny
usefulness *n* użyteczność
useless *adj* bezużyteczny
user *n* użytkownik
usher *n* woźny
usual *adj* zwykły
usurp *v* uzurpować
utensil *n* sprzęt
uterus *n* macica
utilize *v* użytkować
utmost *adj* niezwykły
utter *v* wypowiadać

V

vacancy *n* wakat
vacant *adj* wolny
vacate *v* zwalniać
vacation *n* wakacje
vaccinate *v* szczepić
vaccine *n* szczepionka
vacillate *v* wahać się
vagrant *n* włóczęga
vague *adj* niewyraźny
vain *adj* próżny
vainly *adv* na próżno
valiant *adj* dzielny
valid *adj* ważny
validate *v* uprawomacniać
validity *n* ważność
valley *n* dolina
valuable *adj* wartościowy
value *n* wartość
valve *n* zawór
vampire *n* wampir
van *n* wóz
vandal *n* wandal
vandalism *n* wandalizm
vandalize *v* niszczyć
vanguard *n* front

vanish *v* znikać
vanity *n* próżność
vanquish *v* zwyciężać
vaporize *v* wyparowywać
variable *adj* zmienny
varied *adj* różnorodny
variety *n* różnorodność
various *adj* różny
varnish *v* lakierować
varnish *n* lakier
vary *v* zmieniać
vase *n* waza
vast *adj* ogromny
veal *n* cielęcina
veer *v* skręcać gwałtownie
vegetable *n* warzywo
vegetarian *n* wegetarianin
vegetation *n* wegetacja
vehicle *n* pojazd
veil *n* zasłona
vein *n* żyła
velocity *n* szybkość
velvet *n* askamit
venerate *v* czcić
vengeance *n* zemsta
venison *n* dziczyzna
venom *n* jad
vent *n* otwór

ventilate v wietrzyć
ventilation n przewietrzenie
venture v ryzykować
venture n ryzyko
verb n czasownik
verbally adv ustnie
verbatim adv dosłowny
verdict n werdykt
verge n krawędź
verification n weryfikacja
verify v weryfikować
versatile adj wszechstronny
verse n wiersz
versed adj doświadczony
version n wersja
versus pre przeciw
vertebra n kręgowiec
very adv bardzo
vessel n okręt
vest n kamizelka
vestige n ślad
veteran n weteran
veterinarian n weterynarz
veto v weto
viaduct n wiadukt
vibrant adj dynamiczny
vibrate v wibrować
vibration n wibracja

vice n wada
vicinity n okolica
vicious adj złośliwy
victim n ofiara
victimize v represjonować
victor n zwycięzca
victorious adj zwycięski
victory n zwycięstwo
view n widok
view v oglądać
viewpoint n punkt widzenia
vigil n czuwanie
village n wieś
villager n wieśniak
villain n przestępca
vindicate v windykować
vindictive adj mściwy
vine n winorośl
vinegar n ocet
vineyard n winnica
violate v naruszać
violence n przemoc
violent adj gwałtowny
violet n fioletowy
violin n skrzypce
violinist n skrzypek
viper n żmija
virgin n dziewica

virginity *n* dziewictwo
virile *adj* męski
virility *n* męskość
virtually *adv* wirtualnie
virtue *n* cnota
virtuous *adj* cnotliwy
virulent *adj* zjadliwyy
virus *n* wirus
visibility *n* widoczność
visible *adj* widoczny
vision *n* wizja
visit *n* wizyta
visit *v* odwiedzać
visitor *n* gość
visual *adj* wizualny
visualize *v* wyobrażać sobie
vital *adj* istotny
vitality *n* witalność
vitamin *n* witamina
vivacious *adj* pełen energii
vivid *adj* żywy
vocabulary *n* słownictwo
vocation *n* powołanie
vogue *n* moda
voice *n* głos
void *adj* pusty
volatile *adj* zmienny
volcano *n* wulkan

volleyball *n* siatkówka
voltage *n* napięcie
volume *n* tom
volunteer *n* wolontariusz
vomit *v* wymiotować
vomit *n* wymiociny
vote *v* głosować
vote *n* głos
voting *n* głosowanie
vouch for *v* ręczyć
voucher *n* kupon
vow *v* obiecywać
vowel *n* samogłoska
voyage *n* podróż
voyager *n* podróżnik
vulgar *adj* wulgarny
vulgarity *n* wulgarność
vulnerable *adj* podatny
vulture *n* sęp

wafer *n* wafel
wag *v* machać
wage *n* płaca

wagon *n* wóz
wail *v* płakać
wail *n* płacz
waist *n* talia
wait *v* czekać
waiter *n* kelner
waiting *n* oczekiwanie
waitress *n* kelnerka
waive *v* rezygnować
wake up *iv* budzić
walk *v* spacerować
walk *n* spacer
walkout *n* strajk
wall *n* ściana
wallet *n* portfel
walnut *n* orzech włoski
walrus *n* mors
waltz *n* walc
wander *v* włóczyć się
wanderer *n* wędrowiec
wane *v* zmniejszać się
want *v* chcieć
war *n* wojna
ward *n* oddział szpitalny
warden *n* strażnik
wardrobe *n* szafa
warehouse *n* magazyn
warfare *n* działania wojenne

warm *adj* ciepły
warm up *v* podgrzewać
warmth *n* ciepło
warn *v* ostrzegać
warning *n* ostrzeżenie
warp *v* wypaczać się
warped *adj* wypaczony
warrant *n* upoważnienie
warranty *n* gwarancja
warrior *n* wojownik
warship *n* okręt wojenny
wart *n* kurzajka
wary *adj* uważny
wash *v* prać
washable *adj* zmywalny
wasp *n* osa
waste *v* marnować
waste *n* strata
waste basket *n* kosz na śmieci
wasteful *adj* rozrzutny
watch *n* straż
watch *v* obserwować
watch out *v* uważać
watchful *adj* czujny
watchmaker *n* zegarmistrz
water *n* woda
water *v* podlewać
water down *v* rozwadniać

waterfall *n* wodospad
waterheater *n* bojler
watermelon *n* arbuz
waterproof *adj* wodoodporny
watershed *n* punkt zwrotny
watertight *adj* wodoszczelny
watery *adj* wodnisty
watt *n* wat
wave *n* fala
waver *v* chwiać się
wavy *adj* falujący
wax *n* wosk
way *n* droga
way in *n* wjazd
way out *n* wyjazd
we *pro* my
weak *adj* słaby
weaken *v* osłabiać
weakness *n* słabość
wealth *n* bogactwo
wealthy *adj* bogaty
weapon *n* broń
wear *n* nosić
wear *iv* noszenie
wear down *v* złamać
wear out *v* wyczerpywać
weary *adj* znużony
weather *n* pogoda

weave *iv* tkać
web *n* sieć
wed *iv* pobierać się
wedding *n* ślub
wedge *n* kawałek
Wednesday *n* środa
weed *n* chwast
weed *v* plewić
week *n* tydzień
weekday *adj* dzień powszedni
weekend *n* weekend
weekly *adv* tygodniowo
weep *iv* płakać
weigh *v* ważyć
weight *n* waga
weird *adj* dziwny
welcome *v* witać
welcome *n* powitanie
weld *v* spawać
welder *n* spawacz
welfare *n* dobro
well *n* studnia
well-known *adj* dobrze znany
well-to-do *adj* dobrze sytuowany
west *n* zachód
westbound *adv* na zachód
western *adj* zachodni
wet *adj* mokry

whale n wieloryb
wharf n nabrzeże
what adj co
whatever adj cokolwiek
wheat n pszenica
wheel n koło
wheelbarrow n taczka
wheelchair n wózek inwalidzki
wheeze v sapać
when adv kiedy
whenever adv kiedykolwiek
where adv gdzie
whereabouts n przybliżone miejsce
whereas c zważywszy
whereupon c po czym
wherever c gdziekolwiek
whether c czy
which adj który
while c podczas gsy
whim n zachcianka
whine v jęczeć
whip v ubijać
whip n bat
whirl v wirować
whirlpool n wir wodny
whiskers n wąsy
whisper v szeptać

whisper n szept
whistle v gwizdać
whistle n gwizdek
white adj biały
whiten v wybielać
whittle v zmniejszać
who pro kto
whoever pro ktokolwiek
whole adj cały
wholehearted adj z całego serca
wholesale n hurt
wholesome adj przyzwoity
whom pro komu
why adv w jakim celu
wicked adj podły
wickedness n podłość
wide adj szeroki
widely adv szeroko
widen v poszerzać
widespread adj rozpowszechniony
widow n wdowa
widower n wdowiec
width n szerokość
wield v władać bronią
wife n żona
wig n peruka
wiggle v chwiać się

wild *adj* dziki
wild boar *n* dzik
wilderness *n* dzicz
wildlife *n* dzika przyroda
will *n* wola
willfully *adv* dobrowolnie
willing *adj* chętny
willingly *adv* chętnie
willingness *n* chęć
willow *n* wierzba
wily *adj* przebiegły
wimpy *adj* słaby
win *iv* zwyciężać
win back *v* odzyskać
wind *n* wiatr
wind *iv* nakręcać
wind up *v* zakańczać
winding *adj* kręty
windmill *n* młyn
window *n* okno
windpipe *n* tchawica
windshield *n* szyba przednia
windy *adj* wietrzny
wine *n* wino
winery *n* winnica
wing *n* skrzydło
wink *n* mrugnięcie
wink *v* mrugać
winner *n* zwycięzca
winter *n* zima
wipe *v* wycierać
wipe out *v* znosić z powierzchni
wire *n* drut
wireless *adj* bezprzewodowy
wisdom *n* mądrość
wise *adj* mądry
wish *v* życzyć
wish *n* życzenie
wit *n* dowcip
witch *n* czarownica
witchcraft *n* czary
with *pre* z
withdraw *v* cofać
withdrawal *n* cofnięcie
withdrawn *adj* zamknięty w sobie
wither *v* usychać
withhold *iv* wstrzymywać
within *pre* wewnątrz
without *pre* bez
withstand *v* stawiać opór
witness *n* świadek
witty *adj* dowcipny
wives *n* żony
wizard *n* czarodziej
wobble *v* trząść się

woes *n* nieszczęścia
wolf *n* wilk
woman *n* kobieta
womb *n* macica
women *n* kobiety
wonder *v* zastanawiać się
wonder *n* cud
wonderful *adj* cudowny
wood *n* las
wooden *adj* drewniany
wool *n* wełna
woolen *adj* wełniany
word *n* słowo
wording *n* tekst
work *n* praca
work *v* pracować
work out *v* rozpracowywać
workable *adj* wykonalny
workbook *n* podręcznik
worker *n* pracownik
workshop *n* warsztat
world *n* świat
worldly *adv* światowy
worldwide *adj* ogólnoświatowy
worm *n* robak
worn-out *adj* zużyty
worrisome *adj* niepokojący
worry *v* niepokoić

worry *n* zmartwienie
worse *adj* gorszy
worsen *v* pogarszać
worship *n* kult
worst *adj* najgorszy
worthless *adj* bezwartościowy
worthwhile *adj* opłacalny
worthy *adj* godny
would-be *adj* przyszły
wound *n* rana
wound *v* ranić
woven *adj* tkany
wrap *v* zawijać
wrap up *v* zapakować
wrapping *n* opakowanie
wrath *n* gniew
wreath *n* wieniec
wreck *v* rozbić się
wreckage *n* wrak
wrench *n* szarpnięcie
wrestle *v* mocować się
wrestler *n* zapaśnik
wrestling *n* zapasy
wretched *adj* nędzny
wring *iv* wykręcać
wrinkle *v* marszczyć się
wrinkle *n* zmarszczka
wrist *n* nadgarstek

write *iv* pisać
write down *v* zapisywać
writer *n* pisarz
writhe *v* wić się
writing *n* pisanie
written *adj* pisemny
wrong *adj* zły

X-mas *n* Boże Narodzenie
X-ray *n* zdjęcie rentgenowskie

yacht *n* jacht
yam *n* słodki ziemniak
yard *n* jard
yarn *n* włókno
yawn *n* ziewanie
yawn *v* ziewać

year *n* rok
yearly *adv* rocznie
yearn *v* tęsknić
yeast *n* drożdże
yell *v* wrzeszczeć
yellow *adj* żółty
yes *adv* tak
yesterday *adv* wczoraj
yet *c* jednak
yield *v* dawać
yield *n* plon
yoke *n* nosidło
yolk *n* żółtko
you *pro* ty
young *adj* młody
youngster *n* młodzieniec
your *adj* pański
yours *pro* twój
yourself *pro* siebie
youth *n* młodzież
youthful *adj* młodzieńczy

Z

zap *v* zacierać
zeal *n* gorliwość
zealous *adj* gorliwy
zebra *n* zebra
zero *n* zero
zest *n* zapał
zinc *n* cynk
zip code *n* kod pocztowy
zone *n* strefa
zoo *n* zoo
zoology *n* zoologia

Polish-English

Abbreviations

English - Polish

a - article - przedimek
adj - adjective - przymiotnik
adv - adverb - przysłówek
c - conjunction - spójnik
e - exclamation - wykrzyknik
n - noun - rzeczownik
pre - preposition - przyimek
pro - pronoun - zaimek
v - verb - czasownik

a zatem *adv* thus
abażur *n* lampshade
abnormalność *n* abnormality
absolutny *adj* absolute
absorbować *v* absorb, worry
abstrakcyjny *adj* abstract
abstynencja *n* abstinence
absurdalny *adj* absurd
adaptacja *n* adaptation
adapter *n* adapter
adaptować *v* adapt
admirał *n* admiral
adnotacja *n* annotation
adopcja *n* adoption
adopcyjny *adj* adoptive
adoptować *v* adopt
adoracja *n* adoration
adorować *v* adore
adres *n* address
adresat *n* addressee
adresować *v* address
Adwent *n* Advent
adwokat *n* attorney
afiliacja *n* affiliation
afisz *n* placard
afrodyzjak *adj* aphrodisiac

agencja *n* agency
agent *n* agent
agitator *n* agitator
agnostyk *n* agnostic
agonia *n* agony
agresor *n* aggressor
agresywny *adj* aggressive
akademia *n* academy
akademicki *adj* academic
akcent *n* accent
akceptacja *n* acceptance
akceptować *v* accept
akcjonariusz *n* shareholder
aklimatyzować *v* acclimatize
akordeon *n* accordion
akr *n* acre
akrobata *n* acrobat
aksjom *n* axiom
akta *n* dossier, file
aktor *n* actor
aktorka *n* actress
aktówka *n* briefcase
aktualizować *v* update
aktualnie *adv* currently
aktualny *adj* current, timely
aktywa *n* assets
aktywacja *n* activation
aktywny *adj* active
aktywować *v* activate

akustyczny *adj* acoustic
akuszerka *n* midwife
akwarium *n* aquarium
akwedukt *n* aqueduct
alarm *n* alarm, alert
alarmujący *adj* alarming
ale *c* but
alegoria *n* allegory
aleja *n* avenue
alejka *n* alley
alergia *n* allergy
alergiczny *adj* allergic
alfabet *n* alphabet
algebra *n* algebra
alians *n* alliance
aligator *n* alligator
alkohol *n* booze
alkoholizm *n* alcoholism
alkoholowy *adj* alcoholic
alternatywa *n* alternative
aluminium *n* aluminum
aluzja *n* allusion, hint
amatorski *adj* amateur
ambasada *n* embassy
ambasador *n* ambassador
ambicja *n* ambition
ambitny *adj* ambitious
ambiwalentny *adj* ambivalent
ambulans *n* ambulance

amerykański *adj* American
amfiteatr *n* amphitheater
amnestia *n* amnesty
amnezja *n* amnesia
amoniak *n* ammonia
amoralny *adj* amoral
amortyzować *v* amortize
amputacja *n* amputation
amputować *v* amputate
amunicja *n* ammunition
analiza *n* analysis
analizować *v* analyze
analogia *n* analogy
ananas *n* pineapple
anarchia *n* anarchy
anarchista *n* anarchist
anatomia *n* anatomy
anegdota *n* anecdote
aneks *n* annex
aneksja *n* annexation
anemia *n* anemia
anemiczny *adj* anemic
angażować *v* engage
angielski *adj* English
angina *n* angina
Anglia *n* England
anglikański *adj* Anglican
ani *c* nor
anielski *adj* angelic

animacja *n* animation
animozja *n* animosity
anioł *n* angel
anonimowość *n* anonymity
anonimowy *adj* anonymous
antena *n* antenna
antidotum *n* antidote
antybiotyk *n* antibiotic
antylopa *n* antelope
antypatia *n* antipathy
anulować *v* annul, undo
anulowanie *n* annulment
apart nadawczy *n* broadcaster
apartament *n* apartment
apatia *n* apathy
apelacja *n* appeal
apelować *v* appeal
aperitif *n* aperitif
apetyt *n* appetite
aplikacja *n* application
aplikant *n* applicant
apodyktyczny *adj* bossy
apokalipsa *n* apocalypse
apostoł *n* apostle
apostolski *adj* apostolic
apostrofa *n* apostrophe
aprobata *n* approval
aprobować *v* approve
apteka *n* pharmacy

arabski *adj* Arabic
aranżacja *n* arrangement
arbiter *n* arbiter, umpire
arbitralny *adj* arbitrary
arbitraż *n* arbitration
arbuz *n* watermelon
archaiczny *adj* archaic
archeologia *n* archaeology
architekt *n* architect
architektura *n* architecture
archiwum *n* archive
arcybiskup *n* archbishop
arcydzieło *n* masterpiece
arena *n* arena
areszt *n* arrest, detention
aresztować *v* apprehend, arrest
argument *n* argument
argumentować *v* argue, plead
arka *n* ark
arktyczny *adj* arctic
arkusze *n* sheets
armia *n* army
arogancja *n* arrogance
arogancki *adj* arrogant
aromat *n* fragrance
aromatyczny *adj* aromatic
arsen *n* arsenic
arsenał *n* arsenal
arteria *n* artery

artretyzm *n* arthritis
artyklulacja *n* articulation
artykuł *n* article
artykułować *v* articulate
artyleria *n* artillery
artysta *n* artist
artystyczny *adj* artistic
arykapłan *n* pontiff
arystokracja *n* aristocracy
arystokrata *n* aristocrat
arytmetyka *n* arithmetic
as *n* ace
ascetyczny *adj* ascetic
asfalt *n* asphalt
askamit *n* velvet
asortyment *n* assortment
aspekt *n* aspect
aspiracja *n* aspiration
aspirować *v* aspire
aspiryna *n* aspirin
astamatyczny *adj* asthmatic
asteroid *n* asteroid
asterysk *n* asterisk
astma *n* asthma
astrolog *n* astrologer
astrologia *n* astrology
astronauta *n* astronaut
astronom *n* astronomer
astronomia *n* astronomy
astronomiczny *adj* astronomic
asymilacja *n* assimilation
asymilować *v* assimilate
atak *n* assault, attack
atakować *v* assault, attack
ateista *n* atheist
ateizm *n* atheism
atleta *n* athlete
atletyczny *adj* athletic
atmosfera *n* atmosphere
atmosferyczny *adj* atmospheric
atom *n* atom
atomowy *adj* atomic
atrakcja *n* attraction
atrakcyjny *adj* attractive
atrament *n* ink
atrofia *v* atrophy
audytorium *n* auditorium
aukcja *n* auction
autentyczność *n* authenticity
autentyczny *adj* authentic
auto *n* auto
autobus *n* bus
autograf *n* autograph
automatyczny *adj* automatic
automobil *n* automobile
autonomia *n* autonomy
autonomiczny *adj* autonomous
autopsja *n* autopsy

barman

autor *n* author
autorytarny *adj* authoritarian
autorytet *n* authority
autoryzacja *n* authorization
autostrada *n* freeway
awanturniczy *adj* rowdy
awaria *n* malfunction
awersja *n* aversion, distaste
aż do *adv* till, until
azot *n* nitrogen
azyl *n* asylum

babcia *n* grandmother
bać się *v* dread
badać *v* research, explore
badacz *n* explorer
badanie *n* investigation
bagaż *n* baggage, luggage
bagienny *adj* swamped
bagietka *n* baguette
bagnet *n* bayonet
bagno *n* quagmire, swamp
bajeczny *adj* fabulous
bajka *n* fable
bajpas *n* bypass

bakteria *n* bacteria, microbe
bałagan *n* shambles
balkon *n* balcony
balon *n* balloon
balsam *n* balm
balsamiczny *adj* balmy
balsamować *v* embalm
bałwochawlstwo *n* idolatry
bambus *n* bamboo
banalność *n* banality
banan *n* banana
bandaż *n* bandage
bandażować *v* bandage
bandyta *n* bandit, thug
banicja *n* banishment, exile
bank *n* bank
bańka *n* bubble
bankiet *n* banquet
bankrutctwo *n* bankruptcy
bankrutować *v* bankrupt
bar *n* bar
baran *n* ram, sheep
barbarzyńca *n* barbarian
barbarzyński *adj* barbaric
barbarzyństwo *n* barbarism
bardzo *adv* very
bariera *n* barrier
barka *n* barge
barman *n* bartender

barmanka n barmaid
barometr n barometer
barwny adj colorful
barykada n barricade
baseball n baseball
basen n pool
bat n whip
bataloin n battalion
bateria n battery
batuta n baton
bawełna n cotton
bawić v amuse
bawół n buffalo
baza n base
bażant n pheasant
bazar n bazaar
bazgrać v scribble
bęben n drum
beczka n barrel
beczułka n keg
bedzietny adj childless
bekać v belch, burp
bękart n bastard
beknięcie n burp
bekon n bacon
Belgia n Belgium
belgijski adj Belgian
belka n beam
beneficjant n beneficiary

benzyna n gasoline
berbeć n toddler
beret n beret
bestia n beast
bestialski adj bestial
bestialstwo n bestiality
besztać v chide, scold
beton n concrete
betonowy adj concrete
bez adj less
bez pre without
bez grosza adj penniless
bez przerwy adv nonstop
bez rękawów adj sleeveless
bez sensu adj pointless
bez serca adj heartless
bez skazy adj flawless
bez smaku adj insipid
bez szwu adj seamless
bez wydarzeń adj uneventful
bez znaczenia adj meaningless
bezbolesny adj painless
bezbożny adj godless
bezbronny adj defenseless
bezcelowy adj aimless
bezcenny adj invaluable
bezchmurny adj cloudless
bezczelny adj insolent
bezcześcić v desecrate

bezdenny *adj* abysmal
bezdomny *adj* homeless
bezgraniczny *adj* boundless
bezgrzeszny *adj* impeccable
bezinteresowny *adj* unselfish
bezkarność *n* impunity
bezkofeinowy *adj* decaff
bezkręgowy *adj* spineless
bezlistosny *adj* ruthless
bezludny *adj* deserted
beznadziejny *adj* hopeless
beznasienny *adj* seedless
bezołowiowy *adj* unleaded
bezosobowy *adj* impersonal
bezpieczeństwo *n* safety
bezpieczny *adj* safe, secure
bezpodstawny *adj* baseless
bezpośredni *adj* direct
bezpostaciowy *adj* amorphous
bezprawny *adj* unlawful, illicit
bezprzewodowy *adj* wireless
bezradny *adj* helpless
bezrobocie *n* unemployment
bezrobotny *adj* jobless
bezsenność *n* insomnia
bezsensowny *adj* senseless
bezsilny *adj* powerless
bezsporny *adj* indisputable
bezstronny *adj* impartial

beztroski *adj* carefree
bezustanny *adj* unending
bezużyteczny *adj* useless
bezwartościowy *adj* worthless
bezwstydny *adj* shameless
białaczka *n* leukemia
białko *n* egg white
biały *adj* white
biblia *n* bible
biblijny *adj* biblical
bibliografia *n* bibliography
biblioteczka *n* bookcase
biblioteka *n* library
bibliotekarz *n* librarian
bić *v* batter, beat
bić pałką *v* bludgeon
bicie serca *n* heartbeat
bicz *n* lash
biec *v* run
biednie *adv* poorly
biedny *adj* indigent, poor
bieg *n* gear
biegun *n* pole
biegunka *n* diarrhea
bielić *v* bleach
bielizna *n* underwear
bieżący *adj* this
bigamia *n* bigamy
bilard *n* billiards

bilion *n* billion
bilioner *n* billionaire
biodro *n* hip
biogia *n* biology
biografia *n* biography
biologiczny *adj* biological
biskup *n* bishop
bitwa *n* battle
biuletyn *n* bulletin
biurko *n* desk
biuro *n* bureau, office
biurokracja *n* bureaucracy
biurokrata *n* bureaucrat
biust *n* bust
biustonosz *n* bra
biznes *n* business
biznesman *n* businessman
bizon *n* bison
błąd *n* blunder, error
bladość *n* paleness
blady *adj* faint, pale
błądzić *v* err, stray
błagać *v* beseech, implore
błagalny *adj* appealing
błąkać się *v* astray
blask *n* glare
błędne pojęcie *n* fallacy
błędnie drukować *n* misprint
błędnie rozumieć *v* misconstrue

błędny *adj* erroneous, faulty
blefować *v* bluff
blisko *pre* close to, near
bliskość *n* proximity
blizna *n* scar
bliźniak *n* twin
błogi *adj* blissful
błogość *n* bliss
błogosławić *v* bless
błogosławiony *adj* blessed
blok *n* block
blokada *n* blockade
blokować *v* block, seal off
błotnisty *adj* sloppy
błoto *n* mud
bluzka *n* blouse
bluźnić *v* blaspheme
bluźnierstwo *n* blasphemy
błysk *v* flare-up, light
błyskawica *n* lightning
błyskotliwy *adj* flashy
błyśnięcie *n* flash
błyszczący *adj* brilliant
błyszczeć *v* gleam, glow
bóbr *n* beaver
bochenek *n* loaf
bocian *n* stork
boczny *adj* lateral
bodziec *n* stimulant, stimulus

Bóg *n* God
bogactwo *n* opulence, wealth
bogaty *adj* rich, wealthy
bogini *n* goddess
bohater *n* hero
boja *n* buoy
bójka *n* scuffle
bojkot *v* boycott
bojler *n* boiler
bok *n* flank
bokiem *adv* sideways
bokobrody *n* sideburns
boks *n* boxing
bokser *n* boxer
ból *n* ache, pain
ból głowy *n* headache
ból ucha *n* earache
ból zęba *n* toothache
bolesny *adj* painful, sore
bomba *n* bomb
bombardować *v* bomb
bombardowanie *n* bombing
borwar *n* brewery
bosa stopa *adj* barefoot
boski *adj* divine
boskość *n* divinity
bóstwo *n* deity
botanika *n* botany
Boże Narodzenie *n* Christmas

brać *v* take
brać łapówki *v* graft
brać w dzierżawę *v* lease
bracia *n* brethren
brak *n* scarcity, lack
brak równowagi *n* imbalance
brak szacunku *n* disrespect
brakujący *adj* missing
brama *n* gate
bramkarz *n* goalkeeper
bransoleta *n* bracelet
brat *n* brother
brat przyrodni *n* stepbrother
bratanek *n* nephew
bratanica *n* niece
braterski *adj* brotherly
braterstwo *n* brotherhood
bratowa *n* sister-in-law
brąz *n* bronze
brązowy *adj* brown
brew *n* brow, eyebrow
broda *n* beard
brodaty *adj* bearded
brojler *n* broiler
broń *n* gun, weapon
broń palna *n* firearm
bronić *v* defend, fend
broszura *n* brochure
brud *n* dirt, filth

brudny *adj* dirty, filthy, messy
brudzić *v* soil
brunet *adj* brunette
brutalizować *v* brutalize
brutalność *n* brutality
brutalny *adj* brutal
bruzda *n* furrow
brygada *n* brigade
brygadzista *n* foreman
Brytania *n* Britain
brytyjski *adj* British
bryza *n* breeze
brzęczeć *v* buzz
brzęczenie *n* buzz, hum
brzeg *n* hem, shore
brzmieć *v* sound
brzoskwinia *n* peach
brzuch *n* abdomen, belly
brzydki *adj* ugly
brzydota *n* ugliness
brzytwa *n* razor
budka *n* booth
budowa *n* buildup, building
budować *v* build, construct
budowniczy *n* builder
budyń *n* pudding
budżet *n* budget
budzić *v* arouse, awake
budzik *n* alarm clock

bulwar *n* boulevard
bum *n* boom
bunkier *n* bunker
bunt *n* mutiny, riot, revolt
buntować się *v* rebel, revolt
buntowniczy *adj* revolting
buntownik *n* rebel
bura *n* scolding, snub
burak *n* beet
burmistrz *n* mayor
burza *n* storm, tempest
burzowy *adj* stormy
burżuazyjny *adj* bourgeois
burzyć *v* demolish
but *n* boot, shoe
butelka *n* bottle
butelkować *v* bottle
być *v* be
byc innego zdania *v* disagree, dissent
być łaskawym *v* condescend
być może *adv* may-be, perhaps
być podobnym *v* resemble
być posłusznym *v* obey
być w konflikcie *v* conflict
być w stagnacji *v* stagnate
być winnym *v* owe
bydło *n* cattle
byk *n* bull

bystry *adj* astute
byt *n* being
bzdura *n* rubbish
bzdury *n* crap

C

cal *n* inch
całkiem *adv* quite
całkowicie *adv* completely
całkowity *adj* complete, total
całoroczny *adj* perennial
całość *n* lump, totality
całować *v* kiss
całus *n* peck
cały *adj* entire, whole
car *n* czar
cebula *n* onion
cech *n* guild
cecha *n* feature, trait
cegła *n* brick
cel *n* destination
celebrować *v* celebrate
celebrowanie *n* celebration
celibat *n* celibacy
celować *v* aim
celowo *adv* purposely

cement *n* cement, mortar
cena *n* price
cenny *adj* precious
cent *n* cent
centralizować *v* centralize
centralny *adj* central
centrum *n* center, hub
centrum miasta *n* downtown
centymetr *n* centimeter
cenzura *n* censorship
cera *n* complexion
ceramika *n* ceramic
ceremonia *n* ceremony
cerować *v* darn
cesarzowa *n* empress
chałupa *n* shack
chaos *n* chaos
chaotyczny *adj* chaotic
charakter *n* character, guts
chart *n* greyhound
charyzma *n* charisma
charyzmatyczny *adj* charismatic
chata *n* hut
chcieć *v* want
chciwość *n* greed
chciwy *adj* avid, greedy
chęć *n* willingness
chemia *n* chemistry
chemiczny *adj* chemical

chemik *n* chemist
chętnie *adv* willingly
chętny *adj* willing
chichotać *v* chuckle, giggle
chip *n* chip
chirurg *n* surgeon
chirurgicznie *adv* surgical
chleb *n* bread
chłód *n* chill, coolness
chłodny *adj* chilly, cool
chłodzący *adj* cooling
chłop *n* peasant
chłopak *n* boyfriend
chłopiec *n* boy, lad
chłopięctwo *n* boyhood
chłostać *v* flog, lash
chmura *n* cloud
chociaż *c* although, though
chodnik *n* pavement, sidewalk
cholera *n* cholera
cholesterol *n* cholesterol
chór *n* chorus
choroba *n* disease, illness
chorować *v* sicken
chory *adj* ill, sick
chrapać *v* snore
chrapanie *n* snore
chronić *v* protect
chroniczny *adj* chronic

chronologia *n* chronology
chrupiący *adj* crunchy
chrząszcz *n* beetle
chrzcić *v* baptize, christen
chrześcijański *adj* christian
chrześcijaństwo *n* Christianity
chrzest *n* baptism
chudy *adj* meager, skinny
chuligan *n* hooligan
chusteczka *n* handkerchief
chwała *n* praise
chwalić *v* praise
chwalić się *v* boast
chwast *n* weed
chwiać się *v* falter, waver
chwyt *n* grasp, grip
chwytać *v* grab, grasp, seize
chwytać powietrze *v* gasp
chwytać w pazury *v* claw
chybiać *v* miss
chybienie *n* miss
ciąć *v* cut, slash, shear
ciągłość *n* continuity
ciągły *adj* continuous
ciągnąć *v* drag, haul, pull; trail
ciągnięcie *n* traction
ciało *n* body, flesh
ciasny *adj* tight
ciasta *n* pastry

ciastko *n* cake
ciąża *n* pregnancy
cichy *adj* quiet, silent
cięcie *n* cut, slash
ciekawość *n* curiosity
ciekawy *adj* curious
cielę *n* calf
cielęcina *n* veal
cielesny *adj* carnal, corporal
cielsny *adj* bodily
ciemność *n* darkness
ciemny *adj* dark
cień *n* shadow
cienisty *adj* shady
cienki *adj* tenuous, thin
cienko *adv* thinly
cieplarnia *n* greenhouse
ciepławy *adj* tepid
ciepło *n* heat, warmth
ciepły *adj* warm
cierń *n* thorn
ciernisty *adj* thorny
cierpieć *v* agonize, suffer
cierpieć na *v* suffer from
cierpienie *n* suffering
cierpliwość *n* patience
cierpliwy *adj* patient
cieśnina *n* strait
cieszyć się *v* enjoy

ciężar *n* burden
ciężarna *adj* pregnant
ciężarówka *n* truck
ciężka próba *n* ordeal
ciężki *adj* arduous, tough
ciężko *adv* grossly
ciężkość *n* heaviness
ciotka *n* aunt
ciskać *v* dash
ciśnienie *n* pressure
cisza *n* hush, silence
ckliwie *adj* sickening
cło *n* customs
ćma *n* moth
cmentarz *n* cemetery
cnota *n* virtue
cnotliwy *adj* chaste, virtuous
co *adj* what
co do *pre* regarding
codziennie *adv* daily
cofać *v* withdraw
cofać się *v* move back, recede
cofnięcie *n* withdrawal
cogodzinny *adv* hourly
cokolwiek *adj* whatever
córka *n* daughter
coś *pro* anything
cowboy *n* cowboy
cuchnący *adj* putrid

cud *n* wonder, prodigy
cudowny *adj* marvelous
cudzołóstwo *n* adultery
cudzoziemiec *n* alien, foreigner
cukier *n* sugar
cukierek *n* candy
cukrzyca *n* diabetes
cukrzycowy *adj* diabetic
cumować *v* moor
ćwiczenie *n* drill, exercise
ćwiczyć *v* exercise
ćwierć *n* quarter
cyfra *n* digit
Cygan *n* gypsy
cygaro *n* cigar
cyjanek *n* cyanide
cykl *n* cycle
cyklon *n* cyclone
cylinder *n* cylinder
cynamon *n* cinnamon
cyniczny *adj* cynic
cynizm *n* cynicism
cynk *n* zinc
cyprys *n* cypress
cyrk *n* circus
cysta *n* cyst
cysterna *n* cistern
cytat *n* quotation
cytować *v* quote

cytryna *n* lemon
cywilizacja *n* civilization
cywilizować *v* civilize
cywliny *adj* civil
czaić się *v* lurk
czajnik *n* kettle
czapka *n* cap
czarny *adj* black
czarodziej *n* sorcerer, wizard
czarować *v* bewitch, enchant
czarownica *n* witch
czarujący *adj* charming
czary *n* sorcery, witchcraft
czas *n* time
czasami *adv* sometimes
czasownik *n* verb
cząsteczka *n* corpuscle
cząstka *n* particle
czasy *n* times
czaszka *n* skull
czcić *v* commemorate
czek z wypłatą *n* paycheck
czekać *v* wait
czekolada *n* chocolate
czerwiec *n* June
czerwienić się *v* redden
czerwony *adj* red
czesać *v* comb
cześć *e* hello

cześć *n* reverence
część zamienna *n* spare part
częściowo *adv* partially
częściowy *adj* partial
często *adv* lot, often
częstotliwość *n* frequency
częsty *adj* frequent
czkawka *n* belch, hiccup
członek *n* member
członkowstwo *n* membership
człowiek *n* human being
człowiek obcy *n* outsider
człowiek północy *adj* northerner
człowiek starszy *n* elder
człowiek świecki *n* layman
człowiek wierzący *n* believer
czołg *n* tank
czoło *n* forehead
czołowy *adv* head-on
czosnek *n* garlic
czterdzieści *adj* forty
czternaście *adj* fourteen
cztery *adj* four
czubek palca *n* fingertip
czuć *v* feel
czuć odrazę *v* abhor
czujny *adj* watchful
czułość *n* fondness
czuły *adj* fond, tender

czuwanie *n* vigil
czwartek *n* Thursday
czwarty *adj* fourth
czy *c* whether
czyn *n* deed, feat
czyn karygodny *v* malpractice
czynnik *n* factor
czyścić *v* scour
czyścicel *n* cleaner
czystość *n* cleanliness
czysty *adj* clean, pure
czytać *v* read
czytanie *n* reading
czytelnik *n* reader
czytelny *adj* legible

D

dach *n* roof
dachówka *n* tile
dalej *adv* beyond, farther
daleki *adj* faraway
daleko *adv* away, far
dama *n* lady
damski *adj* ladylike
dane *n* data
Dania *n* Denmak

danie *n* dish
dar *n* gift
daremność *n* futility
daremny *adj* futile
darować *v* donate
darowizna *n* donation
data *n* date
datek *n* handout
datować *v* date
dawać *v* bestow, give
dawać klapsa *v* slap, spank
dawać odprawę *v* rebuff
dawać sobie radę *v* get along
dawca *n* donor
dawkowanie *n* dosage
dawniej *adv* formerly
dążyć *v* strive
dążyć do czegoć *v* drive at
dealer *n* dealer
debata *n* debate
debatować *v* debate
debet *n* debit
decorum *n* decorum
decydować *v* decide
decydujący *adj* crucial, deciding
decyzja *n* decision
dedukcja *n* deduction
dedukować *v* deduce
dedykacja *n* dedication

dedykować *v* dedicate
defekt *n* defect
deficyt *n* deficit
deficytowy *adj* deficient
definicja *n* definition
definiować *v* define
deformacja *n* deformity
deformować *v* deform
defraudować *v* defraud
degenaracja *n* degeneration
degenerować *v* degenerate
degradacja *n* degradation
degradować *v* degrade, demote
dekada *n* decade
dekadencja *n* decadence
deklaracja *n* declaration
deklarować *v* declare
deklinacja *n* declension
dekoracyjny *adj* decorative
dekorować *v* decorate
dekret *n* decree
dekretować *v* decree
delegacja *n* delegation
delegat *n* delegate
delegować *v* delegate
delfin *n* dolphin
deliberować *v* deliberate
delikatność *n* gentleness
delikatny *adj* delicate, gentle

dieta

demaskować *v* debunk, unmask
demokracja *n* democracy
demokratyczny *adj* democratic
demon *n* demon
demonstrować *v* demonstrate
demontować *v* dismantle
demoralizwoać *v* demoralize
dentysta *n* dentist
dentystyczny *adj* dental
denuncjować *v* denounce
departament *n* department
deportacja *n* deportation
deportować *v* deport
depozyt *n* deposit
deprawacja *n* depravity
deprawować *adj* deprave, pervert
deprecjacja *n* depreciation
depresja *n* depression
deptać *v* trample
deser *n* dessert
despota *n* despot
despotyczny *adj* despotic
destruktywny *adj* destructive
destylować *v* distill
desygnować *v* designate
deszcz *n* rain
deszczowy *adj* rainy
detal *n* detail

detektor *n* detector
detektyw *n* detective
detergent *n* detergent
determinacja *n* determination
detonacja *n* detonation
detonator *n* detonator
detonować *v* detonate
dewaluacja *n* devaluation
dewaluować *v* devalue
dewastacja *n* devastation
dewastować *v* devastate
dewiacja *n* deviation
dezaprobata *n* disapproval
dezerter *n* deserter
dezerterować *v* desert
dezintegracja *n* disintegration
dezodoroant *n* deodorant
dezynfekować *v* disinfect
diabeł *n* devil
diaboliczny *adj* diabolical
diagnoza *n* diagnosis
diagnozować *v* diagnose
diagram *n* diagram
diakon *n* deacon
dialekt *n* dialect
dialog *n* dialogue
diament *n* diamond
diecezja *n* diocese
dieta *n* diet

dinozaur *n* dinosaur
dla *pre* for
dlatego *adv* therefore
dłoń *n* palm
dług *n* debt
długi *adj* long
długoletni *adj* long-standing
długość *n* length
dłuto *n* chisel
dłużnik *n* debtor
dmuchać *v* blow, puff
dna *n* gout
dno *n* bottom
do *pre* to, towards
do góry nogami *adv* upside-down
do uniknięcia *adj* avoidable
do widzenia *e* bye
dobijanie targu *n* bargaining
dobra wola *n* goodwill
dobrany *adj* assorted
dobro *n* welfare
dobroć *n* goodness
dobroczyńca *n* benefactor
dobroczynny *adj* charitable
dobrowolnie *adv* willfully
dobry *adj* good
dobrze *adv* okay, right
dobrze znany *adj* well-known
doceniać *v* appreciate

dochód *n* income, revenue
dociekliwy *adj* nitpicking
dodatek *n* addition
dodatki *n* trimmings
dodatkowo *adv* extra
dodatkowy *adj* additional
dodawać *v* add
dodawać smaku *v* relish
dodawanie *n* infusion
dogamtyczny *adj* dogmatic
doganiać *v* catch up
dogłębnie *adv* in depth
dojeżdżać do *v* commute
dojrzałość *n* maturity
dojrzały *adj* mature, ripe
dojrzewać *v* ripen
dok *n* dock
dokładne badanie *n* scrutiny
dokładnie *adv* closely
dokładność *n* accuracy
dokładny *adj* accurate, exact
dokonanie *n* accomplishment
dokonywać *v* accomplish, achieve
dokować *v* dock
doktor *n* doctor
doktryna *n* doctrine
dokuczać *v* hassle, nag
dokuczający *adj* nagging

dokument *n* document
dół *n* pit
dołączać *v* adjoin
dolar *n* dollar
dolegliwość *n* ailment
dolina *n* valley
dom *n* home, house
dom publiczny *n* brothel
domek *n* cottage
dominacja *n* domination
dominium *n* dominion
dominować *v* dominate
domowej roboty *adj* homemade
domowy *adj* domestic
domysł *n* guess
domyślać się *v* guess
doniczka *n* flowerpot
donosiciel *n* informer
donośny *adj* resounding
dookoła *adv* about
dookoła *pro* around
dopuszczalny *adj* acceptable
dopuszczenie *n* admission
doradca *n* adviser, aide
dorastać *v* grow up
doręczyciel *n* bearer
dormitorium *n* dormitory
dorosły *n* adult, grown-up
dorsz *n* cod

dość *adv* enough
doskonałość *n* excellence
doskonały *adj* excellent
dosłownie *adv* literally
dosłowny *adj* literal
dosłowny *adv* verbatim
dostarczać *v* supply, provide
dostatek *n* affluence
dostawa *n* delivery
dostawać *v* get, procure
dostawca *n* supplier
dostęp *n* access
dostępność *n* availability
dostępny *adj* accessible, available
dostosować się *v* comply
dostosowanie *n* adjustment
dostosowywać *v* conform, adjust
dostrajać się *v* tune up
dostrzegać *v* detect
doświadczenie *n* experience
doświadczony *adj* versed
dotąd *adv* hitherto
dotrzeć *v* sink in
dotrzymywać *v* abide by
dotyczyć *v* concern
dotyk *n* touch
dotykać *v* affect, touch
dowcip *n* wit

dowcipny *adj* witty
dowiadywać si *v* inquire
dowiadywać się *v* find out
dowiadywanie si *n* inquiry
dowód *n* evidence, proof
dowódca *n* commander
dozorca *n* caretaker
dożylny *adj* intravenous
dożywotni *adj* lifetime
drabina *n* ladder
dramatyczny *adj* dramatic
dramatyzować *v* dramatize
drapać *v* scratch
drapować *n* drape
drasnąć *v* graze
draśnięcie *n* graze
drastyczny *adj* drastic
drażniący *adj* annoying
dręczący *adj* agonizing
dreszcz *n* shiver, shudder
drewniany *adj* wooden
drewno *n* timber
drewno opałowe *n* firewood
drób *n* poultry
drobiazg *n* nothing
drobiazgowy *adj* meticulous
drobna kradzież *n* larceny
drobny *adj* petite, tiny
drobny druk *n* fine print

droga *n* road, lane, way
drogi *adj* pricey
drożdże *n* yeast
drugi *adj* another
drugorzędny *adj* secondary
druhna *n* bridesmaid
druk *n* print
drukarka *n* printer
drukować *v* print
drukowanie *n* printing
drut *n* wire
drużba *n* best man
druzgocący *adj* shattering
drwić *v* scoff
dryfować *v* drift
dryfujący *adv* adrift
drżeć *v* quiver, shiver
drzemać *v* doze
drzemka *n* doze, nap
drżenie *n* tremor
drzewo *n* tree
drzwi *n* door
duch *n* ghost, spirit
duchowny *n* clergyman
duchowy *adj* spiritual
duma *n* pride
dumnie *adv* proudly
dumny *adj* proud
duplikacja *n* duplication

duplikat *n* counterpart
durny *adj* mindless
dusić *v* asphyxiate
dusić się *v* stifle
dusza *n* soul
duszny *adj* stifling, stuffy
duża litera *n* capital letter
dużo *adj* lots
duży *adj* big
duży samolot *n* airliner
dwa *adj* two
dwa razy *adv* twice
dwadzieścia *adj* twenty
dwanaście *adj* twelve
dwór *n* mansion
dwudziesty *adj* twentieth
dwujęzyczny *adj* bilingual
dwukropek *n* colon
dwumiesięczny *adj* bimonthly
dwunasty *adj* twelfth
dwustronny *adj* reciprocal
dwuznaczny *adj* ambiguous
dyftong *n* diphthong
dygnitarz *n* dignitary
dyktator *n* dictator
dyktatorski *adj* dictatorial
dyktatura *n* dictatorship
dyktować *v* dictate
dylemat *n* dilemma

dymisja *n* dismissal
dynamiczny *adj* dynamic
dynamit *n* dynamite
dynastia *n* dynasty
dynia *n* pumpkin
dyplom *n* diploma
dyplomacja *n* diplomacy
dyplomata *n* diplomat
dyplomatyczny *adj* diplomatic
dyrektor *n* director
dyrygent *n* conductor
dyscyplina *n* discipline
dysharmonijny *adj* dissonant
dyshonor *n* dishonor
dysk *n* disk
dyskomfort *n* discomfort
dyskonto *n* discount
dyskontować *v* discount
dyskrecja *n* discretion
dyskredytować *v* discredit
dyskretny *adj* discreet
dyskryminacja *n* discrimination
dyskryminować *v* discriminate
dyskusja *n* discussion
dyskusyjny *adj* debatable
dyskutować *v* discuss
dyskwalifikować *v* disqualify
dyspensa *n* dispensation
dysputować *v* dispute

dystans *n* distance
dystansować *v* outrun
dystrakcja *n* distraction
dystrybucja *n* distribution
dystyngowany *adj* genteel
dystynkcja *n* distinction
dysza *n* nozzle
dywan *n* carpet
dywanik *n* rug
dywersja *n* diversion
dywydenda *n* dividend
dzbanek *n* jug
dżem *n* jam
dżentelman *n* gentleman
dźgnąć *v* stab
dźgnięcie *n* stab
dziadek *n* grandfather
dziadkowie *n* grandparents
dziadunio *n* granddad
działać *v* act, operate
działający wstecz *adj* retroactive
działalność *n* activity
działania wojenne *n* warfare
działanie *n* action
działka *n* allotment
działo *n* cannon
dzicz *n* wilderness
dziczyzna *n* venison
dzieci *n* children

dziecinny *adj* childish
dzieciństwo *n* childhood
dziecko *n* baby, child, kid
dziedzczny *adj* hereditary
dziedzictwo *n* inheritance
dziedziczyć *v* inherit
dziedziniec *n* courtyard
dziekan *n* dean
dzięki *n* thanks
dziękować *v* thank
dzielić *v* divide, share
dzielnica ruder *n* slum
dzielny *adj* valiant
dzień *n* day
dzień powszedni *adj* weekday
dziennik *n* journal
dziennikarz *n* journalist
dzierżawa *n* lease
dzierżawca *n* lessee
dziesiątkować *v* decimate
dziesiąty *adj* ten
dziesiąty *n* tenth
dziesiętny *adj* decimal
dziewczyna *n* gal, girl, maid
dziewiąty *adj* ninth
dziewica *n* virgin
dziewictwo *n* chastity
dziewięć *adj* nine
dziewięćdziesiąt *adj* ninety

dziewiętnaście *adj* nineteen
dzik *n* wild boar
dzika przyroda *n* wildlife
dziki *adj* ferocious, fierce
dziki wojownik *adv* berserk
dzikość *n* ferocity
dżinsy *n* jeans
dziób *n* beak
dziobać *v* peck
dzisiaj wieczorem *adv* tonight
dziura *n* hole
dziurka od guzika *n* buttonhole
dziwactwo *n* crank
dziwaczność *n* oddity
dziwaczny *adj* bizarre
dziwny *adj* weird, odd, eerie
dżungla *n* jungle
dźwięk *n* sound
dźwig *n* crane
dźwignia *n* lever
dźwignięcie *n* leverage
dzwon *n* bell
dzwonek *n* buzzer
dzwonek u drzwi *n* doorbell
dzwonić *v* ring, toll
dzwonnica *n* belfry

echo *n* echo
edukacyjny *adj* educational
edukować *v* educate
edycja *n* edition
edytować *v* edit
efekt *n* effect
efektowny *adj* effective
efektywność *n* effectiveness
egoista *n* egoist
egoizm *n* egoism
egzamin *n* examination
egzaminować *v* examine
egzekutywa *n* executive
egzorcysta *n* exorcist
egzotczyny *adj* exotic
egzystencja *n* existence
egzystować *v* exist
ekcentryczny *adj* eccentric
ekologia *n* ecology
ekonomia *n* economy
ekonomiczny *adj* economical
ekran *n* screen
ekscytować *v* evict
eksodus *n* exodus
ekspansja *n* expansion
ekspedient *n* salesman

ekspedycja *n* expedition
eksperyment *n* experiment
eksploatacja *n* explotation
eksplodować *v* explode
eksplozja *n* explosion
eksportować *v* export
ekspresja *n* expression
ekspresowy *adj* express
ekstatyczny *adj* ecstatic
ekstaza *n* ecstasy
ekstermistyczny *adj* extremist
ekstradować *v* extradite
ekstradycja *n* extradition
ekstrawagancja *n* extravagance
ekstrawagancki *adj* extravagant
ekstrawertyczny *adj* extroverted
ekstremalny *adj* extreme
ekwipunek *n* equipment
elastyczny *adj* elastic, flexible
elegancja *n* elegance
elegancki *adj* posh
eleganki *adj* elegant
elekcja *n* election
elektroniczny *adj* electronic
elektryczność *n* electricity
elektryczny *adj* electric
elektryfikować *v* electrify
elektryk *n* electrician
element *n* element

elementarny *adj* elementary
elewacja *n* elevation
eliminować *v* eliminate, purge, uproot
elokwencja *n* eloquence
emancypować *v* emancipate
emanować *v* emanate
emblemat *n* emblem
embrion *n* embryo
emerytura *n* retirement
emigrant *n* emigrant, migrant
emigrować *v* emigrate, migrate
emisja *n* emission
emitować *v* emit
emocja *n* emotion
emocjonalny *adj* emotional
encyklopedia *n* encyclopedia
energetyczny *adj* energetic
energia *n* energy
enklawa *n* enclave
entuzjasta *n* fan
entuzjazm *n* enthusiasm
entuzjaznować *v* enthuse
epidemia *n* epidemic
epilepsja *n* epilepsy
epizod *n* episode
epoka *n* epoch
eptafimu *n* epitaph
era *n* era

esej *n* essay
esencja *n* essence
eskalować *v* escalate
eskapada *n* escapade
eskmitować *v* turn out
eskorta *n* escort
eksploatować *v* exploit
estetyczny *adj* aesthetic
etyczny *adj* ethical
etyka *n* ethics
etykieta *n* etiquette, label
euforia *n* euphoria
Europa *n* Europe
europejski *adj* European
ewakuować *v* evacuate
ewangelia *n* gospel
ewentualność *n* eventuality
ewolucja *n* evolution

fabryka *n* factory
fabrykować *v* fabricate
facet *n* guy
fachowy *adj* expert
fajerwerk *n* fireworks
fakt *n* fact
faktura *n* invoice
fakturować *v* invoke
faktycznie *adv* actually
faktyczny *adj* actual, factual
fakultet *n* faculty
fala *n* surge, tide
fala przypływu *n* tidal wave
fala upałów *n* heatwave
fałda *n* crease, pleat
fałszerstwo *n* forgery
fałszować *v* falsify, forge
fałszywy *adj* counterfeit
falujący *adj* wavy
fanatyczny *adj* fanatic, bigot
fanatyzm *n* bigotry
fantastyczny *adj* fantastic
fantazja *n* fantasy
fantazyjny *adj* fancy
fantom *n* phantom
farba *n* dye, paint
farbować *v* dye
farma *n* farm
farmaceuta *n* pharmacist
farmer *n* farmer
farsa *n* farce
fartuch *n* apron
fascynować *v* fascinate
fasola *n* bean
faza *n* phase

federalny *adj* federal
fenomen *n* phenomenon
fermentacja *n* ferment
fermentować *v* ferment
fiasko *n* flop
ficzynie *adv* physically
figa *n* fig
figlarny *adj* playful
figura *n* figure
fikcja *n* fiction
fikcyjny *adj* fictitious
filar *n* pillar
film *n* film, movie
filmować *v* screen
filozof *n* philosopher
filozofia *n* philosophy
filter *n* filter
filtrować *v* filter
finał *n* showdown
finalizować *v* finalize, finance
finansowy *adj* financial
Finlandia *n* Finland
fiński *adj* Finnish
fioletowy *n* violet
fiord *n* fjord
firma *n* firm
fizyka *n* physics
flaga *n* flag
flet *n* flute

flitrować *v* flirt
fliżanka *n* cup
flota *n* fleet
fobia *n* phobia
folder *n* folder
folgować komuś *v* pander
fontanna *n* fountain
forma *n* form
formacja *n* formation
formalizować *v* formalize
formalnie *adv* formally
formalność *n* formality
formalny *adj* formal
format *n* format
forsa *n* dough
fort *n* fort
forteca *n* fortress
fortyfikować *v* fortify
fosfor *n* phosphorus
fotel *n* armchair
fotograf *n* photographer
fotografować *v* photograph
fotokopia *n* photocopy
fracht *n* freight
fragment *n* fragment
frajer *adj* sucker
frakcja *n* fraction
Francja *n* France
francuski *adj* French

fraza *n* phrase
fregata *n* frigate
front *n* frontage, vanguard
frustracja *n* frustration
frustrować *v* frustrate
frytki *n* fries
frywolny *adj* frivolous
fryzjer *n* barber
fryzura *n* hairdo
fundacja *n* foundation
fundamentalny *adj* fundamental
fundować *v* fund
fundusz *n* fund
fundusze *n* funds
funkcja *n* function
funt *n* pound
furgonetka *n* pickup
furia *n* furor, fury
futbol *n* football
futro *n* fur
futrzany *adj* furry
fuzja *n* fusion

G

gabinet *n* closet
gąbka *n* sponge
gad *n* reptile
gadżet *n* gadget
galaktyka *n* galaxy
gałąź *n* branch
galeria *n* gallery
gałka *n* knob
galon *n* gallon
galopować *v* gallop
galwanizować *v* galvanize
ganek *n* porch
gang *n* gang
gangrena *n* gangrene
gangster *n* gangster
gapić się *v* stare
garaż *n* garage
garb *n* hump, hunchback
gardło *n* throat
gardzić *v* despise, scorn
garnek *n* casserole
garnirowanie *n* garnish
garnitur *n* suit
garnizon *n* garrison
garść *n* handful
gasić *v* extinguish, put out

gąsienica *n* caterpillar
gastryczny *adj* gastric
gatunek *n* species
gawędzić *v* chat
gaz *n* gas
gaza *n* gauze
gazeta *n* newspaper
gaźnik *n* carburetor
gdzie *adv* where
gdzie indziej *adv* elsewhere
gdziekolwiek *c* wherever
gejpfrut *n* grapefruit
gejzer *n* geyser
gen *n* gene
generał *n* general
generator *n* generator
generować *v* generate
genetyczny *adj* genetic
genialny *adj* genial
geniusz *n* genius
geografia *n* geography
geologia *n* geology
geometria *n* geometry
gęś *n* goose
gęsi *n* geese
gest *n* gesture
gęstość *n* density
gęsty *adj* dense
gestykulować *v* gesticulate

giermek *n* henchman
giętki *adj* pliable, supple
gilotyna *n* guillotine
gimnazjum *n* gymnasium
ginąć *v* perish
ginekologia *n* gynecology
gips *n* plaster
girlanda *n* garland
gitara *n* guitar
gladiator *n* gladiator
gładki *adj* smooth
gładko *adv* smoothly
gładkość *n* smoothness
gładzić *v* smooth
głaz narzutowy *n* boulder
głęboki *adj* deep, profound
głębokość *n* depth
glina *n* clay
gliniarz *n* cop
głód *n* famine
głodny *adj* hungry
głodzić *v* starve
gloria *n* glory
gloryfikować *v* glorify
głos *n* voice, vote
głos wewnętrzny *n* calling
glosariusz *n* glossary
głośnik *n* loudspeaker
głośno *adv* aloud

głośny *adj* loud
głosować *v* vote
głosowanie *n* poll
głowa *n* head
główna atrakcja *n* highlight
główne biuro *n* headquarters
głównie *adv* mainly
główny *adj* foremost
głuchota *n* deafness
głuchy *adj* deaf
glukoza *n* glucose
głupi *adj* fool
głupota *n* stupidity
głuptas *n* goof
gmach *n* edifice
gniazdo *n* nest
gnić *v* decay
gnicie *n* decay
gniew *n* anger, wrath
godność *n* dignity
godny *adj* worthy
godny podziwu *adj* adorable
godny uwagi *adj* noticeable
godzić się na *v* settle for
godzina *n* hour
gogle *n* goggles
gołąb *n* dove, pigeon
golić *v* shave
goniec *n* runner

góra *n* mountain
góra lodowa *n* iceberg
gorący *adj* fervent, hot
gorączka *n* fever
gorączkowy *adj* feverish, hectic
gorliwość *n* zeal
gorliwy *adj* zealous
górnik *n* miner
górny *adj* upper
gorszy *adj* worse
gorszyć *v* scandalize
gorycz *n* bitterness
goryl *n* gorilla
gorzki *adj* bitter
gorzko *adv* bitterly
górzysty *adj* mountainous
gość *n* guest, visitor
gościnność *n* hospitality
gospodarka *n* farming
gospodarz *n* host
gospodyni *n* housekeeper
gotować *v* boil, cook
gotowanie *n* cooking
gotówka *n* cash
gotowość *n* readiness
gotowy *adj* ready
równie *adv* primarily
gra *n* game, play
grabie *n* rake

grać v play
grać gestami v mime
gracz n player
grad n hail
graficzny adj graphic
gram n gram
gramatyka n grammar
gramolić się v scramble
granat n grenade
granatowy adj navy blue
granica n border, limit
graniczący adj adjacent
graniczyć v border on
granit n granite
gratulacje n congratulations
gratulować v congratulate
graty n lumber
gratyfikacja n gratuity
grawitacja n gravity
grawitować v gravitate
Grecja n Greece
grecki adj Greek
Grenlandia n Greenland
grilowany adj charbroil
grmaśny adj choosy
grób n grave
grobowiec n tomb
groch n pea
gromada n troop

gromadzić v accumulate, pile
gromadzić się v muster
grono n cluster
grota n grotto
groteskowy adj grotesque
groźba n menace, threat
grozić v threaten
grubość n thickness
gruby adj gross, thick
gruczoł n gland
grudka n clot
grudzień n December
grunt n ground
gruntowny adj thorough
grupa n group
gruszka n pear
gruz n rubble
grużlica n tuberculosis
gruzy n debris
grymas n grimace
grymaśny adj fussy
grypa n flu, influenza
gryźć v bite, gnaw
gryzoń n rodent
grzanka n toast
grząski piasek n quicksand
grzbiet n ridge
grzebać v bury
grzebień n comb

grzebiet *n* crest
grzech *n* sin
grzechotać *v* rattle
grzeczny *adj* courteous
grzejnik *n* heater, radiator
grzesznik *n* sinner
grzeszny *adj* sinful
grzeszyć *v* sin
grzmot *n* thunder
grzyb *n* fungus, mushroom
grzywka *n* fringe
grzywna *n* fine
gubernator *n* governor
gulasz *n* stew
guma *n* gum
guma balonowa *n* bubble gum
gumka *n* rubber
gustowny *adj* tasteful
guz *n* tumor
gwałcić *v* rape
gwałciciel *n* rapist
gwałt *n* rape
gwałtowny *adj* rampant, violent
gwarancja *n* guarantee
gwarantować *v* guarantee
gwiazda *n* star
gwizdać *v* whistle
gwizdek *n* whistle
gwóźdź *n* nail

gwoździk *n* tack

haft *n* embroidery
haftować *v* embroider
hak *n* hook
hałas *n* noise
hałaśliwie *adv* noisily
hałaśliwy *adj* noisy
hamak *n* hammock
hamburger *n* burger
hamować *v* brake
hamulec *n* brake
hańba *n* disgrace
hańbić *v* disgrace
handel *n* commerce, trade
handlarz *n* trader
handlować *v* trade, traffic
handlowy *adj* commercial
haniebny *adj* disgraceful
hardy *adj* haughty
harmonia *n* harmony
harmonizować *v* match
harmonogram *n* timetable
harpun *n* harpoon
hart *n* fortitude

hartować v toughen
hasło n catchword
haszysz n hashish
hazard n hazard
helikopter n helicopter
hełm n helmet
herbata n tea
herbatnik n biscuit, cookie
heretyk n heretic
herezja n heresy
hermetyczny adj hermetic
heroiczny adj heroic
heroina n heroin
heroizm n heroism
herold n herald
hiena n hyena
hierarchia n hierarchy
higiena n hygiene
hipnotyzować v hypnotize
hipnoza n hypnosis
hipokryzja n hypocrisy
hipoteka n mortgage
hipoteza n hypothesis
histerczyny adj hysterical
histeria n hysteria
historyk n historian
Hiszpan n Spaniard
Hiszpania n Spain
hiszpański adj Spanish

hobby n hobby
hodometr n odometer
hodować v breed
hojność n generosity
hojny adj lavish
Holandia n Holland
hołd n homage, tribute
holenderski adj Dutch
holokaust n holocaust
holować v tow
holownik n tow truck
homar n lobster
homila n homily
honor n honor
hormon n hormone
horyzont n horizon
horyzontalny adj horizontal
hospitalizować v hospitalize
hotel n hotel
hrabina n countess
huczeć v rumble
huk n rumble
huknąć v bang
humor n humor
humorystyczny adj humorous
huragan n hurricane
hurt n wholesale
huśtać się v swing
huśtawka n swing

hydrauliczny *adj* hydraulic
hydraulik *n* plumber
hymn *n* anthem, hymn

I

i *c* and
idea *n* idea
idealny *adj* ideal
identyczny *adj* identical
ideologia *n* ideology
idiom *n* idiom
idiota *n* idiot
idiotczyny *adj* idiotic
idol *n* idol
igła *n* needle
ignorancja *n* ignorance
ignorancki *adj* ignorant
ignorować *v* ignore
ikona *n* icon
iloraz *n* quotient
ilość *n* amount, quantity
iluminacja *n* floodlight
ilustracja *n* illustration
ilustracyjny *adj* illustrious
ilustrować *v* exemplify
iluzja *n* illusion

imbir *n* ginger
imbryczek *n* teapot
imię *n* name
imiesłów *n* participle
imigracja *n* immigration
imigrant *n* immigrant
imigrować *v* immigrate
imitacja *n* imitation
immatrykulować *v* matriculate
imperator *n* emperor
imperializm *n* imperialism
imperialny *adj* imperial
imperium *n* empire
impertynencja *n* impertinence
impertynencki *adj* impertinent
implikacja *n* implication
implikowany *adj* implicit
imponujący *adj* imposing
import *n* importation
importować *v* import
impotent *adj* impotent
improwizować *v* improvise
impuls *n* impulse
impulsywny *adj* impulsive
inaczej *adv* else, otherwise
inaczej *adj* other
inauguracja *n* inauguration
inaugurować *v* inaugurate
incydent *n* incident

indeks *n* index
indetyfikować *v* identify
indoktrynować *v* indoctrinate
infantylny *adj* puerile
infekcyjny *adj* infectious
infiltracja *n* infiltration
infiltrować *v* infiltrate
inflacja *n* inflation
informacja *n* information
informator *n* informant
informować *v* inform
ingerencja *n* interference
inicjały *n* initials
inicjator *n* mastermind
inicjatywa *n* initiative
inicjować *v* initiate
inkrustowany *adj* inlaid
innowacja *n* innovation
insekt *n* insect
inskrypcja *n* inscription
inspiracja *n* inspiration
inspirować *v* inspire
instalacja *n* installation
instalować *v* install
instruktor *n* instructor
instruować *v* instruct
instynkt *n* instinct
instytucja *n* institution
insurekcja *n* insurrection

insynuacja *n* innuendo
insynuować *v* insinuate
integracja *n* integration
integralność *n* integrity
integrować *v* integrate
inteligentny *adj* intelligent
intencja *n* intention
intensywność *n* intensity
intensywny *adj* intense
interes *n* deal
interesowność *n* self-interest
interesujący *adj* interesting
interesy *n* dealings
interludium *n* interlude
internować *v* intern
interprator *n* interpreter
interpretacja *n* interpretation
interpretować *v* interpret
interwencja *n* intercession
interweniować *v* intercede
intonować *v* strike up
introwertyk *adj* introvert
intruz *n* intruder
intryga *n* intrigue, plot
intrygujący *adj* intriguing
intuicja *n* intuition
intymny *adj* intimate
inwalida *n* invalid
inwazja *n* invasion

inwencja *n* invention
inwentarz *n* inventory
inwestor *n* investor
inwestować *v* invest
inwestycja *n* investment
inżynier *n* engineer
Irlandia *n* Ireland
irlandzki *adj* Irish
ironia *n* irony
ironiczny *adj* ironic
irytować *v* annoy, displease
irytujący *adj* irritating
iść *v* go
iść naprzód *v* go ahead
isć w ślad *v* follow
iskra *n* spark
iskrzyć się *v* sparkle
istnieć *v* subsist
istotny *adj* relevant, vital
izba *n* chamber
izdebka *n* cubicle
izolacja *n* insulation, isolation
izolować *v* insulate, isolate

J

jabłko *n* apple
jacht *n* yacht
jad *n* venom
jadalnia *n* dining room
jadalny *adj* edible
jadłospis *n* menu
jagnię *n* lamb
jaguar *n* jaguar
jajko *n* egg
jajnik *n* ovary
jak *adv* how
jąkać się *v* stammer, stutter
jakiś *adj* any, some
jakoś *adv* somehow
jakość *n* quality
jałmużna *n* alms
jałowy *adj* barren
jama *n* burrow, cavity
Japonia *n* Japan
japoński *adj* Japanese
jard *n* yard
jarmark *n* fair
jaskinia *n* cave, pothole
jaśmin *n* jasmine
jasność *n* brightness
jasnowłosy *adj* blond

jasny *adj* bright, clear, lucid
jastrząb *n* hawk
jaszczurka *n* lizard
jęczeć *v* groan, moan, whine
jęczmień *n* barley
jedenaście *adj* eleven
jedenasty *adj* eleventh
jednak *c* however, yet
jednoczyć *v* unify, unite
jednolitość *n* uniformity
jednomyślność *n* unanimity
jedność *n* unity
jednostka *n* unit
jednostronny *adj* unilateral
jedwab *n* silk
jedynie *adv* solely
jedyny *adj* sole
jego *pro* his
jej *adj* her, hers
jęk *n* groan, moan
jelito *n* gut, intestine
jeniec *n* captive
jeść *v* eat
jeść obiad *v* dine
jesień *n* autumn
jeździć *v* ride
jeżeli *c* if
jeżeli nie *c* unless
jezioro *n* lake

jeżozwierz *n* porcupine
język *n* language, tongue
jeżyna *n* blackberry
jodyna *n* iodine
jowialny *adj* jovial
jubiler *n* jeweler
judaizm *n* Judaism
jupiter *n* spotlight
jutro *adv* tomorrow
już *adv* already

kabel *n* cable
kabina *n* cabin
kaczka *n* duck
kadłub *n* hull
kadzidło *n* incense
kaganiec *n* muzzle
kajak *n* canoe
kajdanki *n* handcuffs
kakao *n* cocoa
kalafior *n* cauliflower
kałamarnica *n* squid
kaleczyć *v* cripple
kalendarz *n* almanac, calendar
kalesony *n* pants

kaliber *n* caliber
kalibrować *v* calibrate
kalkulator *n* calculator
kaloria *n* calorie
kamień *n* stone
kamień milowy *n* milestone
kamień nazębny *n* tartar
kamień węgielny *n* cornerstone
kamieniarz *n* mason
kamienować *v* stone
kamizelka *n* vest
kampania *n* campaign
kamuflaż *v* camouflage
kamuflować *n* camouflage
kamyk *n* pebble
kanał *n* canal, channel
kanapa *n* couch, lounge
kanapka *n* sandwich
kanarek *n* canary
kanciarz *n* crook
kanciasty *adj* edgy
kanclerz *n* chancellor
kandydat *n* candidate, contender
kandydatura *n* candidacy
kandydować na *v* stand for
kangur *n* kangaroo
kanibal *n* cannibal
kanion *n* canyon
kanonizować *v* canonize

kantalupa *n* cantaloupe
kantyna *n* canteen
kapa *n* bedspread
kapać *v* drip, trickle
kapanie *n* drip
kapela *n* chaplain
kapelusz *n* hat
kąpiel *n* bath
kapitalizm *n* capitalism
kapitalizować *v* capitalize
kapitulować *v* capitulate
kapłan *n* priest
kapłanka *n* priestess
kapłaństwo *n* priesthood
kaplica *n* chapel
kapral *n* corporal
kaprys *n* fad
kapsula *n* capsule
kaptur *n* hood
kapusta *n* cabbage
kara *n* punishment
karabin *n* rifle
karać *v* chastise, punish
karać grzywną *v* fine
karalny *adj* punishable
karaluch *n* cockroach
karat *n* carat
karate *n* karate
karawan *n* hearse

karchoch *n* artichoke
kardiologia *n* cardiology
kariera *n* career
karmić *v* feed, fuel
karta *n* card
kartka *n* tag
kartka pocztowa *n* postcard
karton *n* cartoon
karykatura *n* caricature
karzeł *n* dwarf, midget
kasa *n* box office
kaseta *n* casket
kasjer *n* cashier
kaskada *n* cascade
kasta *n* caste
kasyno *n* casino
kaszel *n* cough
kaszel *v* cough
kasztan *n* chestnut
kąt *n* angle, corner
kataklizm *n* cataclysm
katakumba *n* catacomb
katalog *n* catalog, directory
katalogować *v* catalog
katarakta *n* cataract
katastrofa *n* catastrophe
katastrofalny *adj* disastrous
katechizm *n* catechism
katedra *n* cathedral

kategoria *n* category
katolicki *adj* catholic
katolicyzm *n* Catholicism
kaucja *n* bail
kawa *n* coffee
kawałek *n* piece, scrap
kawaler *n* bachelor
kawaleria *n* cavalry
kazanie *n* sermon
każdy *adj* each, everybody
kaznodzieja *n* preacher
kciuk *n* thumb
kelner *n* waiter
kelnerka *n* waitress
kęs *n* morsel
kichać *v* sneeze
kichnięcie *n* sneeze
kiedy *adv* when
kiedykolwiek *adv* whenever
kieł *n* fang, tusk
kiełbaska *n* sausage
kielich *n* chalice
kiełkować *v* sprout
kiepski *adj* shoddy
kierować *v* direct, drive
kierować się do *v* head for
kierowca *n* driver
kierownictwo *n* guidance
kierunek *n* direction

kieszeń *n* pocket
kieszonkowiec *n* pickpocket
kilnika *n* clinic
kilogram *n* kilogram
kilometr *n* kilometer
kilowat *n* kilowatt
kino *n* cinema
kiosk *n* kiosk
kiwać *v* beckon
klacz *n* mare
kłamać *v* lie
kłamca *n* liar
klamka *n* latch
klamra *n* clamp, cramp
kłamstwo *n* falsehood, lie
klan *n* clan
kłaniać się *v* bow, nod
klaps *n* slap
klarnet *n* clarinet
klarowność *n* clarity
klasa *n* class, classroom
kłaść *v* lay, lie, put
kłaść nacisk *v* emphasize
klasyczny *adj* classic
klasyfikować *v* classify
klasztor *n* cloister, convent
klasztorny *adj* monastic
klatak piersiowa *n* chest
klatka *n* cage
klauzula *n* clause
klawiatura *n* keyboard
kleić *v* glue, paste
klejnot *n* gem, jewel
klękać *v* genuflect, kneel
klepanie *n* pat
kler *n* clergy
kleryklany *adj* clerical
klient *n* client, customer
klientela *n* clientele
klif *n* cliff
klikać *v* click
klimat *n* climate
klimatyczny *adj* climatic
kloc *n* log
kłócić się *v* quarrel
kłódka *n* padlock
klonować *v* clone
klonowanie *n* cloning
kłopot *n* quandery, trouble
kłopotać *v* bother, trouble
kłopotliwy *adj* bothersome
klopsik *n* meatball
kłótliwy *adj* quarrelsome
kłótnia *n* altercation, quarrel
klown *n* clown
klub *n* club
kłuć *v* sting
klucz *n* key

knuć *v* plot
knur *n* boar
koalicja *n* coalition
kobiecy *adj* feminine
kobieta *n* female, woman
kobiety *n* women
koc *n* blanket
kocesjonować *v* charter
kochać *v* love
kochający *adj* affectionate
kochanek *n* lover
kociak *n* kitten
kod *n* code
kod pocztowy *n* zip code
kodować *v* codify
kofeina *n* caffeine
kogut *n* cock, rooster
koja *n* berth
kojący *adj* restful
kokaina *n* cocaine
kokpit *n* cockpit
koktail *n* cocktail
kolacja *n* supper
kolano *n* knee
kolczyk *n* earring
kołdra *n* quilt
kolęda *n* carol
kolega *n* colleague
kolega z klasy *n* classmate

kolejka *n* queue
kolejny *adj* alternate
kolektor *n* collector
koleżeństwo *n* companionship
kolinizacja *n* colonization
kolizja *n* clash, collision
kolka *n* colic
kółko na klucze *n* key ring
kołnierz *n* collar
koło *n* circle, wheel
kolonia *n* colony
kolonialny *adj* colonial
kolonizować *v* colonize
kolor *n* color
kolor różowy *n* carnation
kolorować *v* color
kolosalny *adj* colossal
kołowy *adj* circular
kolumna *n* column
kołysać *v* sway
kołyska *n* cradle
komar *n* mosquito
kombatant *n* combatant
kombinacja *n* combination
komedia *n* comedy
komentarz *n* comment
komentować *v* comment
kometa *n* comet
komfort *n* comfort

komfortowy *adj* comfortable
komiczny *adj* comical
komik *n* comedian
komin *n* chimney
kominek *n* fireplace
komisja *n* commission
komitet *n* committee
kompaktowy *adj* compact
kompas *n* compass
kompendium *n* compendium
kompetentny *adj* competent
komplement *n* compliment
komplikacja *n* complication
komplikować *v* complicate
kompost *n* compost
kompozycja *n* composition
kompozytor *n* composer
kompromis *n* compromise
kompromitować *v* compromise
komputer *n* computer
komu *pro* whom
komunikacja *n* communication
komunikować się *v* communicate
komunistyczny *adj* communist
komunizm *n* communism
koń *n* horse
konar *n* bough
koncentracja *n* concentration

koncentrować *v* concentrate
koncentryczny *adj* concentric
koncert *n* concert
końcowy *adj* final
kończyć *v* conclude, end
kończyna *n* limb
kondensancja *n* condensation
kondensować *v* condense
kondolencje *n* condolences
konferencja *n* conference
konfesjonał *n* confessional
konfiskata *n* confiscation
konfiskować *v* confiscate
konfitura *n* conserve
konflikt *n* conflict, strife
konformistyczny *adj* conformist
konfrontacja *n* confrontation
konfrontować *v* confront
kongres *n* congress
koniak *n* brandy
koniec *n* end
konieczność *n* necessity
konieczny *adj* necessary
konigować *v* conjugate
konkluzja *n* conclusion
konkurencyjny *adj* competitive
konkurent *n* competitor
konkurować *v* compete
konkurs *n* competition

konsekwencja *n* consequence
konsekwentny *adj* consequent
konserwacja *n* conservation
konserwatywny *adj* conservative
konserwować *v* conserve
konsolidować *v* consolidate
konspiracja *n* conspiracy
konspirator *n* conspirator
konspirować *v* conspire
konstelacja *n* constellation
konsternacja *n* consternation
konsternować *v* dismay
konstrukcja *n* construction
konstruktywny *adj* constructive
konstytucja *n* constitution
konsul *n* consul
konsulat *n* consulate
konsultacja *n* consultation
konsultować *v* consult
konsument *n* consumer
konsumować *v* consume
konsumpcja *n* consumption
konsystencja *n* consistency
konsystentny *adj* consistent
kontakt *n* contact
kontaktować *v* contact
kontekst *n* context
kontemplować *v* contemplate
kontrabanda *n* contraband
kontrakt *n* contract
kontrast *n* contrast
kontrastować *v* contrast
kontrol *n* control
kontrola *n* inspection
kontroler *n* inspector
kontrolować *v* control, inspect
kontrowersia *n* controversy
kontrowersyjny *adj* controversial
kontunuujący się *adj* ongoing
kontur *n* contour
kontynent *n* continent
kontynentalny *adj* continental
kontynuacja *n* continuation
kontynuować *v* carry on, continue
konwencja *n* convention
konwencjonalny *adj* conventional
konwersacja *n* conversation
konwersować *v* converse
konwój *n* convoy
koordynacja *n* coordination
koordynator *n* coordinator
koordynować *v* coordinate
kopać *v* dig, mine
kopalnia *n* mine
koperta *n* envelope
kopia *n* copy

kopia zapasowa *n* backup
kopiarka *n* copier
kopiować *v* copy, duplicate
kopuła *n* dome
kopyto *n* hoof
kora *n* bark
kordon *n* cordon
korek *n* cork
korespondent *n* correspondent
kornet *n* cornet
korona *n* crown
koronacja *n* coronation
koronować *v* crown
korporacja *n* corporation
korpulentny *adj* corpulent
korumpować *v* corrupt
korupcja *n* corruption
korytarz *n* corridor, hallway
korzeń *n* root
korzyść *n* advantage
korzystny *adj* beneficial, profitable
kość *n* bone
kość słoniowa *n* ivory
kościół *n* church
kosić *v* mow
kosmetyk *n* cosmetic
kosmiczny *adj* cosmic
kosmonauta *n* cosmonaut

kostium *n* costume
kostka *n* ankle
kostka brukowa *n* cobblestone
kostka lodu *n* ice cube
kostki do gry *n* dice
kostnica *n* mortuary
kosz *n* basket
kosz na śmieci *n* trash can
koszary *n* barracks
koszmar *n* nightmare
koszt *n* cost, expense
kosztować *v* cost
kosztowny *adj* costly
koszula *n* shirt
koszula nocna *n* nightgown
koszykówka *n* basketball
kot *n* cat
kotlet *n* chop
kotlet wołowy *n* hamburger
kotwica *n* anchor
kowadełko *n* anvil
kowal *n* blacksmith
kozioł *n* buck
kozioł ofiarny *n* scapegoat
kpiny *n* mockery
krab *n* crab
kradzież *n* theft
kraj *n* country
krajać *v* slice

krajobraz *n* landscape
krajowy *adj* inland; native
krańce *n* outskirts
kraść *v* pilfer, steal
krater *n* crater
krawat *n* necktie
krawędź *n* brink, edge, rim
krawężnik *n* curb
krawiec *n* tailor
krążek *n* pulley
krążenie *n* circulation
krążyć *v* circulate
kreatywność *n* creativity
kreatywny *adj* creative
kręcić się *v* prowl
kręcony *adj* curly
kreda *n* chalk
kredens *n* cupboard
kredyt *n* credit
kręgosłup *n* backbone, spine
kręgowiec *n* vertebra
krem *n* custard, cream
krem ochronny *n* sunblock
krematorium *n* crematorium
kreślarz *n* draftsman
kret *n* mole
kręty *adj* winding
kretyn *n* moron
krew *n* blood

krewetka *n* prawn, shrimp
krewny *n* relative
krochmal *n* starch
kroczyć *v* pace, stride
krok *n* pace, step
krok po kroku *adv* step-by-step
krokodyl *n* crocodile
król *n* king
królestwo *n* kingdom, realm
królewski *adj* regal, royal
królewskość *n* royalty
królik *n* rabbit
królowa *n* queen
kronika *n* chronicle
kropić *v* drop
kropka *n* dot
kropla *n* drop
krosta *n* pimple
krótki *adj* brief, short
krótko *adv* briefly
krótkotrwałość *n* brevity
krótkotrwały *adj* shortlived
krótkowzroczny *adj* myopic
krowa *n* cow
krtań *n* larynx
kruchość *n* frailty
kruchy *adj* breakable, fragile
krucjata *n* crusade
krucyfiks *n* crucifix

kultura

kruczek *n* loophole
kruk *n* raven
kruszyć *v* crush
krwawić *v* bleed
krwawienie *n* bleeding
krwawy *adj* bloody
krwiożerczy *adj* bloodthirsty
krwotok *n* hemorrhage
kryjówka *n* hideaway
krykiet *n* cricket
kryształ *n* crystal
kryterium *n* criterion
krytycyzm *n* criticism
krytyczny *adj* critical
krytyka *v* censure
krytykować *v* criticize
kryzys *n* crisis, slump
krzak *n* bush
krzątanina *n* hustle
krzepki *adj* robust
krzepnąć *v* coagulate
krzepnięcie *n* coagulation
krzesło *n* chair
krzew *n* shrub
krzyczący *n* shouting
krzyczeć *v* clamor, scream
krzyk *n* scream, shout
krzyż *n* cross
krzyżować *v* cross

krzyżowiec *n* crusader
krzyżówka *n* crossword
krzyżowy ogień *n* crossfire
książę *n* duke, prince
książka *n* book
księga główna *n* ledger
księgarnia *n* bookstore
księgarz *n* bookseller
księgowość *n* bookkeeping
księgowy *n* accountant
księżna *n* duchess, princess
księżyc *n* moon
kształować *v* frame
kształt *n* shape
kształtować *v* shape
kto *pro* who
ktokolwiek *pro* whoever
który *adj* which
którykolwiek *adj* either
ktoś *pro* anybody
kucać *v* crouch
kucharz *n* chef, cook
kuchnia *n* cuisine, kitchen
kucyk *n* cob
kufel *n* pint
kula *n* sphere, globe
kulawy *adj* lame
kult *n* cult, worship
kultura *n* culture

kulturalny *adj* cultural
kultywować *v* cultivate
kultywowanie *n* cultivation
kumpel *n* buddy, pal
kupić *v* purchase
kupiec *n* merchant
kupon *n* coupon, voucher
kupować *v* buy
kupujący *n* buyer
kura *n* hen
kuracja *n* cure
kurator *n* curator
kurczak *n* chicken
kurczyć się *v* shrink
kurek *n* faucet, tap
kurier *n* courier
kuropatwa *n* partridge
kurs *n* course
kursować *v* shuttle
kursywa *adj* italics
kurtuazja *n* courtesy
kurz *n* dust
kurzajka *n* wart
kusić *v* tempt
kuszący *adj* enticing
kuszetka *n* bunk bed
kuzyn *n* cousin
kwadrat *n* square
kwadratowy *adj* square

kwałek *n* chunk
kwalifikować *v* qualify
kwartalny *adj* quarterly
kwas *n* acid
kwaśność *n* acidity
kwaśny *adj* sour
kwaśny *n* quarters
kwestia *n* issue
kwestionariusz *n* questionnaire
kwestionować *v* litigate
kwiat *n* flower
kwiecień *n* April
kwiecisty *adj* flamboyant
kwitnąć *v* bloom, flourish

łabędź *n* swan
labirynt *n* labyrinth, maze
laboratorium *n* lab
łączć się *v* ally
łącze *n* link
łącznik *n* hyphen
łączność *n* liaison
łączyć *v* associate, link
ląd stały *n* mainland
lada *n* counter

ładny *adj* cute, pretty
ładować *v* load
lądowanie *n* landing
ładunek *n* cargo, shipment
łagodny *adj* mild, placid
łagodzący *adj* attenuating
łagodzić *v* ease, mitigate, altenuate
laguna *n* lagoon
łajdak *n* rascal, scoundrel
łąka *n* meadow
lakier *n* varnish
lakierować *v* varnish
lalka *n* doll
lament *n* lament
lamentować *v* lament, mourn
lampa *n* lamp
lampart *n* leopard
łańcuch *n* chain
łapa *n* paw
łapać *v* catch
łapać w sidła *v* snare
łapiący *adj* catching
łapówka *n* bribe, graft
las *n* forest, wood
laser *n* laser
łaska *n* clemency
łaskotać *v* tickle
łaskotanie *n* tickle
łaskotliwy *adj* ticklish
latać *v* fly
latarka *n* flashlight, torch
latarnia *n* lantern
latarnia morska *n* beacon
latawiec *n* kite
łatka *n* patch
lato *n* summer
łatwo *adv* easily
łatwopalny *adj* flammable
łatwowierny *adj* gullible
łatwy *adj* easy
lawina *n* avalanche
ławka *n* bench, pew
łazienka *n* bathroom
leczenie *n* medication
leczyć *v* cure, heal
ledwie *adv* hardly
legalizować *v* legalize
legalny *adj* lawful
legenda *n* legend
legion *n* legion
legislatura *n* legislature
lejce *n* rein
lekarstwo *n* remedy
lekarz *n* physician
lekceważący *adj* disrespectful
lekceważyć *v* disregard
lekcja *n* lesson

lekko *adv* lightly
lemoniada *n* lemonade
lenić się *v* mess around
lenistwo *n* laziness
leniwy *adj* idle, lazy
lepki *adj* sticky
lepszy *adj* better
letni *adj* lukewarm
lew *n* lion
leżeć *v* recline
leżeć pod *v* underlie
licencja *n* licence
lichy *adj* paltry
licytator *n* auctioneer
licytować *v* auction, bid
liczba *n* number
liczni *adj* many
liczniejszy *adj* more
liczny *adj* numerous
liczyć *v* count
liczyć na *v* reckon on
lider *n* leader
liga *n* league
likier *n* liqueur
likwidacja *n* liquidation
likwidować *v* liquidate
linczować *v* lynch
linia *n* line
linia brzegowa *n* coastline
linia graniczna *adj* borderline
lipiec *n* July
lis *n* fox
liść *n* leaf
lisi *adj* foxy
list *n* epistle, letter
list płac *n* payroll
lista *n* list
listonosz *n* mailman, postman
listopad *n* November
litania *n* litany
literatura *n* literature
literować *v* spell
litość *n* mercy, pity
litr *n* liter, litre
liturgia *n* liturgy
lizać *v* lick
lobby *n* lobby
loch *n* dungeon
lód *n* ice
lodowaty *adj* icy
lodowiec *n* glacier
lodówka *n* icebox
lody *n* ice cream
łodyga *n* stem
łódź *n* boat
logiczny *adj* logical
logika *n* logic
logować się *v* log in

lojalność *n* loyalty
lojalny *adj* loyal
lok *n* curl
lokaj *n* butler
lokal *n* premises
lokalizacja *n* location
lokalizować *v* localize
lokalny *adj* local
lokator *n* tenant
łokieć *n* elbow
lokować *v* locate
łom *n* crowbar
łono *n* bosom, lap
łopata *n* shovel, spade
lornetka *n* binoculars
los *n* fate
łosoś *n* salmon
losowanie *n* draw
lot *n* flight
loteria *n* lottery
loteria fantowa *n* raffle
lotnictwo *n* aviation
lotnik *n* aviator, flier
lotnisko *n* airfield, airport
łoże śmierci *n* deathbed
łóżko *n* bed
lub *c* or
lubić *v* like
lubieżny *adj* lewd, prurient

ludobójstwo *n* genocide
ludowy *adj* folksy
ludzie *n* folks, people
ludzki *adj* human
łuk *n* arc, arch, bow
luka *n* gap
lukratywny *adj* lucrative
luksus *n* luxury
luksusowy *adj* luxurious
łup *n* booty
łupek *n* slate
łupież *n* dandruff
łupina orzecha *n* nut-shell
lustro *n* looking glass, mirror
luty *n* February
luz *n* backlash
luźny *adj* lax
lwica *n* lioness
łyk *n* sip
łykać *v* gulp
łykać *n* gulp
łysy *adj* bald
łyżka *n* spoon
łyżka stołowa *n* tablespoon
łyżwa *n* skate
łza *n* tear

M

machać *v* wag
macica *n* uterus, womb
macierzyństwo *n* maternity, motherhood
macka *n* tentacle
macocha *n* stepmother
mądrość *n* wisdom
mądry *adj* wise
mafiozo *n* mobster
magazyn *n* warehouse
magia *n* magic
magiczny *adj* magical
magik *n* magician
maglować *v* mangle
magnat *n* tycoon
magnes *n* magnet
magnetofon *n* tape recorder
magnetyczny *adj* magnetic
magnetyzm *n* magnetism
maj *n* May
mający humory *adj* moody
mający nadwagę *adj* overweight
majątek lorda *n* lordship
majestat *n* majesty
majestatyczny *adj* majestic
major *n* major
majtki *n* briefs
mak *n* poppy
mąka *n* flour
makijaż *n* makeup
maksyma *n* maxim
maksymalny *adj* maximum
mała porcja *n* little bit
malaria *n* malaria
malarstwo *n* painting
malarz *n* painter
maleć *v* decline
malina *n* raspberry
małoletni *adj* juvenile
małostkowość *n* pettiness
małostkowy *adj* petty
malować *v* paint, picture
malowniczy *adj* picturesque
małpa *n* ape, monkey
mały *adj* little, small
mały druk *n* small print
małż *n* clam
małżeński *adj* conjugal
małżeństwo *n* marriage
małżonek *n* spouse
mamrotać *v* mumble
mamusia *n* mom
mamut *n* mammoth
mandarynka *n* tangerine
mandat *n* mandate

manewr *n* maneuver
maniakalny *adj* maniac
maniera *n* mannerism
manifestować *v* manifest
manipulować *v* manipulate
mankiet *n* cuff
manuskrypt *n* manuscript
mapa *n* chart, map
marchew *n* carrot
margines *n* margin
margnalny *adj* marginal
marionteka *n* puppet
marka *n* brand, make
marker *n* marker
marksistowski *adj* marxist
marmolada *n* marmalade
marmur *n* marble
marnować *v* squander, waste
marny *adj* miserable
Mars *n* Mars
marsz *n* march
marszałek *n* marshal
marszczenie się *n* ripple
marszczyć brwi *v* frown
marszczyć się *v* wrinkle
martwić się *v* upset
martwy *adj* dead
martwy punkt *adj* deadlock
marynarz *n* sailor

marynować *v* marinate
marzec *n* March
marzenie *n* dream
marznć *v* dream
masa *n* bulk
masaż *n* massage
masażysta *n* masseur
masażystka *n* masseuse
maść *n* ointment
maska *n* mask
maskarada *v* masquerade
maskra *n* massacre
masło *n* butter
masochizm *n* masochism
masować *v* massage
masywny *adj* massive
maszerować *v* march
maszt *n* mast
maszt flagi *n* flagpole
maszyna *n* machine
mata *n* mat
matczyny *adj* maternal
matematyka *n* math
materac *n* mattress
materiał *n* material
materializm *n* materialism
matka *n* mother
matować *v* tarnish
mąż *n* husband

mdleć v faint
meble n furniture
mech n moss
mechanik n mechanic
mechanizm n mechanism
mechanizować v mechanize
męczący adj tiresome
męczennik n martyr
męczeństwo n martyrdom
meczet n mosque
medal n medal
medalion n medallion
mediator n mediator
medycyna n medicine
medyczny adj medicinal
medytacja n meditation
medytować v meditate
meksykański adj Mexican
melancholia n melancholy
melodia n melody, tune
melodyczny adj melodic
melon n melon
membrana n membrane
memo n memo
menedżer n manager
menstruacja n menstruation
meopauza n menopause
mertopolia n metropolis
Mesjasz n Messiah
męski adj masculine, virile
męskość n virility
metafora n metaphor
metal n metal
metaliczny adj metallic
meteor n meteor
metoda n method
metodyczny adj methodical
metr n meter
metro n subway
metryczny adj metric
mewa n gull, seagull
mężczyzna n man, male
mężczyźni n men
mężność n manliness
mężny adj manly
mgiełka n haze
mgła n fog, mist
mglisty adj foggy, misty
miąć v crease
mianować v nominate
mianowicie adv namely
mianownik n denominator
miara n measurement
miasto n town, city
miasto rodzinne n hometown
miażdżący adj crushing
miazga n pulp
mieć v have

mieć na uwadze v mind
mieć smak v savor
miecz n sword
miecznik n swordfish
miedź n copper
między pre between
miejsce n lieu, site, spot
miejski adj urban
miękki adj soft
miękko adv softly
miękkość n softness
mierność n mediocrity
mierzyć v measure, gauge
miesiąc n month
miesięcznie adv monthly
mięsień n muscle
mięso n meat
mieszać v mix, mingle, baffle
mieszanka n blend
mieszarka n blender
mieszkać v dwell, inhabit
mieszkalny adj habitable
mieszkanie n dwelling
mieszkaniec n inhabitant
mięta n mint
migawka n snapshot
migdał n almond
migdałki n tonsil
migotać v flicker, twinkle

migrena n migraine
mijać v elapse
mikrofala n microwave
mikrofon n microphone
mikroskop n microscope
mikser n mixer
mila n mile
milenium n millennium
miligram n milligram
milimetr n millimeter
milion n million
milioner n millionaire
miłość n love
miłosierdzie n charity
miłosierny adj merciful
miłować v cherish
miły adj amiable, nice
mimo to adv nevertheless
minerał n mineral
miniatura n miniature
minimalizować v minimize
minimum n minimum
minispódniczka n miniskirt
minister n minister
ministerstwo n ministry
minuta n minute
miód n honey
miotła n broom
miraż n mirage

misa n bowl
misja n mission
misjonarz n missionary
miska n basin
mistrz n champion
mistyczny adj mystic
mit n myth
mkstura n mixture
mleć v grind
mleczny adj milky
mleko n milk
młócić v thresh
młodszy adj junior
młody adj young
młodzieńczy adj youthful
młodzieniec n adolescent
młodzież n youth
młotek n hammer
młyn n mill, windmill
mnich n monk
mniej adj fewer
mniejszość n minority
mniejszy adj lesser, minor
mnogi n plural
mnożenie n multiplication
mnożyć v multiply
mobilozować v mobilize
móc v can, may
mocny adj firm

mocować się v wrestle
mocz n urine
moczyć v soak
moczyć w v soak in
moda n fashion, vogue
model n model
modlić się v pray
modlitwa n prayer
modny adj fashionable
moduł n module
modyfikować v modify
mój pro mine, my
mokry adj wet
molekuła n molecule
molestować v molest
molo n pier
moment n moment
momentalnie adv momentarily
monarcha n monarch
monarchia n monarchy
moneta n coin
monogamia n monogamy
monolog n monologue
monopolizować v monopolize
monotonia n monotony
monotonny adj monotonous
monpol n monopoly
monumentalny adj monumental
morał n moral

moralność *n* morality
moralny *adj* moral
morderca *n* assassin
morderstwo *n* murder
mordować *v* assassinate
morela *n* apricot
morfina *n* morphine
mors *n* walrus
morski *adj* marine, seaside
morze *n* sea
most *n* bridge
motel *n* motel
motocykl *n* motorcycle
motor *n* motor
motto *n* motto
motyl *n* butterfly
motyw *n* motive
motywować *v* motivate
mowa *n* speech
mówca *n* speaker
mówić *v* say, talk, tell
mozaika *n* mosaic
mózg *n* brain
mózgowy *adj* cerebral
możliwość *n* possibility
możliwy *adj* possible
mroczny *adj* gloomy, murky
mrok *n* blackness, gloom
mrówka *n* ant

mróz *n* frost
mrożący *adj* freezing
mroźny *adj* frosty
mruczeć *v* murmur
mruczenie *n* murmur
mrugać *v* wink
mrugać oczami *v* blink
mrugnięcie *n* wink
mścić się *v* revenge
mściwy *adj* vindictive
mucha *n* fly
muł *n* mule
murarz *n* bricklayer
musieć *v* have to, must
musztarda *n* mustard
mutować *v* mutate
muzeum *n* museum
muzułmański *adj* Islamic
muzyk *n* musician
muzyka *n* music
my *pro* we
mylący *adj* confusing
mylić *v* confuse
myśl *n* thought
myśleć *v* think
myśliwy *n* hunter
mystyfikować *v* mystify
mysz *n* mouse
myszołów *n* buzzard

myszy *n* mice
mżawka *n* drizzle
mżyć *v* drizzle

N

na *pre* on
na bok *adv* aside
na dół *adv* down
na dole *adv* downstairs
na drugą stronę *adv* inside out
na górze *adv* upstairs
na lądzie *adv* ashore
na nowo *adv* afresh, anew
na południe *adv* southbound
na próżno *adv* vainly
na przodzie *pre* ahead
na statku *adv* aboard
na wodzie *adv* afloat
na wschód *adv* eastward
na zachód *adv* westbound
na zewnątrz *adv* outside
nabój *n* cartridge
nabrzeże *n* wharf
nabywać *v* acquire
nabywanie *n* acquisition
nachylać się *v* incline, tilt
nachylenie *n* leaning
nachylony *adj* slanted
naciągacz *n* con man
nacięcie *n* incision
nacisk *n* emphasis
naciskać *v* press
naczynie *n* pot
nad *pre* upon
nadawać *v* confer
nadawca *n* sender
nadchodzący *adj* coming
nadciągający *adj* imminent
nadejście *n* coming
nadęty *adj* bloated
nadgarstek *n* wrist
nadmiar *n* excess
nadmierny *adj* excessive
nadprogramowo *adv* overtime
nadrabiać *v* make up for
nadużycie *n* abuse
nadużywać *v* abuse
nadwyżka *n* surplus
nadymać *v* bloat
nadzieja *n* hope
nadzienie *n* stuffing
nadzór *n* supervision
nadzorować *v* oversee
nadzwyczajny *adj* remarkable
nagana *n* rebuke

nagi adj bare, naked, nude
nagle adv suddenly
nagle spadać v slump
nagłówek n heading
nagły n instant
nagły adj sudden
nagły wypadek n emergency
nagość n nudity
nagradzać v award, reward
nagrobek n gravestone
nagroda n award, reward
nagromadzać v huddle
nagromadzić v heap
nagrywanie n recording
nagrywarka n recorder
naiwny adj naive
najazd n raid
najczęściej adv mostly
najeżdżać v invade, raid
najeźdźca n invader, raider
najgorszy adj worst
najlepszy adj best, most
najmniejszy adj least
najwyższy adj supreme
nakaz n precept
nakładać kaganiec v muzzle
nakręcać v wind
nalegać v insist
naleganie n insistence
nalepka n sticker
nalewać v pour
należeć v adhere, belong
należny adj due
naliczyć v charge
nałóg n addiction
nam pro us
namacalny adj palpable
namawiać v incite, instigate
namawianie n incitement
namiętny adj passionate
namiot n tent
namszczać v anoint
nania n nanny
naoczny świadek n bystander
napad n heist, onset
napad uliczny n mugging
napadać v assail, mug
napastnik n assailant
napędzać v propel
napełniać v cram, fill
napięcie n strain, tension
napięty adj strained, tense
napinać v strain
napływ n intake
napój n beverage, drink
napój alkoholowy n liquor
napominać v exhort
naprawdę adv really, indeed

naprawiać v mend
naprzeciwko adv opposite
naprzód adv forward
narażać się v incur
narkotyk n dope, drug
narkotyzować v drug
narkotyzować się v dope
naród n nation
narodowość n nationality
narodowy adj national
narrator n teller
naruszać v violate
naruszenie n breach, infraction
narzeczony n fiancé
narzędzie n tool
narzekać v impose, enforce
narzucanie n imposition
nasienie n seed
nasilać n escalator
naśladować v counterfeit
nastawienie n attitude
następca n successor
następnie adv then
następujący adj subsequent
nastolatek n teenager
nastrój n mood
nasycać v saturate
nasz adj our
nasz pro ours

naszyjnik n necklace
natrętny adj pushy
natura n nature
naturalnie adv naturally
naturalny adj natural
natychmiast adv immediately
nauczyciel n teacher
nauka n learning, tuition
naukowiec n scientist
naukowy adj scientific
nawa n nave
nawa boczna n aisle
nawadniać v irrigate
nawadnianie n irrigation
nawet adj even
nawet jeśli c even if
nawet więcej c even more
nawias n bracket; parenthesis
nawiedzać v obsess
nawigacja n navigation
nawlekać v thread
nawóz n dung, manure
nawrót n relapse
nazwisko n last name
nędzny adj wretched
negatywny adj negative
negocjacje n negotiation
negocjować v negotiate
negująco adv not

neofita *n* convert
nerka *n* kidney
nerw *n* nerve
nerwowy *adj* jumpy, nervous
neurotyczny *adj* neurotic
neutralizować *v* neutralize
neutralny *adj* neutral
Niderlandy *n* Netherlands
nie chroniony *adj* unprotected
nie do pobicia *adj* unbeatable
nie do zepsucia *adj* foolproof
nie kończący się *adj* endless
nie lubić *v* dislike
nie nadający się *adj* unfit
nie pochwalać *v* disapprove
nie sprecyzowany *adj* indefinite
nie tłumaczy się *a* an
nie ufać *v* distrust, mistrust
nie umeblowany *adj* unfurnished
nie ustawać *v* persevere
nie uszkodzony *adj* unharmed
nie zajęty *adj* unoccupied
nie załączony *adj* unattached
nie zauważony *adj* unnoticed
nie złamany *adj* unbroken
nie zważając *adv* regardless
nie związany *adj* unrelated
nieadekwatny *adj* inadequate

niebepieczny *adj* dangerous
niebezpieczny *adj* perilous
niebiański *adj* celestial
niebieski *adj* blue
niebo *n* heaven
niechęć *n* dislike
niechętnie *adv* grudgingly
niechętny *adj* reluctant
niechluj *adj* slob
niecierpliwość *n* impatience
niecierpliwyy *adj* impatient
nieczęsty *adj* infrequent
nieczuły *adj* insensitive
nieczysty *adj* impure
nieczytelny *adj* illegible
niedawno *adv* newly
niedbałść *n* carelessness
niedbalstwo *n* negligence
niedbały *adj* careless
niedojrzałość *n* immaturity
niedojrzały *adj* immature
niedola *n* misery
niedomagający *adj* ailing
niedopasowany *adj* misfit
niedoskonałość *n* imperfection
niedostateczny *adj* insufficient
niedostępny *adj* inaccessible
niedotykalny *adj* untouchable
niedożywienie *n* malnutrition

niedpouszczalny *adj* inadmissible
niedrogi *adj* inexpensive
niedwuznaczny *adj* unequivocal
niedyskrecja *n* indiscretion
niedyskretny *adj* indiscreet
niedysponowany *adj* indisposed
niedziela *n* Sunday
niedzwiedź *n* bear
nieefektywny *adj* ineffective
nieelastyczny *adj* inflexible
nieformalność *n* informality
nieformalny *adj* informal
niegrzeczność *n* discourtesy
niegrzeczny *adj* impolite, naughty
niejaki *adj* one
niejasność *n* obscurity
niejasny *adj* obscure
niekompetencja *n* incompetence
niekompetentny *adj* incompetent
niekompletny *adj* incomplete
niekorzystny *adj* detrimental
nielegalny *adj* illegal
nielogiczny *adj* illogical
nielojalność *n* disloyalty
nielojalny *adj* disloyal
nieludzki *adj* inhuman
niemądry *adj* unwise
Niemcy *n* Germany
niemiecki *adj* German
niemiłosierny *adj* merciless
niemniej jednak *c* nonetheless
niemoralność *n* immorality
niemoralny *adj* immoral
niemowa *n* dummy
niemowlę *n* infant
niemowlęctwo *n* infancy
niemożliwość *n* impossibility
niemożliwy *adj* impossible
niemożność *n* disability
niemy *adj* dumb, mute
nienaprawialny *adj* irreparable
nienasycony *adj* insatiable
nienawdzić *v* loathe
nienawidzić *v* detest, hate
nienawiść *n* hatred
nienormalny *adj* abnormal
nieobecność *n* absence
nieobecny *adj* absent
nieobliczalny *adj* incalculable
nieodparty *adj* irresistible
nieodpowiedni *adj* inappropriate
nieodwołalny *adj* irrevocable
nieodwracalny *adj* irreversible
nieoficjalnie *adv* unofficially
nieograniczony *adj* unlimited

nieomylny *adj* infallible
niepamiętny *adj* oblivious
niepełnosprawny *adj* disabled
niepewność *n* insecurity
niepewny *adj* questionable
niepiśmienny *adj* illiterate
niepodległość *n* independence
niepodległy *adj* independent
niepodobny *adj* unlike
niepodzielny *adj* indivisible
niepokalany *adj* immaculate
niepokoić *v* disturb, harass
niepokój *n* anxiety, unrest
niepokojący *adj* distressing
niepomyślność *n* adversity
niepomyślny *adj* unfavorable
niepoprawny *adj* incorrect
niepopularny *adj* unpopular
nieporozumienie *n* friction
nieporządek *n* disorder, mess
nieposłuszeństwo *n* disobedience
nieposłuszny *adj* disobedient
niepotrzebny *adj* needless
niepowodzenie *n* failure
niepożądany *adj* undesirable
niepraktyczny *adj* impractical
nieprawdziwy *adj* untrue
nieprawny *adj* illegitimate

nieprecyzyjny *adj* imprecise
nieprzewidziany *adj* unforeseen
nieprzezroczysty *adj* opaque
nieprzyjazny *adj* unfriendly
nieprzyjemność *n* nuisance
nieprzyjemny *adj* disagreeable
nieprzyzwoitość *n* indecency
nieprzyzwoity *adj* obscene
nieracjonalny *adj* irrational
nierdzewny *adj* rust-proof
nierealistyczny *adj* unrealistic
nierealny *adj* unreal
nieregularny *adj* irregular
nierówność *n* inequality
nierówny *adj* unequal
nierozłączny *adj* inseparable
nierozsądny *adj* unreasonable
nierozstrzygnięty *adj* pending
nierozważny *adj* reckless
nieruchomość *n* realty
nieruchomy *adj* immobile
nieść *v* bear
nieścisły *adj* inaccurate
nieskazitelny *adj* spotless
nieskończony *adj* infinite
nieskuteczny *adj* inefficient
niesławny *adj* infamous
niesłychany *adj* unheard-of
nieśmiałość *n* shyness

nieśmiały *adj* bashful, shy
nieśmiertelność *n* immortality
nieśmiertelny *adj* immortal
niesolidny *adj* unreliable
niespodzianka *n* surprise
niespodziewany *adj* unexpected
niespójny *adj* incoherent
niespokojny *adj* anxious
niesprawiedliwie *adv* unfairly
niesprawiedliwy *adj* unfair, unjust
niestabilny *adj* unstable
niestałość *n* instability
niestały *adj* unsteady
niestosowny *adj* inept
niestrawność *n* indigestion
niestrudzony *adj* tireless
nieświadomy *adj* unaware
nieszczerość *n* insincerity
nieszczery *adj* insincere
nieszczęścia *n* woes
nieszczęście *n* calamity
nieszczęśliwy *adj* unhappy
nieszkodliwy *adj* harmless
nietknięty *adj* intact
nietolerancja *n* intolerance
nietoperz *n* bat
nieubłagalny *adj* implacable
nieuchwytny *adj* elusive

nieuczciwość *n* dishonesty
nieuczciwy *adj* crooked
nieudany *adj* unsuccessful
nieufność *n* distrust, mistrust
nieufny *adj* distrustful
nieugięty *adj* relentless
nieuleczalny *adj* incurable
nieunikniony *adj* inevitable
nieuprzedzony *adj* open-minded
nieuprzejmość *n* rudeness
nieuprzejmy *adj* rude
nieurodzajny *adj* infertile
nieustający *adj* incessant
nieustannie *adv* ceaselessly
nieustraszony *adj* intrepid
nieuzasadniony *adj* unjustified
nieuzbrojony *adj* unarmed
niewątpliwie *adv* much
niewątpliwy *adj* unmistakable
nieważny *adj* null
niewdzięczność *n* ingratitude
niewdzięczny *adj* ungrateful
niewiara *n* disbelief
niewiarygodny *adj* incredible
niewidzialny *adj* invisible
niewielu *adj* few
niewierny *adj* unfaithful
niewinność *n* innocence
niewinny *adj* blameless

niewłaściwy *adj* improper
niewola *n* captivity
niewolnictwo *n* slavery
niewolnik *n* slave
niewybaczalny *adj* inexcusable
niewygoda *n* hardship
niewygodny *adj* cumbersome
niewyobrażalny *adj* mind-boggling
niewyraźny *adj* blurred, vague
niewyszktałcony *adj* uneducated
niewzruszony *adj* adamant
niezadowolenie *n* displeasure
niezadowolony *adj* discontent
niezależny *adj* irrespective
niezapomniany *adj* unforgettable
niezaprzeczalny *adj* undeniable
niezasłużony *adj* undeserved
niezawodny *adj* reliable
niezbędny *adj* indispensable
niezbity *adj* irrefutable
niezdecydowanie *n* indecision
niezdecydowany *adj* hesitant
niezdolność *n* inability
niezdolny *adj* incapable
niezdrowy *adj* unhealthy
niezgoda *n* discord
niezgodność *n* disagreement
niezgodny *adj* discordant
niezgrabność *n* clumsiness
niezgrabny *adj* awkward
niezliczony *adj* countless
niezmiennie *adv* exceedingly
niezmienny *adj* immutable
nieznacznie *adv* slightly
nieznany *adj* unfamiliar
nieznośny *adj* intolerable
nieżonaty *adj* unmarried
niezorganizowany *adj* scrambled
niezuzasadniony *adj* unfounded
niezwyciężony *adj* invincible
niezwykły *adj* uncommon
nigdy *adv* never
nigdzie *adv* nowhere
nikiel *n* nickel
nikotyna *n* nicotine
nikt *pro* nobody, no one
ninijeszy *adj* these
niski *adj* low
niszczący *adj* devastating
niszczyć *v* deface, destroy
niszczyciel *n* destroyer
nitka *n* thread
niuans *n* nuance
niższy *adj* inferior, lower
noc *n* night
nocny *adj* nocturnal

noga n leg
nomada v drill
nonsens n nonsense
nora n den
norma n norm
normalizować v normalize
normalnie adv normally
normalny adj normal
Norwegia n Norway
norweski adj Norwegian
nos n nose
nosić v carry, wear
nosidło n yoke
nosorożec n rhinoceros
nostalgia n nostalgia
nosze n stretcher
noszenie v wear
notariusz n notary
notatka n note
notatnik n notebook
notoryczny adj notorious
notować v note
nowicjusz n novice
nowoczesny adj modern
noworodek n newborn
nowość n novelty
nowy adj new
nóż n knife
nozdrze n nostril

nożyce n scissors
nuda n boredom
nudności n nausea
nudny adj boring, dull
nudy n tedium
nudysta n nudist
nudyzm n nudism
nudzić v bore
nuklearny adj nuclear
nurek n diver
nurkować v dive
nurkowanie n diving

o pre about
o ile c supposing
o tyle o ile c inasmuch as
oaza n oasis
obalać v refute, rebut
obarczać v burden
obawa n concern, fear
obawy n misgivings
obcesowy adj rough
obcinać v curtail, trim
obcy adj foreign
obcy n stranger

obecnie *adv* nowadays
obecność *n* attendance
obecny *adj* present
obejmować *v* embrace, span
obelżywy *adj* abusive
obeszerny *adj* broad
obfitość *n* abundance
obfitować *v* abound
obfity *adj* abundant
obiad *n* dinner
obiecywać *v* vow
obiektywny *n* objective
obierać *v* peel
obietnica *n* promise
objazd *n* detour
objęcie *n* embrace
oblać egzamin *v* fail, flunk
obładowany *adj* laden
obłąkanie *n* insanity
obłąkaniec *n* madman, madness
obłąkany *adj* insane
obława *n* manhunt
oblegać *v* besiege
oblężenie *n* siege
obliczać *v* calculate
oblicze *n* countenance
obliczenie *n* calculation
obliczyć *v* compute
obligacja *n* bond

obłudny *adj* hypocrite
obluzowywać *v* loosen
obmyślać *v* premeditate
obnażać *v* strip
obniżać *v* mark down
obniżać wartość *v* depreciate
obniżenie *n* downturn
obojczyk *n* collarbone
oboje *adj* both
obojętność *n* indifference
obojętny *adj* indifferent
obok *pre* alongside, beside
obok siebie *adv* abreast
obowiązek *n* duty
obowiązkowy *adj* compulsory
obóz *n* camp
obozować *v* camp
obracać *v* revolve, rotate
obrawowywać *v* rob
obraz *n* outrage, offense
obrażać *v* insult, offend, resent
obrona *n* plea
obrońca *n* defender
obrót *n* turn
obrus *n* tablecloth
obrządek *n* rite
obrzezać *v* circumcise
obrzezanie *n* circumcision
obrzydliwy *adj* crappy

obrzydzenie *n* loathing
obserwacja *n* observation
obserwatorium *n* observatory
obserwować *v* observe, watch
obsesja *n* obsession
obsługujący *n* attendant
obsypywać *v* lavish
obszar *n* area
obszarpany *adj* ragged
obszerny *adj* ample
oburzający *adj* outrageous
obuwie *n* footwear
obwiniać *v* incriminate
obwód *n* circuit
obywatel *n* citizen
obywatelski *adj* civic
obywatelstwo *n* citizenship
ocalać *v* salvage
ocalić *v* redeem
ocean *n* ocean
oceniać *v* estimate
ocet *n* vinegar
ochładzać *v* cool
ochłonąć *v* cool down
ochraniać *v* shelter, shield
ochrona *n* protection
ochrypły *adj* hoarse
ociągać się *v* linger
ociągający się *adj* lingering

oczarowywać *v* enthrall
oczekiwać *v* expect, await
oczekiwanie *n* anticipation, waiting
oczerniać *v* denigrate
oczko *n* mesh
oczyszczać *v* purify, cleanse
oczyszczający *n* purgatory
oczyszczanie *n* purification
oczywiście *adv* obviously
oczywisty *adj* apparent, obvious
od *pre* from, since
od tego czasu *adv* since then
odbcie *n* bounce
odbicie *n* reflection
odbijać *v* reflect
odbijać się *v* bounce, rebound
odbyt *n* rectum
odchodzący *adj* outgoing
odchodzić *v* depart, go away
odchylenie *n* aberration
odcień *n* shade
odcinać *v* cut off, shut off
odcinek *n* stub
odcinek wypłaty *n* payslip
odcisk palca *n* fingerprint
odczepiać *v* unfasten
odczuwać brak *v* lack
oddawać *v* hit back

oddawać cios *v* strike back
oddawać mocz *v* urinate
oddech *n* breath
oddychać *v* breathe
oddychanie *n* breathing
oddział szpitalny *n* ward
oddzielać *v* sever
oddzielenie *n* severance
oddzielny *adj* separate
odejmować *v* subtract
odejmowanie *n* subtraction
odejście *n* departure
odeprzeć *v* disprove
oderwać się *v* break away
odgłos kroku *n* footstep
odkąd *c* since
odkładać *v* postpone
odkrycie *n* discovery
odkrywać *v* discover
odłączać *v* detach
odłączać się *v* secede
odłamek *n* splinter
odległy *adj* distant, remote
odlewnia *n* foundry
odliczać *n* countdown
odliczać *v* deduct
odmawiać *v* refuse, turn down
odmienny *adj* distinct
odmładzać *v* rejuvenate

odmowa *n* refusal
odmrożenie *n* frostbite
odmrożony *adj* frostbitten
odnawiać *v* refurbish
odnieść sukces *v* succeed
odniesienie *n* reference
odnosić się *v* pertain
odnosić się do *v* refer to
odnośnie *pre* concerning
odnoszący się *adj* pertinent
odnowienie *n* renewal
odosobnienie *n* seclusion
odosobniony *adj* secluded
odowiedni *adj* adequate
odpadać *v* drop off
odpadki *n* litter
odpady *n* refuse
odparcie *n* repulse
odpędzać *v* drive away
odpierać *v* fend off, repel
odpływać *v* ebb
odpoczynek *n* repose
odpoczywać *v* repose, rest
odpoczywać *n* respite
odpokutować *v* expiate
odpokutowanie *n* expiation
odpowiadać *v* answer, reply
odpowiedni *adj* applicable
odpowiedź *n* answer, reply

odpowiedzialny *adj* accountable
odprawa *n* rebuff
odprawiać *v* dismiss
odpuszczenie *n* remission
odpychający *adj* repulsive
odra *n* measles
odraczać *v* adjourn, put off
odrażający *adj* repugnant
odrobina *n* bit
odroczenie *n* postponement
odrodzenie się *n* rebirth
odróżniać *v* distinguish
odrzucać *v* reject
odrzucenie *n* rejection
odrzucić *v* overrule
odseparowany *adj* estranged
odsłaniać *v* unveil
odsłaniający *adj* revealing
odstępować *v* desist
odstraszenie *n* deterrence
odstraszyć *v* scare away
odświeżać *v* refresh
odświeżacz *v* freshen
odświeżanie *n* refreshment
odtwarzać *v* recreate
odurzony *adj* intoxicated
odwaga *n* bravery, courage
odważnie *adv* bravely
odważny *adj* brave

odwet *n* reprisal
odwiedzać *v* visit
odwijać *v* unwrap
odwilż *n* thaw
odwlekać *v* procrastinate
odwołać *v* call off, cancel
odwołanie *n* repeal
odwoływać *v* abrogate, revoke
odwracać *v* avert
odwracalny *adj* reversible
odwrócenie *n* reversal
odwrotnie *adv* conversely
odyseja *n* odyssey
odzież *n* clothing
odznaka *n* badge
odzyskać *v* recapture, retrieve
odzyskanie *n* retrieval
odzyskiwać *v* regain
odżywać *v* revive
odżywczy *adj* nutritious
odżywianie *n* nutrition
odżywka *n* foodstuff
ofensywny *adj* offensive
oferować *v* offer
oferowanie *n* offering
oferta *n* bid, offer
ofiara *n* victim
oficer *n* officer
oficjalny *adj* official

ogień *n* fire
ogień armatni *n* gunfire
oglądać *v* view
ogłoszenie *n* announcement
ogłuszać *v* deafen, stun
ogłuszający *adj* deafening
ognisko *n* bonfire, campfire
ognisty *adj* fiery
ogólnie *adv* overall
ogólnoświatowy *adj* worldwide
ogólny *adj* generic
ogon *n* tail
ogórek *n* cucumber
ograniczać *v* confine, restrict
ograniczenie *n* limitation
ogród *n* garden
ogrodnik *n* gardener
ogrodzenie *n* fence
ogrom *n* immensity
ogromny *adj* enormous, huge
ogrzewać *v* heat
ogrzewanie *n* heating
ohydny *adj* heinous
ojciec *n* father
ojcostwo *n* fatherhood
ojcowizna *n* patrimony
ojcowski *adj* fatherly
ojczym *n* stepfather
ojczyzna *n* homeland

okaleczać *v* maim, mutilate
okaleczenie *n* mayhem
okaz *n* specimen
okazja *n* occasion
oklaski *n* applause
oklaskiwać *v* acclaim, applaud
okno *n* window
oko *n* eye
okolica *n* countryside
okoliczność *n* circumstance
okop *n* trench
okrągły *adj* round
okrążać *v* circle, encircle
okres *n* lapse, period
okres ciąży *n* gestation
określać *v* determine
okręt *n* vessel
okręt wojenny *n* warship
okropny *adj* atrocious
okrucieństwo *n* atrocity
okruszyna *n* crumb
okrutny *adj* cruel
okrycie *n* cover, garment
okrzyki *n* cheers
okulary *n* eyeglasses
okultystyczny *adj* occult
okup *n* ransom
okurcieństwo *n* cruelty
olbrzym *n* giant

olbrzymi *adj* gigantic
olej *n* oil
oliwka *n* olive
ołówek *n* pencil
ołowiany *adj* leaded
ołtarz *n* altar
omamiać *v* beguile
omlet *n* omelette
on *pro* he
ona *pro* she
oni *pro* they
onieśmielać *v* intimidate
opactwo *n* abbey
opad śnieżny *n* snowfall
opadający *adv* downhill
opady deszczu *n* rainfall
opakowanie *n* wrapping
opanować *v* subdue
opanowanie *n* composure
opanowywać *v* brief
oparzenie *n* burn
oparzyć *v* burn
opat *n* abbot
opcja *n* option
opcjonalny *adj* optional
opera *n* opera
operacja *n* operation
opieka *n* care, custody
opiekować się *v* nurse
opiekun *n* custodian, tutor
opierać *v* base
opierać się *v* lean, resist
opinia *n* opinion
opis *n* description
opisowy *adj* descriptive
opisywać *v* describe
opium *n* opium
opłacać *v* defray
opłacalny *adj* worthwhile
opłakiwać *v* deplore
opłata *n* charge, fee, fare
opłata za lot *n* airfare
opłaty *n* dues
opór *n* defiance
oporny *adj* defiant
opowiadać *v* narrate
opowieść *n* tale
opóźniać *v* delay, stall
opóźnienie *n* delay
opóźniony *adj* retarded
opozycja *n* opposition
opresja *n* oppression
oprócz *adv* aside from
opróżniać *v* deplete, empty
opryszek *n* hoodlum
optyczny *adj* optical
optyk *n* optician
optymistyczny *adj* optimistic

optymizm *n* optimism
opuszczać *v* leave out
opuszczać się *v* slacken
opuszczony *adj* stranded
orać *v* plow
orangutan *n* orangutan
orbita *n* orbit
organ *n* organ
organista *n* organist
organizacja *n* organization
organizm *n* organism
organizować *v* organize
orginalnie *adv* originally
orginalny *adj* original
orient *n* orient
orientacja *n* orientation
orientalny *adj* oriental
orkiestra *n* orchestra
ornament *n* ornament
ornamentalny *adj* ornamental
orny *adj* arable
ortodoksyjny *adj* orthodox
orzech *n* nut
orzech kokosowy *n* coconut
orzech laskowy *n* hazelnut
orzech włoski *n* walnut
orzech ziemny *n* peanut
orzedni plan *n* foreground
orzekać *v* arbitrate

orzeł *n* eagle
oś *n* axis
osa *n* wasp
osadnik *n* settler
osiągać *v* attain, reach
osiągalny *adj* attainable
osiedlać się *v* settle down
osiem *adj* eight
osiemdziesiąć *adj* eighty
osiemnaście *adj* eighteen
osierocenie *n* bereavement
osierocony *adj* bereaved
oskarżać *v* accuse, indict
oskarżenie *n* accusation
oskarżyciel *n* prosecutor
oskrażony *n* culprit
osłabiać *v* dazzle, blind
oślepiający *adj* dazzling
ośmielać *v* hearten
ośmiornica *n* octopus
ósmy *adj* eighth
osoba *n* person
osoba niepaląca *n* nonsmoker
osobisty *adj* personal
osobowość *n* personality
ospa *n* smallpox
ospa wietrzna *n* chicken pox
ospały *adj* slack
ostateczny *adj* ultimate

ostatni *adj* last, recent
ostatnio *adv* lately
ostentacyjny *adj* ostentatious
ostrożnie *adv* gingerly
ostrożność *n* caution
ostrożny *adj* cautious
ostry *adj* acute, sharp
ostryga *n* oyster
ostrze *n* blade
ostrzegać *v* warn
ostrzeżenie *n* warning
ostrzyć *v* sharpen
osuszać *v* drain
osuszanie *n* drainage
oswajać *v* domesticate
oświadczać *v* state, testify
oświecać *v* enlighten
oświetlenie *n* lighting
oszacowanie *n* appraisal
oszalały *adj* demented
oszałamiać *v* bewilder, daze
oszałamiający *adj* staggering
oszczędnie *adv* sparingly
oszczędność *n* frugality
oszczędności *n* savings
oszczędny *adj* frugal, thrifty
oszczędzać *v* economize
oszczerstwo *n* calumny
oszołomiony *adj* dazed

oszukać *v* double-cross, trick
oszukańczy *adj* fraudulent
oszukiwać *v* cheat, swindle
oszust *n* cheater, swindler
oszustwo *n* fraud, scam
otaczać *v* encompass, surround
otchłań *n* abyss, chasm
otoczenie *n* surroundings
otruwać *v* poison
otrzymywać *v* obtain, receive
otwarcie *n* opening
otwartość *n* openness
otwarty *adj* open
otwierać *v* open, unlock
otwór *n* vent
otyły *adj* obese
owacja *n* ovation
owalny *adj* oval
owijać *v* envelop
owłosiony *adj* hairy
owoc *n* fruit
owoce morza *n* seafood
owocowy *adj* fruity
owocujący *adj* fruitful
owrzodzenie *n* sore
owsianka *n* oatmeal
ozdabiać *v* adorn, garnish
ozdrowieńczy *adj* convalescent
ozdrowienie *n* recovery

oziębiać v chill
oznaczać v signify, mean
ożywczy adj refreshing
ożywiać v animate

pacha n armpit
pachnieć v smell
pachwina n groin
pacyfikować v pacify
paczka n bundle, parcel
padać v hail, rain
padlina n carcass
pagórkowaty adj hilly
pająk n spider
pajęczyna n spiderweb
pąk n bud
pakować v pack
pakt n pact
pakunek n package
pałac n palace
palacz n smoker
palec n finger
palenisko n hearth
palić v smoke
paliwo n combustible

pamflet n pamphlet
pamiątka n memento
pamięć n memory
pamiętać v remember
pamiętnik n diary
pamiętny adj memorable
pan n lord, master
pan młody n bridegroom
pani n madam, mistress
paniczna ucieczka n stampede
panika n panic
panna n maiden
panna młoda n bride
panorama n panorama
panować v reign
panowanie n reign
pański adj your
pantera n panther
pantofel n slipper
panujący adj prevalent
papeteria n stationery
papier n paper
papier ścierny n sandpaper
papieros n cigarette
papiestwo n papacy
papież n Pope
paplać v babble
papryka n bell pepper
papuga n parakeet, parrot

para

para *n* couple, pair
para wodna *n* steam
parabola *n* parable
parada *n* parade
paradoks *n* paradox
paradować *v* flaunt
parafia *n* parish
parafialny *adj* parochial
parafianin *n* parishioner
paragraf *n* paragraph
paraliż *n* paralysis
paraliżować *v* paralyze
parametry *n* parameters
paranoidalny *adj* paranoid
parasol *n* umbrella
park *n* park
parking *n* parking
parkować *v* park
parlament *n* parliament
parować *v* evaporate
parter *n* ground floor
partia *n* party
partner *n* partner
partycypować *v* participate
partyzant *n* guerrilla
parzyć *v* scald
pas *n* band, belt
pas startowy *n* airstrip
pasażer *n* passenger

pasek *n* strap
pasiasty *adj* striped
pasierb *n* stepson
pasierbica *n* stepdaughter
pasja *n* passion
pasożyt *n* parasite
pasta *n* paste
pasta do butów *n* shoepolish
pastel *n* crayon
pasternak *n* parsnip
pasterski *adj* pastoral
pasteryzować *v* pasteurize
pastik *n* plastic
pastor *n* pastor
pastuch *n* shepherd
pastwisko *n* pasture
pasywny *adj* passive
paszkwil *n* libel
paszport *n* passport
patelnia *n* frying pan
patent *n* patent
patentowy *adj* patent
patetyczny *adj* pathetic
patio *n* patio
patriarcha *n* patriarch
patriota *n* patriot
patriotyczny *adj* patriotic
patrol *n* patrol
patrolować *n* patron

patronat *n* patronage
patrzeć *v* look
patrzeć na *v* look at
patrzyć w dół *v* look down
patrzyć w oczy *v* envisage
paw *n* peacock
pawilon *n* pavilion
październik *n* October
paznokieć *n* fingernail
paznokieć u nogi *n* toenail
pazur *n* claw
pchać *v* shove, push
pchła *n* flea
pchnięcie *n* shove
pdobnie *adv* likewise
pęcherz *n* bladder
pechowy *adj* unlucky
pedagogika *n* pedagogy
pedał *n* pedal
pedantyczny *adj* pedantic
pędzić *v* speed
pełen energii *adj* vivacious
pełen entuzjazmu *adj* eager
pełen nadziei hopeful
pełen szacunku *adj* respectful
pełen wdzięku *adj* graceful
pełen wyrzutów *adj* remorseful
peleryna *n* cape
pelikan *n* pelican

pełna łyżka *n* spoonful
pełnomocnictwo *n* proxy
pełny *adj* full, replete
pełzać *v* crawl
pełzający *adj* creepy
penetrować *v* penetrate
penicylina *n* penicillin
pens *n* penny
pensja *n* salary
pępek *n* belly button
percepcja *n* perception
perfekcja *n* perfection
perforacja *n* perforation
perforować *v* perforate
perfumy *n* perfume
pergamin *n* parchment
perła *n* pearl
perpektywa *n* perspective
personel *n* personnel, staff
perspektywa *n* expectancy
peruka *n* hairpiece, wig
perwersyjny *adj* perverse
perymetr *n* perimeter
pestycyd *n* pesticide
pesymistyczny *adj* pessimistic
pesymizm *n* pessimism
pęta *n* shackle
petarda *n* firecracker
pętla *n* noose

petycja *n* petition
pewnego dnia *adv* someday
pewnie *adv* surely
pewność *n* assurance
pewność siebie *n* confidence
pewny *adj* definite, sure
piać *v* crow
piana *n* foam
piana z mydła *n* lather
pianino *n* piano
pianista *n* pianist
piasek *n* sand
piątek *n* Friday
piąty *adj* fifth, five
pić *v* drink
piec *v* bake, broil, roast
piec *n* furnace, oven
piec na ruszcie *v* grill
pięćdziesiąt *adj* fifty
pięćdziesiąt pięć *adv* fifty-fifty
piechota *n* infantry
pięciokąt *n* pentagon
pieczara *n* cavern
pieczęć *n* seal
pieczeń *n* roast
pieczętować *v* seal
pieg *n* freckle
piegowaty *adj* freckled
piekarnia *n* bakery

piekarz *n* baker
piekło *n* hell
pięknie *adv* fine
piękno *n* beauty
piękny *adj* beautiful
pielęgniarka *n* nurse
pielgrzym *n* pilgrim
pielgrzymka *n* pilgrimage
pieluszka *n* diaper
pień *n* trunk
pieniądze *n* money
pieprz *n* pepper
pierś *n* breast
pierścień *n* ring
pierszeństwo *n* priority
pierwszy *adj* first, prime
pies *n* dog
pies gończy *n* hound
pięść *n* fist
pieścić *v* caress, fondle
pieśń *n* lay
pieszczota *n* caress
pieszy *n* pedestrian
pięta *n* heel
piętnaście *adj* fifteen
pietruszka *n* parsley
pigułka *n* globule, pill
pijak *n* drinker
pijaństwo *n* drunkenness

pijany *adj* drunk
pijawka *n* leech
pikowanie *v* nosedive
piła *n* saw
piła łańcuchowa *n* chainsaw
piłka *n* ball
pilna potrzeba *n* urgency
pilność *n* diligence
pilny *adj* urgent, pressing
pilot *n* pilot
piłować *v* saw
pinceta *n* tweezers
pinezka *n* thumbtack
pingwin *n* penguin
pionier *n* pioneer
pionowy *adj* upright
pióro *n* feather, pen
piorun *n* thunderbolt
piosenka *n* song
piractwo *n* piracy
piramida *n* pyramid
pirat *n* pirate
pisać *v* write
pisać na maszynie *v* type
pisanie *n* writing
pisarz *n* writer
pisemny *adj* written
pisklę *n* chick
piśmienny *adj* literate
pisownia *n* spelling
pistolet *n* handgun, pistol
piszczący *adj* squeaky
piszczeć *v* squeak
pitny *adj* drinkable
piwnica *n* cellar
piwo *n* beer
piżama *n* pajamas
plac zabaw *n* playground
płaca *n* wage
place u nogi *n* toe
placek *n* pie
placek z owocami *n* tart
płacić *v* pay
płacić okup *v* ransom
płacz *n* cry, wail
plądrować *v* loot, plunder
plądrowanie *n* loot
plaga *n* pest, plague
płakać *v* cry, wail
plakat *n* poster
plama *n* stain, smear
plamić *v* blemish, blur
plamka *n* speck
plan *n* plan, schedule, scheme
plan podróży *n* itinerary
planeta *n* planet
planować *v* arrange, plan
płaski *adj* flat

płaskowyż *n* plateau
plasterek *n* slice
płaszcz *n* cloak, coat
plątać *v* entangle
płatek *n* petal
platforma *n* platform
płatny *adj* payable
platyna *n* platinum
plaża *n* beach
płeć *n* sex
plecak *n* backpack
plecy *n* back
plemię *n* tribe
pleśń *n* mildew, mold
pleśnieć *v* mold
płetwa *n* fin
plewić *v* weed
płód *n* fetus
płodzić *v* procreate
płomień *n* flame
plon *n* yield
płonąć *v* blaze
płonący *adj* ablaze, ardent
płotek *n* hurdle
plotka *n* gossip
plotkować *v* gossip
płótno *n* canvas, linen
pluć *v* spit
płuco *n* lung

płukać *v* gargle, rinse
pluskać *v* splash
pluskwa *n* bug
pluszowy *adj* plush
pluton *n* plutonium
płyn *n* fluid, liquid
płynąć *v* float, flow
płynnie *adv* fluently
płyta *n* plate
płytki *adj* shallow
pływać *v* swim
pływak *n* swimmer
pływanie *n* swimming
po *pre* after
po czym *c* whereupon
po kawałku *adv* piecemeal
po prostu *adv* simply
po trochu *adv* little by little
pobicie *n* beating
pobierać *v* levy
pobierać się *v* wed
pobity *adj* beaten
pobłażać sobie *v* indulge
pobłażliwy *adj* indulgent
pobliski *adj* nearby
pobór *n* enrollment
pobożność *n* piety
pobożny *adj* devout, pious
pobudzać *v* stir up

pobudzający *adj* rousing
pobyt *n* stay
pocałunek *n* kiss
pochłaniać *v* engulf
pochlebny *adj* complimentary
pochmurny *adj* cloudy
pochodny *adj* derivative
pochodzenie *n* descent
pochodzić *v* descend
pochodzić z *v* come from
pochylenie *n* inclination
pochyłość *n* slope
pociąg *n* train
pociągać za sobą *v* entail
pocić się *v* perspire, sweat
pocieszać *v* cheer up, console
pocieszenie *n* consolation
pocieszyciel *n* comforter
pocisk *n* missile, projectile
początek *n* outset, origin
początkowo *adv* initially
początkowy *adj* initial
początkujący *n* beginner
poczęcie *n* conception
poczta *n* mail, post
poczta lotnicza *n* airmail
pod *pre* below, under
pod górę *adv* providing that
podatek *n* tax

podatny *adj* vulnerable
podawać *v* hand down
podbny *adj* alike
podbródek *n* chin
podchodzić *v* come up
podchwytliwy *adj* tricky
podczas *pre* during
podczas gsy *c* while
poddanie się *n* surrender
poddawać *v* surrender
poddawać się *v* give up
podejrzany *adj* fishy, suspect
podejrzenie *n* inkling
podejrzewać *v* suspect
podejrzliwy *adj* suspicious
podejście *n* approach
podenicony *adj* elated
podeszwa *n* sole
podgląd *n* preview
podgrzewać *v* warm up
podkopywać *v* sap
podkreślać *v* underline
podlegający *adj* liable
podlewać *v* water
podłoga *n* floor
podłość *n* wickedness
podłużny *adj* oblong
podły *adj* despicable
podmosić *v* elevate

podmuch wiatru *n* blast
podniebienie *n* palate
podniecający *adj* exciting
podniecenie *n* excitement
podnieta *n* incentive
podnosić *v* ascend, lift, raise
podnosić się *v* go up
podobać się *v* please
podobieństwo *n* likeness
podobno *adv* reportedly
podobny *adj* similar
podpalacz *n* arsonist
podpalenie *n* arson
podpierać *v* bolster
podpis *n* signature
podpisać *v* sign
podpisać kontrakt *v* contract
podpora *n* linchpin
podporządkywać *v* subject
podręcznik *n* handbook, textbook
podróż *n* journey, trip
podróżnik *n* traveler
podróżować *v* travel, trip
podsłuchiwać *v* eavesdrop
podstawa *n* basis
podstawowy *adj* basic
podstawy *n* basics
podstęp *n* deceit, ruse
podstępny *adj* deceitful
podszewka *n* lining
podtrzymać *v* sustain
podtrzymywać *v* maintain, keep up
podtytuł *n* subtitle
poduszka *n* cushion, pillow
podwajać *v* double
podwiązka *n* garter
podwładny *adj* underlying
podwójny *adj* double, dual
podwórze *n* backyard
podwyżka *n* raise
podwyższać *v* boost
podział *n* division, split
podzielny *adj* divisible
podziemny *adj* underground
podziwiać *v* admire
poemat *n* poem
poeta *n* poet
poezja *n* poetry
pofałdowany *adj* pleated
poganin *n* heathen
pogański *adj/n* pagan
pogarda *n* contempt, disdain
pogardliwy *n* scornful
pogarszać *v* aggravate
pogłoska *n* hearsay
pogmatwać *v* confound

pogoda *n* weather
pogoń *n* pursuit
pogorszenie *n* aggravation
pogrubiać *v* thicken
pogrzeb *n* burial, funeral
pojawiać się *v* emerge
pojazd *n* vehicle
pojęcie *n* notion
pojednawczy *adj* conciliatory
pojedynczy *adj* single
pojedynek *n* duel
pojemnik *n* bin, container
pojętny *adj* docile
pojmować *v* conceive
pokaz *n* display
pokazywać *v* display, show
pokład *n* deck
pokój *n* peace
pokolenie *n* generation
pokonać *v* defeat
pokonywać *v* get over
pokora *n* humility
pokornie *adv* humbly
pokorny *adj* humble
pokrewieństwo *n* kinship
pokrewny *adj* akin
pokrycie *n* coverage
pokrywać *v* cover
pokrywać się *v* overlap

pokusa *n* enticement
pokuta *n* atonement, penance
pokutnik *n* penitent
pokutować *v* atone
połączenie *n* merger, joint
połączyć się *v* join
połamany *adj* broken
polarny *adj* polar
pole *n* field
pole minowe *n* minefield
polecać *v* commend
polecenie *n* commendation
polędwica *n* loin, sirloin
polegać na *v* rely on
polerować *v* polish
policja *n* police
policjant *n* policeman
policzek *n* cheek
poligamia *n* polygamy
poligamista *n* polygamist
polityk *n* politician
polityka *n* policy
półka *n* shelf
półki *n* shelves
półkula *n* hemisphere
północ *n* north
północny *adj* northern
połowa *n* half
polować *v* hunt

polowanie *n* chase, hunting
położenie *n* status
Polska *n* Poland
polski *adj* Polish
południe *n* midday, noon
południowiec *n* southerner
południowy *adj* southwest
półwysep *n* peninsula
połykać *v* swallow
połysk *n* gloss, polish
połyskujący *adj* glossy
pomagać *v* aid, help
pomarańcza *n* orange
pomazać *v* smear
pomidor *n* tomato
pomieszanie *n* confusion
pomijać *v* bypass
pominąć *v* brush aside
pomnik *n* monument
pomoc *n* aid, help
pomocniczy *adj* auxiliary
pomocnik *n* helper
pomocnik szeryfa *n* bailiff
pomocny *adj* helpful
pompa *n* pump
pompatyczność *n* pomposity
pompować *v* pump
pomścić *v* avenge
pomylić się *v* mistake

pomyłka *n* mistake
pomylony *adj* nutty
pomysł *n* concept
pomyślny *adj* auspicious, successful
pomysłowość *n* ingenuity
ponad *pre* over
ponadczasowy *adj* timeless
ponadto *adv* furthermore
ponaglać *v* hasten, urge
poncz *n* punch
pończocha *n* stocking
pończochy *n* hose
ponętny *adj* alluring
poniedziałek *n* Monday
ponieważ *c* as, because
poniewierać *v* boss around
poniżać *v* debase, demean
poniżający *adj* degrading
poniżej *adv* below, beneath
poniżej standardu *adj* substandard
ponowne wejście *n* reentry
ponownie ładować *v* replenish
ponury *adj* bleak, somber
poparcie *n* backing
popełniać *v* perpetrate
popielniczka *n* ashtray
popierać *v* advocate, support

popijać *v* sip
popiół *n* ash
popisywać się *v* show off
poplamić *v* stain
poplamiony *adj* tainted
popołudnie *n* afternoon
poprawa *n* improvement
poprawiać *v* amend, correct
poprawka *n* amendment
poprawny *adj* correct
poprzeczny *adj* cross
poprzedni *adj* former
poprzednik *n* predecessor
poprzednio *adv* previously
poprzedzać *v* precede
poprzez *pre* across
popsuć *v* spoil
populacja *n* population
popularny *adj* popular
popularyzować *v* popularize
por *n* pore
pora *n* season
poradzić sobie *v* get by
porazić prądem *v* electrocute
porażka *n* defeat
porcelana *n* porcelain
porcja *n* portion
poręcz *n* handrail
poręczać *v* pledge

poręczyciel *n* guarantor
poronić *v* miscarry
poronienie *n* miscarriage
porowaty *adj* porous
porównanie *n* comparison
porównawczy *adj* comparative
porównywać *v* compare
porównywalny *adj* comparable
porozumienie *n* rapport
port *n* harbor, port
portfel *n* purse, wallet
portier *n* porter
portiernia *n* lodging
portret *n* portrait
Portugalia *n* Portugal
portugalski *adj* Portuguese
porucznik *n* lieutenant
poruszenie *n* commotion
porwać *v* kidnap
porwanie *n* kidnapping
poryw *n* gust
poryw wiatru *n* gale
porywać *v* hijack
porywacz *n* kidnapper
porywczy *adj* impetuous
porywisty *adj* gusty
porzedni *adj* previous
porzucać *v* abandon
porzucenie *n* abandonment

posag *n* dowry
pościel *n* bedding
posępny *adj* dismal
posiadać *v* own, possess
posiadanie *n* possession
posiedzenie *n* sitting
posiłek *n* meal
posiłki *n* reinforcements
posłaniec *n* messenger
poślizgnąć się *v* slip
poślizgnięcie się *n* slip
poślubiać *v* marry
posługiwać się *v* handle
posłuszeństwo *n* obedience
posłuszny *adj* obedient
pośmiewisko *n* laughing stock
pośpiech *n* haste
pośpiesznie *adv* hastily
pośpieszny *adj* hasty
posrebrzany *adj* silverplated
pośredni *n* intermediary
pośredniczyć *v* mediate
pośrednik *n* middleman
pośród *pre* among
postanowienie *n* resolution
postęp *n* advance, progress
postępowanie *n* proceedings
postępowy *adj* progressive
posuwać naprzód *v* advance

poświadczać *v* attest
poświecać *v* consecrate
poświęcenie *n* consecration
poszczególny *adj* respective
poszerzać *v* widen
poszewka *n* pillowcase
poszukiwanie *n* quest, search
pot *n* perspiration, sweat
potajemnie *adv* secretly
potęgować *v* exalt
potencjalny *adj* potential
potępiać *v* condemn
potępienie *n* condemnation
potężny *adj* mighty, potent
potłuc *v* bruise
potok *n* torrent
potomek *n* descendant
potomkowie *n* posterity
potop *n* deluge
potretować *v* portray
potrójny *adj* triple
potrząsać *v* shake
potrzeba *n* need
potrzebować *v* need
potrzebujący *adj* needy
potulność *n* meekness
potulny *adj* meek
poturbować *v* maul
potwierdzać *v* confirm

potwierdzenie *n* confirmation
potwierdzić *v* affirm
potwór *n* monster
potworny *adj* monstrous
potyczka *n* skirmish
potykać się *v* stumble
pouczenie *n* briefing
poufny *adj* confidential
powaga *n* seriousness
powalać *v* overthrow
poważnie *adv* earnestly
poważny *adj* grave, serious
powiat *n* county
powiedzenie *n* saying
powieka *n* eyelid
powiększać *v* enlarge
powiększenie *n* enlargement
powiernik *n* confidant
powierzać *v* entrust
powierzchnia *n* surface
powierzchowność *n* guise
powieść *n* novel
powieściopisarz *n* novelist
powietrze *n* air
powinowactwo *n* affinity
powitanie *n* welcome
powłóczyć nogą *v* limp
powłóczyć nogami *v* shuffle
powód *n* cause, reason

powodować *v* cause
powołanie *n* vocation
powoli *adv* slowly
powolny *adj* slow, sluggish
powrót *n* comeback, return
powściągać *v* curb
powściągliwy *adj* lowkey
powstanie *n* insurgency
powstawać *v* arise
powstrzymanie *n* restraint
powstrzymywać *v* deter
powstrzymywany *adj* pent-up
powszechni *adj* everyday
powtarzać *v* recur, repeat
powtarzanie *n* repetition
powtarzanie się *n* recurrence
powtórka *n* replay
powyginany *adj* cranky
powyżej *pre* above
powyżej *adv* upwards
poza *pre* beside
poza *adv* out
pożądać *v* covet, desire
pożądanie *n* desire, lust
pożądany *adj* desirable
pożądliwy *adj* lustful
pozadomowy *adv* outdoor
pozbawiać *v* deprive
pozbawienie *n* deprivation

pozbawiony *adj* deprived
pozbyć się *v* put away
pozbywać się *v* rid of, shed
pozdrowienia *n* greetings
pożegnanie *n* farewell
pożerać *v* devour
poziom *n* level
późne śniadanie *n* brunch
później *adv* afterwards
późniejszy *adj* later, latter
późno *adv* late
pozory *n* semblance
pozostałość *n* remainder
pozostałości *n* leftovers
pozostały *adj* remaining
pozostawać *v* remain, stay
pozostawać w tyle *v* fall behind
pozować *v* pose
pozwać do sądu *v* summon
pozwalać *v* allow, permit
pozwany *n* defendant
pozwolenie *n* permission
pozycja *n* item
pożyczać *v* borrow, lend
pożyczka *n* loan
pozytywny *adj* positive
pożywienie *n* nourishment
prać *v* wash
praca *n* job, work

praca domowa *n* housework
pracodawca *n* employer
pracować *v* work
pracowicie *adv* busily
pracowity *adj* strenuous
pracownik *n* employee
pragmatyk *n* pragmatist
pragnąć *v* thirst
pragnąć czegoś *v* long for
pragneinie *n* craving, urge
praktyczny *adj* down-to-earth
praktyka *v* practice
praktykować *v* practise
praktykujący *adj* practising
pranie *n* laundry
prasa *n* press
prasować *v* iron
prawda *n* truth
prawdopodobnie *adv* allegedly
prawdopodobny *adj* probable
prawdziwy *adj* genuine
prawie *adv* almost, nearly
prawnik *n* lawyer
prawny *adj* legal
prawo *n* law, statute
prawo autorskie *n* copyright
prawomocność *n* legality
prawomyślny *adj* law-abiding
prawowity *adj* legitimate

prążek *n* stripe
preambuła *n* preamble
precedens *n* precedent
precyzja *n* precision
precyzyjny *adj* precise
precz *adv* off
prędki *adj* rapid
prędkość *n* speed
predysponowany *adj* predisposed
prefabrykować *v* prefabricate
preferencja *n* preference
preferować *v* prefer
prefiks *n* prefix
prehistoryczny *adj* prehistoric
prekursor *n* precursor
preludium *n* prelude
premedytacja *n* premeditation
premia *n* bonus
prenumerata *n* subscription
preria *n* prairie
prerogatywa *n* prerogative
prestiż *n* prestige
pręt *n* rod
pretensja *n* pretension
prezentacja *n* presentation
prezentować *v* present
prezydent *n* president
prezydentura *n* presidency
próba *n* attempt, trial
próbka *n* sample
problem *n* problem
problematyczny *adj* problematic
próbować *v* attempt, try
procedura *n* procedure
procent *n* percentage
proces *n* lawsuit
procesja *n* procession
produkcja *n* output, produce, production
produkować *v* manufacture, produce
produkt *n* product
produkt uboczny *n* by-product
produktywny *adj* productive
profesjonalny *adj* professional
profesor *n* professor
profil *n* profile
próg *n* threshold
program *n* program
programista *n* programmer
projekt *n* design, project
projektować *v* project
proklamacja *n* proclamation
proklamować *v* proclaim
prolog *n* prologue
prom *n* ferry
promenada *n* promenade
promień *n* radius, ray

promieniowanie *n* radiation
promocja *n* promotion
promować *v* promote
propaganda *n* propaganda
propagować *v* propagate
proporcja *n* proportion
propozycja *n* proposal
proroctwo *n* prophecy
proroczy *adj* fateful
prorok *n* prophet
prośba *n* request
prosić *v* beg, request
prosperity *n* prosperity
prosperować *v* prosper, thrive
prostata *n* prostate
prostokąt *n* rectangle
prostokątny *adj* rectangular
prostota *n* simplicity
prostować *v* straighten out
prosty *adj* simple, plain, straight
proszek *n* powder
proszkować *v* pulverize
prószyć o śniegu *v* snow
proteina *n* protein
protest *n* protest
protestować *v* protest
protokół *n* protocol
prototyp *n* prototype
prowadzenie *n* lead

prowadzić *v* conduct, lead
prowincja *n* province
prowizoryczny *adj* provisional
prowodyr *n* ringleader
prowokacja *n* provocation
prowokować *v* goad, provoke
proza *n* prose
próżność *n* vanity
próżny *adj* cocky, vain
pruć *v* rip
prymitywny *adj* primitive
prysznic *n* shower
prywatność *n* privacy
prywatny *adj* private
pryzmat *n* prism
prząść *v* spin
przebaczać *v* forgive
przebaczalny *adj* forgivable
przebaczenie *n* forgiveness
przebaczyć *v* condone
przebicie *n* puncture
przebiegły *adj* cunning, sly
przebijać *v* pierce
przebrać się *v* disguise
przebranie *n* disguise
przebudować *v* rebuild
przebudzenie *n* awakening
przebudzony *adj* awake
przeceniać *v* overrate

przechadzać się *v* stroll
przechodzić *v* undergo
przechodzień *n* passer-by
przechwalać się *v* brag
przeciążać *v* overcharge
przeciążenie *n* congestion
przeciążony *adj* congested
przeciek *n* leak
przeciekać *v* leak
przeciekanie *n* leakage
przecierać *v* rub
przecinać *v* intersect
przecinarka *n* cutter
przecinek *n* comma
przeciw *pre* against, versus
przeciwdziałać *v* counteract
przeciwieństwo *n* opposite
przeciwnik *n* adversary
przeciwny *adj* adverse, contrary
przeciwstawić się *v* defy
przeczucie *n* premonition
przed *pre* before
przedawkowanie *n* overdose
przedawniony *adj* outdated
przedkładać *v* submit
przedłużać *v* prolong, protract
przedmieście *n* suburb
przedmiot *n* object
przedmowa *n* foreword, preface

przedni *adj* front
przedruk *n* reprint
przedrukować *v* reprint
przedsiębiorca *n* entrepreneur
przedsiębiorstwo *n* enterprise
przedsięwziąć *v* undertake
przedsmak *n* foretaste
przedstawiać *v* depict
przedtem *adv* before
przedwczesny *adj* premature
przedział *n* compartment
przegląd *n* overview
przeglądać *v* review, review
przeglądarka *n* browser
przegrywający *n* loser
przejażdżka *n* drive
przejeżdżać *v* pass
przejrzysty *adj* see-through
przejście *n* passage
przekątny *adj* diagonal
przekaz *n* remittance
przekazywać *v* convey
przeklinać *v* curse, damn
przekłuwać *v* prick
przekonanie *n* persuasion
przekonany *adj* certain
przekonywać *v* convince
przekonywujący *adj* convincing, persuasive

przekraczać v exceed
przekupywać v bribe
przełączać v switch
przełącznik n switch
przelewać v transfer
przelewać się v overflow
przeliczyć n recount
przełom n breakthrough
przelotny adj fleeting
przelotny n fugitive
przełyk n esophagus
przemieszczać v displace
przemoc n violence
przemodelować v remodel
przemysł n industry
przemytnik n smuggler
przenocować v lodge
przenośny adj portable
przeoczać v overlook
przeoczenie n omission, oversight
przepaść n precipice
przepełniony adj crowded
przepiórka n quail
przepis n formula
przepisać v transcribe
przepisywać v prescribe
przeplatać v intertwine
przepoławiać v halve

przepowiadać v foretell, predict
przepowiadanie n prediction
przepraszać v apologize
przeprosiny n apology
przepuklina n hernia
przepustka n pass
przerabiać v remake
przerażać v appall, horrify
przerażający adj appalling
przerażenie n horror
przerwa n break, recess
przerwać v abort
przerwać ogień n cease-fire
przerwanie ciąży n abortion
przerywać v interrupt, cease
przesąd n superstition
przesadny adj overdone
przesadzać v overdo
prześcignąć v outdo
przesiąkać v permeate
przesiewać v sift
prześladować v persecute
przesłanka n premise
przesłuchanie n hearing
przesłuchiwać v interrogate
przestać v let go
przestarzały adj antiquated
przestępca n felon, villain
przestępczy adj delinquent

przestępstwo *n* delinquency
przestraszony *adj* afraid
przestraszyć *v* frighten
przestronny *adj* roomy
przestrzegać *v* uphold, stick to
przestrzeń *n* space
przestrzenny *adj* bulky
przesyt *n* glut
przeszkadzać *v* hinder
przeszkoda *n* handicap
przeszły *adj* past
przeszukiwać *v* search
przetrawić *v* digest
przetrwać *v* outlast, survive
przetrwanie *n* survival
przetwarzać *v* recycle
przewaga *n* ascendancy
przeważać *v* outweigh
przewidywać *v* forecast
przewidywanie *n* foresight
przewietrzenie *n* ventilation
przewijać *v* scrub
przewlekły *adj* protracted
przewód rurowy *n* pipeline
przewodniczący *n* chairman
przewodniczyć *v* preside
przewodnik *n* guidebook
przewozić *v* cart
przewracać *v* topple, turn over

przewracać się *v* fall down
przewrót *n* overthrow
przewyższać *v* transcend
przez *pre* per, through, by
przeznaczać *v* allot
przeznaczenie *n* destiny, doom
przezorność *n* providence
przezroczysty *adj* transparent
przeżuwać *v* munch
przezwisko *n* nickname
przeżyć *v* outlive
przeżyć na nowo *v* relive
przód *n* forefront
przodek *n* ancestor
przodkowie *n* ancestry
przy *pre* by, at
przy niniejszym *adv* hereby
przybity *adj* downcast
przybliżony *adj* approximate
przybrzeżny *adj* coastal
przybycie *n* arrival
przybysz *n* newcomer
przybywać *v* arrive
przybywający *adj* incoming
przychód *n* proceeds
przychodzić *v* come
przyciągać *v* attract
przyciemniać *v* dim
przycinać *v* cut back, prune

przycisk *n* button
przyćmiony *adj* dim
przyczepa *n* trailer
przyczyniać się *v* contribute
przydział *n* ration
przydzielić *v* allocate
przyglądać się *v* gaze
przygnębiony *adj* dejected
przygniatać *v* overwhelm
przygoda *n* adventure
przygotować się *v* brace for
przygotowanie *n* preparation
przygotowywać *v* prepare
przyimek *n* preposition
przyjaciel *n* friend
przyjacielski *adj* amicable
przyjaźń *n* friendship
przyjęcie *n* reception
przyjemnie *adv* nicely
przyjemność *n* enjoyment
przyjemny *adj* enjoyable
przyjmować *v* assume
przykazanie *n* commandment
przykład *n* example, instance
przykry *adj* obnoxious
przykryty *adj* shrouded
przykrywać *v* cover up
przykuwać uwagę *v* rivet
przyłączać *v* affiliate

przylegający *adj* adhesive
przymilać się *v* coax
przymiotnik *n* adjective
przymocować *v* attach
przymocowywać *v* fasten
przymus *n* coercion
przymusowo *adv* forcibly
przymusowy *adj* compulsive
przymuszać *v* coerce
przynależności *n* belongings
przynęta *n* bait
przynosić *v* bring
przypadek *n* contingency
przypadkowo *adv* incidentally
przypadkowy *adj* accidental
przypalać *v* scorch
przypis *n* footnote
przypisywać *v* attribute
przypływ *n* influx
przypodobać się *v* ingratiate
przypominać *v* remind
przypominać się *v* recollect
przyprawa *n* condiment, spice
przypuszczać *v* presume
przypuszczenie *n* supposition
przyrząd *n* appliance
przysięga *n* oath
przysięgać *v* swear
przysłówek *n* adverb

przysłowie *n* proverb
przysługa *n* favor
przysmak *n* delicacy
przyspieszać *v* quicken
przyśpieszacz *n* accelerator
przystań *n* haven
przystawka *n* entree
przystojny *adj* good-looking, handsome
przyszłość *n* future
przyszły *adj* forthcoming, would-be
przytłaczać *v* overpower
przytulny *adj* homely
przywiązanie *n* attachment
przywiązany *adj* attached
przywilej *n* privilege
przywództwo *n* leadership
przyznawać *v* concede, grant
przyzwoitość *n* decency
przyzwoity *adj* decent
przyzwyczajać *v* accustom
pseudonim *n* pseudonym
psia buda *n* kennel
psota *n* mischief
psotny *adj* mischievous
pstrąg *n* trout
pstrykać palcami *v* flip
psuć *v* goof, mess up
psuć się *v* malfunction
psujący się *adj* perishable
psychiatra *n* psychiatrist
psychiatria *n* psychiatry
psychiczny *adj* psychic
psychologia *n* psychology
psychopata *n* psychopath
pszczoła *n* bee
pszenica *n* wheat
ptak *n* bird
publicznie *adv* publicly
publiczny *adj* public
publikacja *n* publication
publikować *v* publish
puchnąć *v* swell
pucołowaty *adj* chubby
pudełko *n* box
pukać *v* knock
pułapka *n* pitfall, snare
pulchny *adj* plump
pułk *n* regiment
pułkownik *n* colonel
pulpit *n* lectern
puls *n* pulse
pulsować *v* pulsate, throb
pulsowanie *n* throb
punkt *n* point
punkt widzenia *n* viewpoint
punkt zwrotny *n* watershed

punktualny *adj* punctual
puree *n* puree
purpurowy *adj* purple
pustelnik *n* hermit
pustka *n* emptiness
pusty *adj* empty, hollow
pustynia *n* desert
puszka *n* can, canister
puzzle *n* puzzle
pyanie *n* question
pyłek *n* pollen
pytać *v* ask, question
pyton *n* python

rąbać *v* chop, hack
rabat *n* rebate
rabin *n* rabbi
rabować *v* pillage
rabunek *n* robbery
rachunek *n* account, bill, sale slip
racjonalizować *v* rationalize
racjonalny *adj* rational
racjonować *v* ration
raczej *adv* rather
rada *n* advice, counsel

radar *n* radar
radio *n* radio
radość *n* delight, joy
radośnie *adv* joyfully
radosny *adj* exhilarating
radować się *v* exult, rejoice
radykalny *adj* radical
radzić *v* advise, counsel
radzić sobie *v* cope
rafa *n* reef
rafineria *n* refinery
raj *n* paradise
rajd *n* rally
rajstopy *n* pantyhose
rak *n* cancer
rakieta *n* racket
rakowaty *adj* cancerous
rama *n* frame
ramię *n* arm, shoulder
rampa *n* ramp
ramy *n* framework
rana *n* wound
rancho *n* ranch
ranek *n* morning
ranić *v* hurt, injure
ranny *adj* hurt
rasa *n* breed
rasistowski *adj* racist
rasizm *n* racism

rata *n* installment
ratować *v* rescue, save
ratownik *n* lifeguard
ratunek *n* rescue
ratusz *n* city hall
ratyfikacja *n* ratification
ratyfikować *v* ratify
raz *adv* once
raźny *v* alert
rdza *n* rust
rdzeń *n* core
rdzewieć *v* rust
reagować *v* react
reakcja *n* reaction
realizm *n* realism
realny *adj* real
reasumować *v* summarize
recepcjonista *n* receptionist
recepcyjny *adj* receptive
recepta *n* receipt
recesja *n* recession
recital *n* recital
recytować *v* recite
ręcznik *n* towel
ręczny *adj* manual
ręczyć *v* vouch for
redukować *v* reduce
referendum *n* referendum
refinansować *v* refinance
refomować *v* reform
reforma *n* reform
regeneracja *n* regeneration
regent *n* regent
region *n* region
regionalny *adj* regional
reguła *n* rule
regulacja *n* regulation
regularnie *adv* regularly
regularność *n* regularity
regulować *v* regulate
rehabilitować *v* rehabilitate
rejestracja *n* registration
rejestrować *v* record, register
rejestrować się *v* check in
rejon *n* district
ręka *n* hand
rękaw *n* sleeve
rękawica *n* glove
rekin *n* shark
reklama *n* advertising
reklamować *v* advertise
rękojeść *n* hilt
rękojmia *v* gage
rekomendować *v* recommend
rekompensata *n* compensation
rekompensować *v* compensate
rekonstruować *v* reconstruct
rekreacja *n* recreation

rekrut n conscript, recruit
rekrutacja n recruitment
rekrutować v recruit
rektor n rector
rektyfikować v rectify
relacjonować v report
relaks n relax
relaksujący adj relaxing
relegować v relegate
religia n religion
religijny adj religious
relikwia n relic
relikwiarz n shrine
relokacja n relocation
relokować v relocate
renifer n reindeer
renomowany adj renowned
renowacja n renovation
reorganizwoać v reorganize
repatriować v repatriate
reperować v repair
replika n replica
represja n repression
represjonować v victimize
reprezentować v represent
reprodukcja n reproduction
reprodukować v reproduce
republika n republic
reputacja n reputation

restauracja n restaurant
restytucja n restitution
reszta n remnant
retransmitować v relay
reumatyzm n rheumatism
rewia n revue
rewidować v revise
rewizja n revision
rewolwer n revolver
rewulsja n revulsion
rezerwacja n reservation
rezerwować v reserve
rezerwy n supplies
reżim n regime
rezultat n result
rezydencja n residence
rezydować v reside
rezygnacja n resignation
rezygnować v relinquish
robaczywy adj infested
robak n worm
robić v do, make
robić aluzję v hint
robić awanturę v row
robić dygresje v digress
robić konserwy v can
robić na drutach v knit
robić postępy v progress
robić próbę v rehearse

robić wyrzuty *v* reproach
robić zakupy *v* shop
robiony ręcznie *adj* handmade
robota *n* labor
robotnik *n* laborer
robrojenie *n* disarmament
rocznica *n* anniversary
rocznie *adv* yearly
roczny *adj* annual
rodak *n* compatriot, countryman
rodzaj *n* gender, sort
rodzaj ludzki *n* mankind
rodzice *n* parents
rodzina *n* family
rodzynek *n* raisin
róg *n* horn
rój *n* swarm
rok *n* year
rok przestępny *n* leap year
rolnictwo *n* agriculture
rolniczy *adj* agricultural
romans *n* romance
rondel *n* pan, saucepan
ropa *n* pus
ropa naftowa *n* petroleum
ropieć *v* fester
ropucha *n* toad
rosa *n* dew
Rosja *n* Russia
roślina *n* plant
rosnąć *v* grow
rosół *n* broth
rosyjski *adj* Russian
roszerzać *v* extend
rotacja *n* rotation
rów *n* ditch
rowek *n* groove
rower *n* bicycle
rowerzysta *n* cyclist
rówieśnik *n* peer
równać się *v* equate
równanie *n* equation
również *adv* too
również nie *adv* neither
równik *n* equator
równina *n* plain
równoe rzeczy *n* equality
równoległy *adj* collateral
równomierny *adj* steady
równość *n* parity
równowaga *n* balance, poise
równoważny *adj* equivalent
równoważyć *v* balance, offset
równoznaczny *adj* tantamount to
równy *adj* equal
róża *n* rose
różaniec *n* rosary
rozbić *v* crack

rozbić się *v* wreck
rozbierać *v* pull down
rozbijać *v* smash
rozbitek *n* castaway
rozbrajać *v* defuse, disarm
rozchodzić się *v* break up
rozciągać *n* stretch
rozciągać się *v* sprawl
rozciągnięcie *v* stretch
rozcinać *v* slit
rozczarowanie *n* disappointment
rozczarowany *adj* disenchanted
rozczarowywać *v* disappoint
rozdawać *v* give out
rozdrabniać *v* disintegrate
rozdrażniać *v* exasperate
rozdział *n* parting
rozdzielać *v* separate
rozdzielenie *n* separation
rozdzielić *v* space out
rozdzielić się *v* drift apart
rozejm *n* armistice, truce
rożen *n* barbecue
rozerwać *v* rip apart
rozerwanie *n* blowout
rozgłos *n* publicity
rozgniewać *v* anger
rozgniewany *adj* angry
rozgoryczać *v* embitter

rozgrzeszać *v* absolve
rozgrzeszenie *n* absolution
rozjaśniać *v* brighten
rozkazywać *v* command
rozkład *n* dissolution
rozkruszyć *v* crumble
rozłaczać *v* disconnect
rozłączność *n* disunity
rozładowanie *n* discharge
rozładowywać *v* discharge
rozlatywać się *v* burst
rozlewać *v* spill
rozłożyć *v* decompose
rozluźniać *v* loose
rozmaitość *n* diversity
rozmaity *adj* diverse
rozmiar *n* dimension, size
rozmokły *adj* soggy
rozmowa *n* call
rozmowny *adj* talkative
rozmrażać *v* defrost
różnić się *v* differ
różnica *n* difference
rozniecać bunt *v* riot
różnorodność *n* variety
różnorodny *adj* varied
różny *adj* different, various
różowy *adj* pink, rosy
rozpacz *n* despair

rozpadlina *n* cleft
rozpakowywać *v* unpack
rozpalać *v* fire, kindle
rozpatrywać *v* reconsider
rozpędzać *v* dispel
rozpieszczać *v* pamper
rozpiętość *n* span
rozpinać *v* unbutton
rozpoczęcie *n* inception
rozpościerać się *v* spread
rozpoznanie *n* recognition
rozpoznawać *v* recognize
rozpracowywać *v* work out
rozpraszać *v* diffuse, disperse
rozproszenie *n* dispersal
rozprowadzać *v* distribute
rozpustny *adj* dissolute
rozpuszcać *v* dissolve
rozpuszczać *v* dilute
rozpuszczalny *adj* soluble
rozpylać *v* disrupt
rozrywka *n* pastime
rozrzucać *v* scatter
rozrzutny *adj* wasteful
rozsądny *adj* judicious
rozstrzygający *adj* conclusive
rozszczepiać *v* splinter
rozszerzać *v* broaden, expand
rozszerzenie *n* extension

rozszyfrować *v* decipher
roztrwonić *v* dissipate
roztrzaskać *v* shatter
rozumieć *v* understand
rozumienie *adj* understanding
rozumowanie *n* reasoning
rozwadniać *v* water down
rozwaga *n* prudence
rozwalić *v* crash
rozważać *v* consider, ponder
rozważanie *n* consideration
rozważny *adj* prudent
rozweselać *v* cheer
rozwiązanie *n* solution
rozwiązły *adj* promiscuous
rozwiązywać *v* resolve, solve
rozwijać *v* deploy, unfold
rozwikłać *v* disentangle
rozwinięcie *n* deployment
rozwlekły *adj* lengthy
rozwód *n* divorce
rozwodnik *n* divorcee
rozwodzić *v* divorce
rozwój *n* development
rozwścieczać *v* enrage
rtęć *n* mercury
rubin *n* ruby
ruch *n* motion, move
ruch drogowy *n* traffic

ruchliwy *adj* dashing
ruchomy *adj* mobile
ruda *n* ore
rufa *n* stern
ruina *n* ruin
rujnować *v* ruin
rum *n* rum
rumienić się *v* blush
rumieniec *n* blush
runo *n* fleece
rupieć *n* junk
rura *n* pipe
ruszać *v* budge, stir
ruszać naprzód *v* move forward
ruszać się *v* move
ruszt *n* grill
rusztowanie *n* scaffolding
rutyna *n* routine
rwać *v* tear
ryba *n* fish
rybak *n* fisherman
ryć *v* emboss
rycerz *n* knight
ryczeć *v* roar
rygiel *n* bolt
ryglować *v* bolt
rygor *n* rigor
ryk *n* roar
rym *n* rhyme

rynek *n* market
rynsztok *n* gutter
ryś *n* lynx
rysować *v* draw
rysunek *n* drawing
rytm *n* rhythm
rytownictwo *n* engraving
rywal *n* rival
rywalizacja *n* rivalry
ryż *n* rice
ryzyko *n* risk, venture
ryzykować *v* endanger, risk; stake, venture
ryzykowny *adj* hazardous
rząd *n* government
rzadki *adj* rare, scarce
rzadko *adv* rarely, seldom
rządzić *v* govern, rule
rzecz *n* thing
rzeczownik *n* noun
rzeczy *n* stuff
rzeczywistość *n* reality
rzeka *n* river
rzekomo *adv* reputedly
rzemieślnik *n* artisan
rzepka *n* kneecap
rzęsa *n* eyelash
rześki *adj* brisk
rzeź *n* carnage

rzeź ludzka *n* manslaughter
rzeźba *n* sculpture
rzeźbiarz *n* sculptor
rzeźbić *v* carve
rzeźnia *n* butchery
rzeźnik *n* butcher
rzodkiewka *n* radish
rzucać *v* cast, throw, hurl
rzucić okiem *v* glimpse, look over

S

sabotaż *n* sabotage
sad *n* orchard
sąd przysięgłych *n* jury
sadysta *n* sadist
sądzenie *n* judgment
sadzić *v* plant
sakrament *n* sacrament
sala *n* hall
sala balowa *n* ballroom
sałata *n* lettuce, salad
salon *n* living room, saloon
sam *pro* myself
sami *pro* ourselves
samobójstwo *n* suicide
samochód *n* car
samodzielny *adj* singlehanded
samogłoska *n* vowel
samolot *n* aeroplane
samolubny *adj* selfish
samotnik *n* loner, recluse
samotność *n* loneliness
samotny *adj* alone, solitary
sandał *n* sandal
sanie *n* sleigh
sankcja *n* sanction
sankcjonować *v* sanction
sanktuarium *n* sanctuary
sapać *v* wheeze
sardela *n* anchovy
sardynka *n* sardine
sarkastyczny *adj* sarcastic
sarkazm *n* sarcasm
sarna *n* deer
sąsiad *n* neighbor
sąsiedni *adj* next
sąsiedztwo *n* neighborhood
satelita *n* satellite
satyra *n* satire
satysfakcja *n* satisfaction
scena *n* scene, stage
scenariusz *n* scenario
sceneria *n* scenery
sceniczny *adj* scenic
sceptyczny *adj* sceptic

schizma *n* schism
schlebiać *v* flatter
schlebianie *n* adulation
schludnie *adv* neatly
schludny *adj* neat, tidy
schody *n* stairs
schodzić *v* go down
schronić *n* refuge
schronienie *n* shelter
schwytać *v* capture
schylać się *v* bend down
ściąć głowę *v* behead
ściana *n* wall
ścianka *n* facet
ściek *n* sewer
ścieki *n* sewage
ścieżka *n* path
ścigać *v* chase, pursue
ścigać się *v* race
ścinać *v* cut down
ściskać *v* compress, squeeze
ścisnąć się *v* squeeze up
ściśnięcie *n* compression
ściśnięty *adj* cramped
sędzia *n* judge
segment *n* segment
segregacja *n* segregation
segregować *v* segregate
sekcja *n* section

sekret *n* secret
sekretarz *n* secretary
seksualność *n* sexuality
sekta *n* sect
sektor *n* sector
sekunda *n* second
sekwencja *n* sequence
selekcja *n* selection
selekcjonować *v* select
seler *n* celery
semestr *n* semester
seminarium *n* seminary
sen *n* sleep
senat *n* senate
senator *n* senator
senny *adj* drowsy
sens *n* sense
sensacja *n* bombshell; sensation
sentyment *n* sentiment
sentymentalny *adj* sentimental
sęp *n* vulture
ser *n* cheese
serce *n* heart
sercowy *adj* cardiac
serdeczny *adj* cordial, hearty
serenada *n* serenade
seria *n* series
serum *n* serum
serwetka *n* napkin

sesja *n* session
setny *adj* hundredth
sezonowy *adj* seasonal
siać *v* sow
siać zniszczenie *v* rampage
siadać *v* sit
siano *n* hay
siarka *n* sulphur
siatka *n* network
siatkówka *n* volleyball
siebie *pro* herself, yourself
sieć *n* net, web
siedem *n* seven
siedemdziesiąty *adj* seventy
siedemnasty *adj* seventeen
siedzący *adj* seated
siedzenie *n* seat
sięgać po coś *v* tap into
siekać *v* mince
siekane mięso *n* mincemeat
siekiera *n* ax, hatchet
sierociniec *n* orphanage
sierota *n* orphan
sierp *n* sickle
sierpień *n* August
sierżant *n* sergeant
siła *n* force, power
siła robocza *n* manpower
silnik *n* engine
silny *adj* sturdy, strong
singiel *n* single
siny *adj* livid
siodło *n* saddle
siódmy *adj* seventh
siostra *n* sister
sito *n* strainer
skakać *v* jump, leap
skala *n* scale, rock
skalisty *adj* rocky
skalp *n* scalp
skamieniałość *n* fossil
skandal *n* scandal
skanować *v* scan
skąpstwo *n* avarice
skąpy *adj* avaricious
skarb *n* treasure
skarga *n* complaint
skarpeta *n* sock
skarżyć *v* sue
skarżyć (się) *v* complain
skasowanie *n* cancellation
skaut *n* scout
skaza *n* flaw
skazywać *v* convict, sentence
skład *n* depot
składać *v* compound
składać się *v* consist
składnik *n* component, ingredient

skłaniać *v* induce
sklep *n* shop, store
sklep jubilerski *n* jewelry store
sklep z butami *n* shoestore
skłonność *n* penchant
skłonny *adj* prone
sknera *n* miser
skok *n* jump, leap
skóra *n* leather, skin
skórka *n* peel
skoro *c* once
skórobicie *n* spanking
skorpion *n* scorpion
skorumpowany *adj* corrupt
skorupa *n* crust, shell
skorupiak *n* shellfish
skorygowanie *n* correction
skośny *adj* oblique
skosztować *v* taste
skracać *v* abbreviate
skracanie *n* abbreviation
skrajności *n* extremities
skręcać *v* twist, screw
skręcony *adj* twisted
skręt *n* twist
skript *n* script
skrobać *v* scrape
skromność *n* modesty
skromny *adj* lowly, modest

skrót *n* shortcut
skrucha *n* contrition
skrupulatny *adj* scrupulous
skrupuły *n* scruples
skrwawiony *adj* gory
skrzeczeć *v* screech
skrzydło *n* brim, wing
skrzypce *n* fiddle, violin
skrzypek *n* violinist
skrzypieć *v* creak
skrzypienie *n* creak
skubać *v* nibble
skupiać *v* agglomerate
skupić *v* cluster
skupienie *n* aggression
skuter *n* scooter
słabe światło *n* glimmer
słabość *n* weakness
słaby *adj* feeble, weak
ślad *n* track, vestige
ślad stopy *n* footprint
sława *n* celebrity, fame
sławny *adj* famous
śledzić *v* stalk, tail
śledztwo *n* inquest
ślepa uliczka *n* dead end
ślepo *adv* blindly
ślepota *n* blindness
ślepy *adj* blind

śliczny *adj* lovely
ślimak *n* snail
ślina *n* saliva
śliski *adj* slippery
śliwka *n* plum
ślizgać się *v* slide
słodka bułka *n* bun
słodki *adj* sweet
słodki ziemniak *n* yam
słodycz *n* sweetness
słodycze *n* sweets
słodzić *v* sweeten
slogan *n* slogan
słój *n* jar
słomka *n* straw
słoń *n* elephant
słońce *n* sun
słoneczny *adj* solar, sunny
słonina *n* lard
słony *adj* salty
słowik *n* nightingale
słownictwo *n* vocabulary
słownik *n* dictionary
słowo *n* word
ślub *n* wedding
ślubny *adj* bridal
ślubowanie *n* pledge
słuchać *v* listen
słuchacz *n* listener

słuchawki *n* earphones
słup latarniany *n* lamppost
ślusarz *n* locksmith
słusznie *adv* duly
słuszny *adj* advisable
śluz *n* mucus
śluza *n* floodgate
służący *n* servant
służyć *v* minister, serve
służyć w wojsku *v* solder
słyszalny *adj* audible
słyszeć *v* hear
smaczny *adj* tasty
smak *n* flavor, taste
smarować *v* grease
smarowanie *n* lubrication
smażony *adj* fried
smażyć *v* fry
śmiać się *v* laugh
śmiałość *n* audacity
śmiały *adj* bold, daring
śmieć *v* dare
śmiech *n* laugh, laughter
śmieci *n* garbage
śmiecie *n* trash
śmierdzący *adj* fetid, stinking
śmierdzieć *v* stink
śmiertelność *n* mortality
śmiertelny *adj* deadly, mortal

śmieszny *adj* laughable
śmietanka *n* cream
śmietankowy *adj* creamy
śmietnisko *n* dump
smok *n* dragon
smoła *n* tar
smród *n* stench, stink
smucić *v* grieve
smukły *adj* slender
smuować *v* sum up
smutek *n* grief, sorrow
smutny *adj* sad, sorrowful
smycz *n* leash
snajper *n* sniper
śniadanie *n* breakfast
śnieg *n* snow
śnieżynka *n* snowflake
sobie *pre* oneself
sobie wzajemnie *adj* each other
sobota *n* Saturday
socjalistyczny *adj* socialist
socjalizm *n* socialism
socjalizować *v* socialize
soczewica *n* lentil
soczysty *adj* juicy, succulent
soda *n* soda
sofa *n* sofa
sojusznik *n* ally
sok *n* juice, sap

sól *n* salt
solidarność *n* solidarity
sonda *v* plummet
sondować *v* probe
sondowanie *n* probing
sos *n* sauce
sos pieczeniowy *n* gravy
sosna *n* pine
sowa *n* owl
sowiecki *adj* soviet
spa *n* spa
spać *v* sleep
spacer *n* walk
spacerować *v* walk
spadać *v* come down
spadek *n* decline
spadkobierca *n* heir
spadkobierczyni *n* heiress
spadochron *n* parachute
spadochroniarz *n* paratrooper
spalanie *n* combustion
spaliny *n* fumes
spartaczyć *v* botch
spawać *v* weld
spawacz *n* welder
spazm *n* spasm
specjalnie *adv* especially
specjalność *n* specialty
specjalny *adj* special

specyficzny *adj* specific
spędzać *v* spend
spektakl *n* spectacle
spekulacja *n* speculation
spekulować *v* speculate
spełniać *v* fulfill
spełnienie *n* fulfillment
sperma *n* sperm
spiąć *v* staple
śpiący *adj* asleep
śpiączka *n* coma
spieczony *adj* parched
śpieszyć *v* rush
spieszyć się *v* rash, hurry
spięty *adj* uptight
śpiew *n* chant
śpiewać *v* sing
śpiewak *n* singer
spiker *n* announcer
spinacz *n* paperclip
spis *n* census
spis rzeczy *n* contents
spisywać *v* list
spiżarnia *n* pantry
spłacać *v* buy off, pay off
spłacić *v* repay
splamić *v* blot
spłaszczać *v* flatten
spłata *n* repayment

spleśniały *adj* moldy
spłukiwać *v* flush
spodek *n* saucer
spódnica *n* skirt
spodnie *n* slacks, trousers
spoglądać *v* glance
spójny *adj* coherent
spojrzenie *n* glance
spokój *n* calm, ease
spokojny *adj* calm, serene
spokrewniony *adj* related
społeczeństwo *n* society
społeczność *n* community
spółgłoska *n* consonant
spółka *n* company; partnership
sponsor *n* sponsor
spontaniczność *n* spontaneity
spontaniczny *adj* spontaneous
spór *n* dispute
sporadyczny *adj* sporadic
sporny *adj* contentious
sport *n* sport
sportowiec *n* sportman
sporządzenie *n* concoction
sposób *n* manner
spostrzegać *v* behold, discern
spostrzegawczy *adj* apprehensive
spotkanie *n* encounter

spotykać v encounter
spowiednik n confessor
spóźniony adj belated
spożywać v ingest
spragniony adj thirsty
sprawa n affair, matter
sprawa sądowa n litigation
sprawdzać v audit, check
sprawiedliwie adv justly
sprawiedliwość n fairness, justice
sprawiedliwy adj just
sprawność n efficiency
sprawny adj efficient
sprawodawca n reporter
sprawozdanie n report
sprawunki n shopping
sprofanować v defile
spryskiwać v sprinkle
sprzączka n buckle
sprządzać v make up
sprzątać v clean
sprzeciw n objection
sprzeciwiać się v antagonize
sprzeczny adj conflicting
sprzedawać v sell
sprzedawca n seller
sprzedaż n sale
sprzęgło n clutch

sprzeniewierzać v embezzle
sprzęt n outfit
sprzyjający adj favorable
sprzymierzony adj allied
spuchnięty adj swollen
spust n trigger
spustoszenie n desolation
spustoszony adj desolate
srebro n silver
srebro stołowe n silverware
średni adj mean, mediocre
średnia n average
średnica n diameter
średniowieczny adj medieval
środa n Wednesday
środek n middle
środek lata n midsummer
środki n means
śródlądowy adj landlocked
środowisko n environment
srogi adj grim
srtumień n flow
śruba n screw
śrubokręt n screwdriver
śrut n pellet
ssać v suck
ssak n mammal
stabilność n stability
stabilny adj stable

stać na czele *v* spearhead
stać w miejscu *v* stick around
stacja *n* station
stąd *adv* hence
stadny *adj* gregarious
stado *n* flock
stagnacja *n* stagnation
stający naprzeciw *pre* facing
stajnia *n* stable
stal *n* steel
stałość *n* firmness
stały *adj* constant
stan *n* estate
standard *n* standard
standaryzować *v* standardize
stanowczy *adj* decisive
stanowisko *n* standpoint
stąpać *v* tread
stara panna *n* spinster
starczy *adj* senile
staromodny *adj* old-fashioned
starość *n* old age
starożytność *n* antiquity
starożytny *adj* ancient
starszeństwo *n* seniority
starszy *adj* elderly, senior
start *n* lift-off, start
stary *adj* old
statek *n* ship

statua *n* statue
statut *n* charter
statystyka *n* statistic
statyw *n* tripod
staw *n* pond
stawać się *v* become
stawia czoło *v* face up to
stawiać *v* stand
stawiać opór *v* withstand
stażysta *n* trainee
stek *n* steak
stempel *n* stamp
stempel pocztowy *n* postmark
stenografia *n* shorthand
stępiony *adj* blunt
ster *n* helm, rudder
sterta *n* heap, pile
sterylizować *v* sterilize
sterylny *adj* sterile
stewardesa *n* stewardess
stłuczenie *n* bruise
stłumić *v* quell
sto *adj* hundred
stocznia *n* shipyard
stodoła *n* barn
stóg *n* stack
stóg siana *n* haystack
stoicki *adj* stoic
stojak *n* stand

stok *n* hillside
stokrotka *n* daisy
stół *n* table
stolarka *n* carpentry
stolarz *n* carpenter
stolica *n* capital
stop *n* alloy
stopa *n* foot
stopień *n* degree, grade
stopniowy *adj* gradual
stopy *n* feet
stos *n* stake
stosować *v* exert, apply
stosowanie *n* exertion
stosownie do *pre* according to
stosowność *n* expediency
stosowny *adj* expedient
stosunek *n* ratio
stożek *n* cone
strach *n* awe, fright
stragan *n* stall
strajk *n* strike, walkout
strapienie *n* distress
straszliwy *adj* horrendous
straszny *adj* awful, dire
straszyć *v* scare
strata *n* detriment, loss
strategia *n* strategy
straty *n* toll

straż *n* guard
strażak *n* firefighter
strażnik *n* guardian
strefa *n* zone
stres *n* stress
stresujący *adj* stressful
streszczać *v* epitomize; recap
streszczenie *n* summary
stroić *v* tune
strój *n* apparel, dress
stromy *adj* steep
strona *n* page
stronniczość *n* unfairness
stróż *n* janitor
struchlały *adj* petrified
struktura *n* structure
strumień *n* stream
struś *n* ostrich
strych *n* attic
strzał *n* shot
strzała *n* arrow
strzec się *v* beware
strzelać *v* shoot
strzelba *n* shotgun
strzelec wyborowy *n* marksman
strzęp *n* shred
strzępić *v* shred
strzykawka *n* syringe
strzyżenie *n* haircut

student *n* student
studiować *v* study
studnia *n* well
stukanie *n* knock
stulecie *n* century, centenary
stwierdzać *v* ascertain
stworzenie *n* creature
styczeń *n* January
styczna *n* tangent
styl *n* style
styl życia *n* lifestyle
stypendium *n* grant
subewncja *n* subsidy
subskrybować *v* subscribe
substancja *n* substance
substytować *v* substitute
subsytut *n* substitute
subtelny *adj* subtle
suchy *adj* arid, dry
sufit *n* ceiling
sugerować *v* suggest
sugestia *n* suggestion
sugestywny *adj* suggestive
sukces *n* success
suma *n* sum
suma globalna *n* lump sum
sumienie *n* conscience
supermarket *n* supermarket
supermocarstwo *n* superpower
supremacja *n* supremacy
surfować *v* surf
surowo *adv* sternly
surowość *n* austerity
surowy *adj* stark, stern, strict
susza *n* drought
suszarka *n* dryer
suszona śliwka *n* prune
suszony *adj* dried
sutanna *n* cassock
suterena *n* basement
suwerenność *n* sovereignty
suwerenny *adj* sovereign
swędzenie *n* itchiness
swędzić *v* itch
sweter *n* jersey, sweater
święto *n* feast
świadectwo *n* certificate
świadek *n* witness
świadek naoczny *n* eyewitness
świadomie *adv* knowingly
świadomość *n* awareness
świadomy *adj* aware
świat *n* world
światło *n* light
światowy *adv* worldly
świątynia *n* temple
świecący *adj* shiny
świecić *v* shine

świecki *adj* profane
świeczka *n* candle
świecznik *n* candlestick
świetlik *n* skylight
świetny *adj* glorious, fine
świętokradztwo *n* sacrilege
świętość *n* holiness
święty *adj* holy, sacred
świeżość *n* freshness
świeży *adj* crisp, fresh
świnia *n* hog
świnka *n* mumps
świt *n* dawn
syczeć *v* hiss
syfilis *n* syphilis
sygnał *n* signal
sygnalizować *v* touch on
sylaba *n* syllable
sylwetka *n* silhouette
symbol *n* symbol
symboliczny *adj* symbolic
symetria *n* symmetry
symfonia *n* symphony
sympatia *n* liking, affection
sympatyczny *adj* likable
symptom *n* symptom
symulować *v* simulate
symultaniczny *adj* simultaneous
syn *n* son

synagoga *n* synagogue
synchronizować *v* synchronize
synod *n* synod
synonim *n* synonym
synowa *n* daughter-in-law
synteza *n* synthesis
sypialnia *n* bedroom
syrena *n* mermaid, siren
syrop *n* syrup
system *n* system
systematyczny *adj* systematic
sytuacja *n* predicament
sytuacja patowa *n* stalemate
sytuowany *adj* situated
szachy *n* chess
szacować *v* appraise, assess
szacunek *v* esteem, respect
szafa *n* wardrobe
szafir *n* saphire
szafka *n* cabinet
szakal *n* jackal
szal *n* craziness
szalenie *adv* madly
szaleństwo *n* folly
szalet *n* chalet
szalony *adj* frantic, frenetic
szanować *v* respect
szanowny *adj* dear
szansa *n* chance

szantaż *n* blackmail
szantażować *v* blackmail
szarada *n* charade
szarańcza *n* locust
szarawy *adj* grayish
szarfa *n* harp
szarpać *v* jerk, pluck
szarpnięcie *n* hitch, jerk
szary *adj* gray
szata *n* robe
szatański *adj* satanic
szatnia *n* locker room
szczątkowy *adj* rudimentary
szczególnie *adv* particularly
szczególny *adj* particular
szczęka *n* jaw
szczekać *v* bark
szczelina *n* crevice, ravine
szczelny *adj* airtight
szczenię *n* cub, puppy
szczepić *v* vaccinate
szczepionka *n* vaccine
szczerość *n* bluntness
szczery *adj* candid, frank
szczerze *adv* dearly
szczęście *n* fortune, luck
szczęśliwy *adj* fortunate, lucky
szczotka *n* brush
szczotkować *v* brush

szczupły *adj* lean, slim
szczur *n* rat
szczypać *v* nip, pinch
szczypce *n* pincers, pliers
szczyt *n* summit, peak, top
szczyt wzgórza *n* hilltop
szef *n* boss, chief
szelki *n* suspenders
szept *n* whisper
szeptać *v* whisper
szereg *n* rank
szeregować *v* rank
szermierka *n* fencing
szeroki *adj* wide
szeroko *adv* widely
szerokość *n* breadth, width
szerzyć *v* disseminate
sześć *adj* six
sześćdziesiąt *adj* sizable
sześcian *n* cube
sześcienny *adj* cubic
szesnaście *adj* sixteen, sixty
szew *n* seam, stitch
szkic *n* sketch
szkicować *v* draft, outline
szkicowy *adj* sketchy
szkielet *n* skeleton
szkło *n* glass
szkoda *n* damage, harm

szkodliwy *adj* damaging
szkodzić *v* harm
szkoła *n* school
szlachcic *adj* nobleman
szlachetność *n* nobility
szlachetny *adj* noble
szlafrok *n* bathrobe
szlak *n* route, trail
szlak powietrzny *n* airline
szloch *n* sob
szlochać *v* sob
szmaragd *n* emerald
szmata *n* rag
sznur *n* cord, rope, string
sznurowadło *n* shoelace
szofer *n* chauffeur
szok *n* shock
szop pracz *n* raccoon
szorstki *adj* brusque, harsh
szorstko *adv* harshly
szorstkość *n* harshness
szorty *n* shorts
szparag *n* asparagus
szpecić *v* disfigure
szpieg *n* spy
szpiegostwo *n* espionage
szpiegować *v* spy
szpik kostny *n* bone marrow
szpilka *n* pin

szpital *n* hospital
szpula *n* spool
szpulka *n* reel
szrama *n* gash
szrapnel *n* shrapnel
sztaba *n* ingot
sztandar *n* banner
sztućce *n* cutlery
sztuczka *n* gimmick, ploy
sztuczna szczęka *n* dentures
sztuczny *adj* artificial
sztuka *n* art
sztuki wyzwolone *n* humanities
sztylet *n* dagger
sztywność *n* stiffness
sztywny *adj* rigid, stiff
szubienica *n* gallows
szuflada *n* drawer
szukać *v* look for, seek
szwaczka *n* seamstress
szwagier *n* brother-in-law
Szwajcaria *n* Switzerland
szwajcarski *adj* Swiss
Szwecja *n* Sweden
szwedzki *adj* Swedish
szyba przednia *n* windshield
szybki *adj* fast, quick, swift
szybko *adv* quickly
szybkość *n* velocity

szybować *v* glide
szyć *v* sew, stitch
szycie *n* sewing
szyja *n* neck
szykana *n* harassment
szympans *n* chimpanzee
szyna *n* rail
szynka *n* ham
szytwny *adj* starchy

tabletka *n* tablet
tablica *n* blackboard, chalkboard
taboret *n* stool
taca *n* tray
taczka *n* wheelbarrow
tajemnica *n* mystery
tajemniczy *adj* mysterious
tajny *adj* clandestine
tak *adv* yes
tak jak *pre* like
tak zwany *adj* so-called
taki *adj* such
taki sam *adj* same
taksówka *n* cab
takt *n* tact

taktowny *adj* tactful
taktyczny *adj* tactical
taktyka *n* tactics
talent *n* talent
talia *n* waist
tam *adv* there
tama *n* dam
tamci *adj* those
tamować *v* stem
tamten *adj* that
tańczący *n* dancing
tańczyć *v* dance
tani *adj* cheap
taniec *n* dance
tapicerstwo *n* upholstery
tarantula *n* tarantula
taras *n* terrace
tarcza *n* shield
tarczowy *adjn* thyroid
targować się *v* bargain
taryfa *n* tariff
tasak *n* chopper
taśma *n* tape
tatuś *n* dad
tawerna *n* tavern
tchawica *n* windpipe
tchórz *n* coward
tchórzliwie *adv* cowardly
tchórzostwo *n* cowardice

tchórzyć *v* chicken out
teatr *n* theater
techniczny *adj* technical
technik *n* technician
technika *n* technique
technologia *n* technology
tęcza *n* rainbow
tęgi *adj* burly
tekst *n* lyrics, text
tekstura *n* texture
tektura *n* cardboard
telefon *n* phone
telefonować *v* phone
telegram *n* telegram
telepatia *n* telepathy
teleskop *n* telescope
telewizja *n* television
temat *n* subject, theme
temperatura *n* temperature
temperówka *n* sharpener
tempo *n* rate
tendencja *n* tendency
tenis *n* tennis
tenor *n* tenor
teolog *n* theologian
teologia *n* theology
teoria *n* theory
terapia *n* therapy
teraz *adv* now

teren *n* terrain
termin *n* term
terminologia *n* terminology
termit *n* termite
termometr *n* thermometer
termostat *n* thermostat
terner *n* trainer
terror *n* terror
terrorysta *n* terrorist
terroryzm *n* terrorism
terroryzować *v* terrorize
terytorium *n* territory
teść *n* father-in-law
teściowa *n* mother-in-law
teściowie *n* in-laws
tęsknić *v* yearn
tęsknota *n* longing
test *n* test
testament *n* testament
testować *v* test
też *adv* also, either
teza *n* thesis
tkać *v* weave
tkanina *n* cloth, fabric
tkanka *n* tissue
tkany *adj* woven
tkwić *v* stick
tlen *n* oxygen
tło *n* background

tłoczyć się *v* crowd
tłum *n* mob, crowd
tłumacz *n* translator
tłumaczyć *v* translate
tłumić *v* drown, repress
tłumik *n* muffler
tłusty *adj* fat, greasy
tłuszcz *n* fat, grease
tłuszczowy *adj* fatty
toaleta *n* rest room, toilet
toczyć się *v* roll
toga *n* gown
toksyczny *adj* toxic
toksyna *n* toxin
tolerancja *n* tolerance
tolerancyjny *adj* broadminded
tolerować *v* tolerate
tom *n* volume
ton *n* tone
tona *n* ton
tonąć *v* sink
tonik *n* tonic
topnieć *v* melt, thaw
torba *n* bag
torebka *n* captain
torf *n* turf
torreador *n* bull fighter
tors *n* torso
tortura *n* torment, torture

torturować *v* torment, torture
toster *n* toaster
totalitarny *adj* totalitarian
towar *n* merchandise
towary *n* goods
towarzyski *adj* sociable
towarzysz *n* companion
towarzyszyć *v* accompany
tożsamość *n* identity
trąba powietrzna *n* twister
trąbić *v* honk
trąbka *n* trumpet
tracić *v* lose
tracić ważność *v* lapse
tracić wilgoć *v* dehydrate
trąd *n* leprosy
tradycja *n* tradition
tragedia *n* tragedy
tragiczny *adj* tragic
tragować się *v* haggle
trajektoria *n* trajectory
traktor *n* tractor
traktować *v* treat
trampolina *n* springboard
tramwaj *n* streetcar, tram
trans *n* trance
transakcja *n* transaction
transformacja *n* transformation
transformować *v* transform

transfuzja *n* transfusion
transmisja *n* broadcast
transmitować *v* transmit
transplantować *v* transplant
transportować *v* transport
tranzyt *n* transit
trapić *v* distress
trasa kolejowa *n* railroad
tratwa *n* raft
traumatyczny *adj* traumatic
traumatyzować *v* traumatize
trawa *n* grass
trawienie *n* digestion
trawienny *adj* digestive
trawnik *n* lawn
trędowaty *n* leper
trend *n* trend
trener *n* coach
trening *n* training
trenować *v* coach, train
trenowanie *n* coaching
trik *v* trick
triumf *n* triumph
triumfalny *adj* triumphant
triumfujący *adj* jubilant
trochę *adv* somewhat
trofeum *n* trophy
trójkąt *n* triangle
tron *n* throne

tropić *v* track
tropikalny *adj* tropical
troskliwy *adj* careful, caring
troszczyć się *v* care
trubulencja *n* turbulence
trucizna *n* poison
trudność *n* difficulty
trudny *adj* difficult
trudzić się *v* toil
trujący *adj* poisonous
trumna *n* coffin
truskawka *n* strawberry
trwać *v* last, persist
trwałość *n* constancy
trwały *adj* durable, lasting
trwanie *n* duration
tryb *n* mode
trybuna główna *n* grandstand
trybunał *n* tribunal
trymestr *n* trimester
trywializować *v* trivialize
trywialny *adj* trivial
trząść się *v* jolt, quake
trzask *n* crack, smack
trzaskać *v* smack
trzcina *n* cane, reed
trzeci *adj* third, three
trzęsący się *adj* shaky
trzęsienie ziemi *n* earthquake

trzęsienie *n* jolt
trzeźwy *adj* sober
trzustka *n* pancreas
trzydziesty *adj* thirty
trzymać *v* hold
trzymać za lejce *v* rein
trzynaście *adj* thirteen
tuczyć *v* fatten
tulić *v* cuddle
tulipan *n* tulip
tuńczyk *n* tuna
tunel *n* tunnel
tunika *n* tunic
turbina *n* turbine
Turcja *n* Turkey
turecki *adj* Turk
turniej *n* tournament
turysta *n* tourist
turystyczny *adj* sightseeing
turystyka *n* tourism
tuszowanie *n* coverup
tutaj *adv* here
tuzin *n* dozen
twarde drzewo *n* hardwood
twardość *n* hardness
twardy *adj* hard
twarz *n* face
twierdzący *adj* affirmative
twierdzenie *n* assertion

twierdzić *v* allege
twój *pro* yours
twórca *n* creator, maker
tworzenie *n* creation
tworzyć *v* constitute, create
ty *pro* you
tydzień *n* week
tygodniowo *adv* weekly
tygrys *n* tiger
tył *n* rear
tylko *adv* only
tylne wejście *n* backdoor
tylny *adj* rear
tymczasem *adv* meantime
tymczasowy *adj* temporary
tynkować *v* plaster
typ *n* type
typowy *adj* typical
tyran *n* tyrant
tyrania *n* tyranny
tyranizowany *adj* downtrodden
tysięczny *adj* thousand
tytoń *n* tobacco
tytuł *n* title
tytuł szlachecki *n* sir

U

uatrakcyjniać *v* beef up
ubezpieczać *v* assure, insure
ubezpieczenie *n* insurance
ubiegać się o *v* apply for
ubiegłej nocy *adv* last night
ubierać *v* clothe
ubierać się *v* dress
ubijać *v* ram, whip
ubóstwo *n* meanness
ubranie *n* clothes
ucho *n* ear
uchodźca *n* refugee
uchodzić *v* elude
uchwyt *n* handle
uchylony *adj* ajar
uciążliwy *adj* burdensome
uciekać *v* escape, flee, run away
uciekać się do *v* resort
uciekanie *n* recourse
uciekanie się *v* recourse
uciskać *v* oppress
uciszać *v* appease, hush up
uciszenie *n* appeasement
uczciwość *n* honesty
uczciwy *adj* honest
uczelnia *n* college
uczeń *n* apprentice, pupil
uczepić się *v* cling
uczęszczać *v* attend, frequent
uczony *adj* learned
uczta *n* treat
uczucia *n* feelings
uczucie *n* feeling
uczyć *v* teach
uczyć się *v* learn
udar *n* stroke
udar cieplny *n* heatstroke
udaremniać *v* thwart
udawać *v* feign, pretend
udawanie *n* pretense, sham
uderzać *v* hit, strike
uderzać pięścią *v* punch
uderzający *adj* striking
uderzenie *n* beat, hit
udo *n* thigh
udogodnienia *n* amenities
udoskonalać *v* refine
udowadniać *v* prove
udowodniony *adj* proven
udręka *n* anguish
udział *n* participation
ujawniać *v* reveal
ujemny *adj* minus
ujście *n* estuary
ukąszenie *n* bite

ukazywać się *v* appear
ukierunkowany *adj* oriented
układ *n* layout
układać w stóg *v* stack
układanka *n* jigsaw
ukochany *adj* beloved
ukończenie *n* completion
ukończenie szkoły *n* graduation
ukończyć studia *v* graduate
ukos *n* bias
ukryty *adj* covert, hidden
ukrywać *v* conceal
ukrzyżować *v* crucify
ukrzyżowanie *n* crucifixion
ul *n* beehive
ułatwia *v* facilitate
uleczalny *adj* curable
ulegać *v* succumb
ulegać korozji *v* corrode
uległy *adj* submissive
ulepszać *v* improve
ulewa *n* downpour
ulga *n* concession
ulica *n* street
ulitimatum *n* ultimatum
ulotka *n* leaflet
ułożyć *v* file
ultradźwięk *n* ultrasound
ulubieniec *n* pet

ulubiony *adj* favorite
ulżyć *v* alleviate, relieve
umartwiać *v* mortify
umartwienie *n* mortification
umiarkowany *adj* moderate
umiejętność *n* skill
umierać *v* die, pass away
umierający *adj* dying
umieszczać *n* place, set
umieszczony *adj* located
umirakowanie *n* moderation
umniejszać *v* belittle
umowa *n* settlement
umożliwiać *v* enable
umysł *n* mind
umysłowo *adv* mentally
umysłowość *n* mentality
umysłowy *adj* mental
umywalnia *n* lavatory
uncja *n* ounce
unia *n* union
uniakć *v* shirk
unicestwiać *v* annihilate
unicestwienie *n* annihilation
unieruchamiać *v* immobilize
unieważniać *v* invalidate
unifikacja *n* unification
uniform *n* uniform
unikać *v* avoid, shun

unikalny *adj* unique
unikanie *n* avoidance
uniwersalny *adj* universal
uniwersytet *n* university
unosić się *v* hover
unowocześniać *v* upgrade
uodparniać *v* immunize
uogólniać *v* generalize
uosabiać *v* personify
upadać *v* fall, tumble
upadek *n* collapse, fall
upalny *adj* torrid
upaństwawiać *v* nationalize
uparty *adj* obstinate
upiekszać *v* embellish
upominać *v* admonish
upominanie *n* admonition
upór *n* obstinacy
upoważniać *v* authorize
upoważnienie *n* warrant
upraszczać *v* simplify
uprawiać *v* profess
uprawiać hazard *v* gamble
uprawomacniać *v* validate
uprowadzać *v* abduct
uprowadznie *n* abduction
uprzednio *adv* beforehand
uprzedzenie *n* prejudice
uprzejmie *adv* kindly

uprzejmość *n* kindness
uprzejmy *adj* affable, kind
uraza *n* grudge, rancor
urażający *adj* displeasing
urlop *n* holiday
urna *n* urn
uroczystość *n* festivity
uroczysty *adj* festive, solemn
urodzaj *n* crop
urodzajność *n* fertility
urodzajny *adj* fertile
urodzenie *n* birth
urodzić się *v* be born
urodziny *n* birthday
urodzony *adj* born
urok *n* charm
urozmaicać *v* diversify
uruchomić *v* trigger
urząd pocztowy *n* post office
urządzenie *n* device
urzędnik *n* clerk
urzędować *v* officiate
urzekać *v* charm
uścisk *n* hug
uścisk dłoni *n* handshake
usiłować *v* endeavor
usługa *n* service
uśmiech *n* smile
uśmiechać się *v* smile

uspokajać v sedate, soothe
uspokajać się v calm down
uspokoajać się v settle
uspokojenie n sedation
usposobienie n temper
usprawiedliwiać v excuse
usta n mouth
ustalać v fix
ustalać czas v time
ustalać wielkość v size up
ustanawiać v institute
ustawić w rząd v line up
ustawienie n setting
ustawodawca n lawmaker
ustawodawstwo n legislation
ustępować v give in
ustnie adv orally, verbally
usunąć v delete
usuwać v depose
usuwanie n disposal
uświęcać v sanctify
usychać v wither
uszczypliwy adj stinging
uszczypnięcie n nip, pinch
uszkadzać v damage, impair
uszkodzony adj cripple
uszlachetniać v dignify
usztywniać v stiffen
utalentowany adj gifted

utrudniać v obstruct
utrudnienie n obstruction
utrzymanie n livelihood
utrzymywać v keep
utykanie na nogę n limp
uwaga n attention
uwalniać v acquit, free
uważać v deem, regard
uważający adj considerate
uważny adj attentive
uwięzić v imprison
uwodzenie n seduction
uwodzić v seduce
uwolnić się v break free
uwolnienie n acquittal
uzależniający adj addictive
uzależniony adj addicted
uzbrajać v arm
uzbrojenie n armaments
uzbrojony adj armed
uzda n bridle
uzdolnienie n aptitude
uzdrowiciel n healer
uznanie n appreciation
uznawać v acknowledge
uzupełniać v complete
uzupełnienie n complement
uzurpować v usurp
użycie n use

użyniać *v* fertilize
użyteczność *n* usefulness
użyteczny *adj* useful
użytkować *v* utilize
użytkownik *n* user
używać *v* use
używanie *n* usage

w *pre* in
w głąb kraju *adv* inland
w górze *n* midair
w imieniu *adv* behalf (on)
w jakim celu *adv* why
w każdym razie *pro* anyhow
w końcu *adv* eventually
w oddaleniu *adv* asunder
w oddali *adv* afar
w płomieniach *adv* alight
w pobliżu *adj* next door
w porządku *adv* alright
w procentach *adv* percent
w puszkach *adj* canned
w złym humorze *adj* grumpy
wabić *v* entice, lure
wabienie *n* allure

wąchać *v* sniff
wada *n* blemish
wadliwy *adj* defective
wafel *n* wafer
waga *n* weight
waga lekka *n* lightweight
wahać się *v* hesitate
wahadło *n* pendulum
wahanie *n* hesitation
wakacje *n* vacation
wakat *n* vacancy
wał *n* axle
wał ochronny *n* bulwark
walc *n* waltz
walczący *adj* belligerent
walczyć *v* battle, fight
wałęsać się *v* loiter
walić *v* pound
walizka *n* suitcase
walka *n* fight, struggle
walka byków *n* bull fight
waluta *n* currency
wampir *n* vampire
wandal *n* vandal
wandalizm *n* vandalism
wanna *n* bathtub
wapień *n* limestone
wapno *n* lime
warga *n* lip

warkocz *n* braid
warstwa *n* layer
warsztat *n* workshop
warsztat tkacki *n* loom
wartość *n* merit, value
wartościowy *adj* valuable
wartownik *n* sentry
warunek *n* condition
warunki *n* terms
warunkowy *adj* conditional
warzywo *n* vegetable
wąski *adj* narrow
wąskie gardło *n* bottleneck
wąsko *adv* narrowly
wąsy *n* mustache
wat *n* watt
wątpić *v* doubt
wątpliwość *n* doubt, qualm
wątpliwy *adl* doubtful
wątroba *n* liver
wąwóz *n* gorge
wąż *n* serpent, snake
waza *n* vase
ważność *n* importance
ważny *adj* prominent
ważyć *v* weigh
wbijać *v* stick
wbrew *c* despite
wbudowany *adj* built-in

wchłaniać *v* soak up
wchłaniający *adj* absorbent
wchodzić *v* come in, enter
wchodzić na *v* scale
wciągać *v* involve
wciągający *adj* compelling
wciągnięcie *n* involvement
wciąż *adv* still
wcielać *v* embody
wcześnie *adv* early
wcześniejszy *adj* prior
wczesny *adj* precocious
wczoraj *adv* yesterday
wdowa *n* widow
wdowiec *n* widower
wdzięczność *n* gratitude
wdzięczny *adj* gracious
wdzięk *n* grace
wdzierać się *v* encroach
wędrować *v* hike, roam
wędrówka *n* hike
wędzony *adj* smoked
weekend *n* weekend
wegetacja *n* vegetation
wegetarianin *n* vegetarian
węgiel *n* coal
węgiel drzewny *n* charcoal
wejście *n* entrance, entry
wełna *n* wool

wełniany *adj* woolen
wendeta *n* feud
werbować *v* enlist, enroll
werdykt *n* verdict
wersja *n* version
weryfikacja *n* verification
weryfikować *v* verify
wesoły *adj* cheerful
wesprzeć się *v* lean on
westchnienie *n* sigh
wesz *n* louse
weteran *n* veteran
weterynarz *n* veterinarian
weto *v* veto
wewnątrz *adv* indoor, inwards
wewnątrz *pre* inside, within
wewnętrzny *adj* inner, interior
węzeł *n* knot
wgniatać *v* impact
wgórze *n* hill
wiadomość *n* message
wiadro *n* bucket, pail
wiadukt *n* viaduct
wiara *n* belief, faith
wiarygodność *n* credibility
wiarygodny *adj* believable
wiatr *n* wind
wiąz *n* elm
wiązać *v* bind, tie

wiążący *adj* binding
wiązadło *n* ligament
wiązka *n* bunch
wibracja *n* vibration
wibrować *v* vibrate
wić się *v* writhe
widelec *n* fork
widły *n* pitchfork
widmo *n* apparition
widocznie *adv* apparently
widoczność *n* visibility
widoczny *adj* conspicuous, visible
widok *n* outlook, view
widownia *n* audience
widz *n* onlooker
widzieć *v* see
wieczność *n* eternity
wieczny *adj* everlasting
wieczór *n* evening
wiedza *n* knowledge
wiejski *adj* rural, rustic
wiek *n* age
wieko *n* lid
większość *n* majority
wielbiciel *n* admirer
wielbłąd *n* camel
Wielkanoc *n* Easter
wielki *adj* grand, large
Wielki Post *n* Lent

wielkość *n* greatness
wieloraki *adj* multiple
wieloryb *n* whale
wieńcowy *adj* coronary
wieniec *n* wreath
wieprzowina *n* pork
wierność *n* allegiance
wierny *adj* faithful
wiersz *n* verse
wierzba *n* willow
wierzchołek *n* apex
wierzyć *v* believe
wierzyciel *n* creditor
wieś *n* village
wieść *n* rumor
wieśniak *n* villager
wieszać *v* hang
wieszak *n* hanger
wietrzny *adj* windy
wietrzyć *v* air, ventilate
wiewiórka *n* squirrel
wieża *n* tower
więzić *v* jail
więzień *n* prisoner
więzienie *n* jail, prison
wieżowiec *n* skyscraper
wieżyczka *n* turret
wigilia *n* eve
wilgotnieć *v* dampen

wilgotność *n* humidity
wilgotny *adj* damp, humid
wilk *n* wolf
wilogoć *n* moisture
wina *n* blame, guilt
winda *n* elevator, hoist
windykować *v* vindicate
winić *v* blame
winnica *n* vineyard
winny *adj* guilty
wino *n* wine
wino jabłkowe *n* cider
winogrono *n* grape
winorośl *n* grapevine
wiodący *adj* leading
wioska *n* hamlet
wiosło *n* oar
wiosłować *v* paddle
wiosna *n* spring
wir wodny *n* whirlpool
wirować *v* whirl
wirtualnie *adv* virtually
wirus *n* virus
wisieć *v* dangle
wisiorek *n* pendant
wiśnia *n* cherry
witać *v* greet, welcome
witalność *n* vitality
witamina *n* vitamin

wizerunek *n* effigy
wizja *n* vision
wizualny *adj* visual
wizyta *n* visit
wjazd *n* way in
wklęśnięcie *n* dent
wkrótce *adv* shortly, soon
wkurzać *v* bug
włączać *v* turn on, switch on
włącznie *adv* inclusive
władać bronią *v* wield
władca *n* ruler
włamać się *v* break in
włamanie *n* burglary
włamywać się *v* burglarize
włamywacz *n* burglar
właściciel *n* owner
właściwie *adv* properly
właściwy *adj* proper, right
własność *n* ownership
własny *adj* own
Włochy *n* Italy
włóczęga *n* drifter, vagrant
włócznia *n* spear
włóczyć się *v* wander
włókno *n* fiber, yarn
włoski *adj* Italian
włosy *n* hair
wnętrzności *n* bowels

wniosek *n* corollary
wnioskować *v* infer
wnosić *v* take in
wnuk *n* grandchild
woda *n* water
woda kolońska *n* cologne
wodnisty *adj* watery
wodny *adj* aquatic
wodoodporny *adj* waterproof
wodór *n* hydrogen
wodospad *n* waterfall
wodoszczelny *adj* watertight
wodzowski *adv* chiefly
wojenny *adj* marital
wojna *n* war
wojowniczy *adj* militant
wojownik *n* fighter, warrior
wół *n* ox
wola *n* will
wołać *v* call, exclaim
wołanie *n* crying
wolność *n* freedom
wolny *adj* free, vacant
wolny czas *n* leisure
wolontariusz *n* volunteer
wołowina *n* beef
woły *n* oxen
worek *n* sack
workowaty *adj* baggy

wosk *n* wax
woskowina *n* earwax
wóz *n* wagon, cart, van
wózek *n* trolley
woźny *n* usher
wpadać *v* drop in
wpadać do *v* burst into
wpadać na *v* bump into
wpajać *v* instil
wpisywać *v* log
wpływ *n* impact
wpływowy *adj* influential
wpółudział *n* fellowship
wprowadzać *v* introduce
wprowadzenie *n* introduction
wpuszczać *v* let in
wracać *v* come back, return
wraczeć *v* growl
wrak *n* wreckage
wrażliwy *adj* responsive
wręczać *v* hand over
wróbel *n* sparrow
wrodzony *adj* ingrained
wróg *n* enemy, foe
wrogi *adj* hostile
wrogość *n* hostility
wrona *n* crow
wróżka *n* fairy
wrzask *n* shriek

wrzawa *n* outcry
wrzesień *n* September
wrzeszczeć *v* shriek, yell
wrzód *n* ulcer
wschód *n* east
wschód słońca *n* sunrise
wschodni *adj* eastern
wścibski *adj* nosy
wściekle *adv* furiously
wścieklizna *n* rabies
wściekłość *n* rage
wściekły *adj* furious
wsiadać *v* board
wsieć na *v* hang on
wskazać *v* point
wskazanie *n* indication
wskazówka *n* clue, tip
wskazujący *adj* demonstrative
wskazywać *v* denote
wspa *n* isle
wspaniałość *n* splendor
wspaniały *adj* gorgeous, stunning
wspinać się *v* climb, mount
współczesny *adj* contemporary
współczuć *v* sympathize
współczucie *n* compassion
współczujący *adj* compassionate
współczynnik *n* coefficient
współdziałający *adj* cooperative

współistnieć v coexist
wspólnie adv jointly
wspólnota n communion
wspólny adj common
współpraca n collaboration
współpracować v collaborate
współpracownik n collaborator
współsprawca n accomplice
współudział n complicity
współzawodnik n contestant
współżyć ze sobą v cohabit
wspominać v mention
wspominanie n remembrance
wspomnienia n memoirs
wspomnienie n mention
wsrętny adj disgusting
wśród pre amid
wstąpić v stop by
wstawać v get up, stand up
wstawianie v insert
wstawka n insertion
wstążka n ribbon
wstecz adv back
wstępny adj preliminary
wstępny warunek n prerequisite
wstręt n disgust
wstrętny adj distasteful
wstrząs n concussion
wstrząsać v convulse
wstrząsający adj harrowing
wstrząśnięty adj shaken
wstrzykiwać v inject
wstrzymywać v withhold
wstyd n shame
wstydliwy adj shameful
wstydzić się v shame
wszczepiać v implant
wszechmocny adj almighty
wszechstronny adj versatile
wszechświat n universe
wszelki adj all, every
wszy n lice
wszystko pro everything
wteczny adj backward
wtorek n Tuesday
wtrącać się v meddle
wtragnięcie n intrusion
wtyczka n plug
wujek n uncle
wulgarność n vulgarity
wulgarny adj vulgar
wulkan n volcano
wybaczać v pardon
wybaczenie n pardon
wybielać v whiten
wybielacz n bleach
wybierać v choose, elect
wybierać numer v dial

wyblakły *adj* faded
wyboisty *adj* bumpy
wybór *n* choice
wyborny *adj* delicious
wybryk *n* prank
wybrzeże *n* coast, seashore
wybrzuszenie *n* bulge
wybuch *v* break out
wybuch *n* eruption, outbreak
wybuchać *v* blow up, erupt
wybuchowy *adj* explosive
wyć *v* howl
wychodzić *v* come out, go out
wychodzić poza *v* overstep
wychowanie *n* upbringing
wychowywać *v* foster
wychudzony *adj* emaciated
wyciągać *v* extract, pull out
wyciągnięty *adj* outstretched
wycie *n* howl
wycieczka *n* excursion, tour
wycierać *v* mop
wycinać *v* cut out
wycinek *n* clipping
wycofać się *v* bow out
wycofanie *n* retreat
wycofywać *v* take back
wycofywać się *v* back down
wyczarowywać *v* conjure up

wyczerpać *v* exhaust
wyczerpać się *v* run out
wyczerpanie *n* exhaustion
wyczerpujący *adj* exhausting
wyczerpywać *v* wear out
wyczuwać *v* sense
wyczyn *n* exploit
wydalać *v* expel
wydalenie *n* expulsion
wydarzenie *n* happening
wydatek *n* expenditure
wydatki *n* spending
wydawać *v* hand out
wydawać się *v* seem
wydawca *n* publisher
wydłużać *v* lengthen
wydra *n* otter
wydział *n* branch office
wydziedziczać *v* disinherit
wydzielać *v* exude
wygasać *v* expire
wygaśnięcie *n* expiration
wyginać *v* die out
wygląd *n* appearance
wyglądać *v* look out
wygłaszać kazanie *v* preach
wygłodzenie *n* starvation
wygłupiać się *v* fool
wygnać *v* chase away

wygnany *adj* outcast
wygoda *n* convenience
wygodny *adj* convenient
wygrabej *adj* half
wygrzewać się *v* bask
wyjasniać *v* explain
wyjaśnienie *n* clarification
wyjątek *n* exception
wyjątkowy *adj* exceptional
wyjawiać *v* disclose
wyjazd *n* way out
wyjmować *v* take out
wyjście *n* exit
wykałaczka *n* toothpick
wykańczać coś *v* touch up
wykipieć *v* boil over
wykład *n* lecture
wykolejać *v* derail
wykolejenie *n* derailment
wykonalny *adj* feasible
wykonanie *n* performance
wykonywać *v* carry out
wykorzeniać *v* eradicate
wykręcać *v* wring
wykreślać *v* cross out
wykroczenie *n* misdemeanor
wykup *n* redemption
wyłączać *v* turn off
wyłączać z sieci *v* unplug

wyładowywać *v* disembark
wylew *n* outpouring
wylewny *adj* effusive
wyliczać *v* enumerate
wylogować się *v* log off
wymagać *v* necessitate
wymagający *adj* demanding
wymaganie *n* requirement
wymarły *adj* extinct
wymazać *v* raze
wymazywać *v* erase
wymiana *n* replacement
wymieniać *v* exchange
wymieniać towar *v* barter
wymijający *adj* evasive
wymiociny *n* vomit
wymiotować *v* throw up, vomit
wymowny *adj* telling
wymuszenie *n* extortion
wymykać się *v* dodge
wymyślać *v* concoct, devise, invent
wynagradzać *v* indemnify
wynagrodzenie *n* indemnity
wynajęcie *n* rent
wynajmować *v* hire, rent
wynik *n* outcome, score
wyniosły *adj* overbearing
wynosić *v* amount to

wynurzać się v loom
wyobrażać sobie v imagine
wyobraźnia n imagination
wyolbrzymiać v exaggerate
wypaczać się v warp
wypaczony adj pervert
wypadek n accident
wyparowywać v vaporize
wypędzić v banish
wypełnienie n filling
wyperswadować v dissuade
wypiek n batch
wypłacać v disburse
wypłacalny adj solvent
wyplątywać v extricate
wyposażenie n furnishings
wypowiadać v pronounce
wyprowadzać się v move out
wyprzedanie n sellout
wyprzedany adj sold-out
wypuszczać v drop out, let out, release
wypuszczenie n launch
wypychać v stuff
wypytywać v quiz
wyrastać v outgrow
wyrażać zgodę v assent
wyraźnie adv clearly, plainly
wyraźny adj explicit

wyrazy szacunku n regards
wyroby szklane n glassware
wyrocznia n oracle
wyrównanie n alignment
wyrównywać v align
wyróżniać się v stand out
wyróżniający adj distinctive
wyróżniający się adj outstanding
wyrozumiałość n leniency
wyrozumiały adj lenient
wyruszać w drogę v set off
wyryć v engrave
wyrzekać się v renounce
wyrzucać v throw away, dump
wyrzut n reproach
wyrzut sumienia n remorse
wyścielać v pad
wyścielenie n padding
wyścig n race
wysiadać v get out
wysiłek n effort
wysilić się v step up
wysłać v dispatch
wysłannik n envoy
wyśmiewać v deride, mock
wyśmiewać się v ridicule
wyśmiewanie się n ridicule
wysoki adj high, tall
wysokiej klasy adj classy

wysoko adv highly
wysokość n altitude, height
wysortować v sort out
wyspa n island
wysportowany adj sporty
wystarczający adj sufficient
wystawiać v expose
występowanie n ocurrence
wystroić się v spruce up
wystrój wnętrza n décor
wystrzał n gunshot
wysuszać v dry
wysuwać v protrude, stick out
wyświęcać v ordain
wyświęcenie n ordination
wysyłać v send
wysyłać pocztą v mail
wysyłka n consignment
wysypka n rash
wyszczególniać v itemize
wytarty adj shabby
wytczne n guidelines
wytępić v exterminate
wytłumaczenie n excuse
wytoczyć proces v process
wytrwałość n persistence
wytrwały adj persistent
wywiad n interview
wywierać nacisk v pressure

wywierać wrażenie v impress
wywodzić się v derive
wywoływać v cry out
wywracać v overturn
wywracać się v capsize
wyzdrowieć v recover
wyżerać v eat away
wyznać v confess
wyznaczyć v appoint, assign
wyznaczenie n assignment
wyznanie n confession
wyznany adj avowed
wyższość n superiority
wyższy adj superior
wyzwanie n challenge, dare
wyzywać v challenge
wyżywienie n sustenance
wzajemnie adv mutually
wzbogacać v enrich
wzdłuż pre along
wzdychać v sigh
względny adj relative
wzmacniać v strengthen
wzmacniacz n amplifier
wzmagać v enhance, renew
wzniosły adj sublime
wznosić v erect, put up
wznosić się v lift off, soar
wznosić toast v toast

wznowienie *n* resumption
wzór *n* pattern
wzorowy *adj* exemplary
wzrastać *v* increase, rise
wzrastający *adj* increasing
wzrok *n* eyesight
wzrost *n* growth, increase
wzruszający *adj* poignant
wzywać *v* call on

Z

z *pre* with, of
z całego serca *adj* wholehearted
z dala *adj* aloof, apart
z dodatkiem *adv* plus
z głębi serca *adj* heartfelt
z nadzieją *adv* hopefully
z powodu *pre* because of
z wyjątkiem *pre* barring, except
z zaparciem *adj* constipated
za *pre* behind
za burtą *adv* overboard
za granicą *adv* abroad
za morze *adv* overseas
za sztukę *adv* apiece
zaabsorbowanie *n* preoccupation
zaabsorwowany *adj* engrossed
zaaferowany *adj* bustling
zaangażowanie *n* commitment
zaangażowany *adj* committed
ząb *n* tooth
ząb trzonowy *n* molar
żaba *n* frog
zabawa *n* amusement, fun
zabawiać *v* entertain
zabawiać się *v* revel
zabawka *n* toy
zabawny *adj* amusing
zabezpieczać *v* secure
zabierać *v* take away
zabierać się do *v* set about
zabija *v* kill
zabijać *v* slay
zabłąkany *adj* stray
zabłocony *adj* muddy
zablokować *v* lock
zablokowany *adj* standstill
zabójca *n* killer
zabójstwo *n* homicide, killing
zabraniać *v* forbid
zachcianka *n* whim
zachecać *v* spur
zachęcający *adj* gratifying
zachęta *n* spur
zachód *n* west

zachód słońca *n* sundown
zachodni *adj* western
zachowanie *n* behavior
zachowywać *v* preserve
zachowywać się *v* behave
zachwycać *v* delight
zachwycający *adj* admirable
zachwyt *n* admiration
zaciemniać *v* darken
zaciemnienie *n* blackout
zacierać *v* zap
zaciskać *v* tighten
zaćmienie *n* eclipse, outshine
zaczynać *v* begin, start
żądać *v* claim, demand
zadanie *n* task
zadatek *n* down payment
zadawać *v* inflict
zadebiutować *n* debut
zadek *n* bum
żaden *pre* none
żądło *n* dart, sting
zadowalać *v* content, satisfy
zadowalający *adj* satisfactory
zadowolony *adj* glad
zadrapanie *n* scratch
zadrościć *v* envy
zaduszenie się *n* asphyxiation
zadymiać *v* fumigate
zadyszany *adj* puffed
zadziwiać *v* astonish
zadziwiający *adj* astonishing
zagadka *n* riddle
zagadkowy *adj* puzzling
zagarnianie *n* seizure
zagięcie *n* curve
żagiel *n* sail
zaginać *v* curve
zaglądać do *v* look into
żaglówka *n* sailboat
zagmatwać *v* embroil
zagmatwany *adj* convoluted
zagorzały *adj* staunch
zaimek *n* pronoun
zainteresowanie *n* interest
zainteresowany *adj* interested
zając *n* hare
zajazd *n* inn
zajęcie *n* occupation
zajęty *adj* busy
zajmować *v* occupy
zajmować się *v* deal
zakańczać *v* wind up
zakąska *n* appetizer
zakaz *n* ban
zakażać *v* infect
zakażenie *n* infection
zakazywać *v* ban, outlaw

żakiet *n* jacket
zakład *n* bet
zakładać *v* establish
zakładać kajdanki *v* handcuff
zakładać się *v* bet
zakładnik *n* hostage
zakłócać porządek *v* perturb
zakłopotać *v* embarrass
zakłopotany *adj* distraught
zakończenie *n* ending
zakończyć *v* terminate
zakonnica *n* nun
zakonnik *n* friar
zakorzeniony *adj* entrenched
zakres *n* scope
zakrzep *n* thrombosis
zakup *n* purchase
zakurzony *adj* dusty
żal *n* regret
załączać *v* enclose
załącznik *n* enclosure
załadowany *adj* loaded
załamać się *v* break down
załamanie *n* breakdown
załamujący *adj* depressing
załamywać się *v* cave in
zalanie *n* flooding
zaledwie *adv* barely
zaleganie *n* backlog

zaległy *adj* overdue
zaleta *n* asset
zalewać *v* flood, inundate
zależność *n* dependence
zależny *adj* dependent
żałoba *n* mourning
żałosny *adj* deplorable
zaloty *n* courtship
żałować *v* regret, repent
założenie *n* assumption, presupposition
założyciel *n* founder
zaludniać *v* populate
załugiwać na coś *v* deserve
zamazany *adj* fuzzy
zamazywać *v* slur
zamek *n* castle
zamglony *adj* hazy
zamiana *n* conversion, swap
zamiast tego *adv* instead
zamieć *n* blizzard
zamieniać *v* interchange
zamierzony *adj* deliberate
zamieszanie *n* fuss, mix-up
zamknięcie *n* closure
zamknięty *adj* close
zamówienie *n* order
zamrażalnik *n* freezer
zamrożony *adj* frozen

zamykać v close
zamykać na klucz v lock up
zamykać obrady v gag
zangażować się v commit
zaniechać v discard
zanieczyszczać v contaminate
zanieczyszczenie n contamination
zaniedbanie n disrepair
zaniedbywać v neglect
zaniepokojenie n disturbance
zanikać v fade
zanurkowanie n plunge
zanurzać v plunge, submerge
zanurzenie n immersion
zaopatrywać v equip, furnish
zaopatrzenie n provision
zapach n odor, scent
zapadać się v bog down
zapadnięty adj sunken
zapakować v wrap up
zapał n eagerness, zest
zapalać v ignite, light
zapalenie n inflammation
zapalenie oskrzeli n bronchitis
zapalenie płuc n pneumonia
zapałka n match
zapalniczka n lighter
zapalnik n fuse

zaparcie n constipation
zaparzać v brew
zapas n stock
zapaśnik n wrestler
zapasy n wrestling
zapewniać v assert, ensure
zapierać się v disown
zapinać v buckle up
zapis n legacy, record
zapisywać v write down
zapłakany adj tearful
zapłata n pay, payment
zapobiegać v prevent
zapobieganie n prevention
zapobiegawczy adj preventive
zapoczątkować v originate
zapomianć v forget
zapomnienie n oblivion
zapora n barrage
zapowiadać v announce
zapowiedź n portent
zapraszać v invite
zaproszenie n invitation
zaprzeczać v contradict, deny
zaprzeczenie n contradiction
zapuszczony adj seedy
żar n ardor, embers
zarabiać v earn
zaraźliwy adj contagious

zardzewiały *adj* rusty
zaręczony *adj* engaged
żarłok *n* glutton
zarobki *n* earnings
zarodek *n* germ
żarówka *n* bulb
zarozumiałość *n* self-esteem
zarozumiały *adj* conceited
żart *n* hoax, joke
żartobliwie *adv* jokingly
żartować *v* joke
zarys *n* draft, outline
zarządzać *v* administer
zarządzanie *n* management
zarzucenie *n* disuse
zarzut *n* allegation
zarzynać *v* slaughter
zasada *n* principle
zasadniczo *adv* broadly
zasadniczy *adj* essential
zasięg *n* extent, reach
zaskakiwać *v* amaze, surprise
zaskoczony *adj* startled
zasłona *n* awning, curtain
zasługiwać *v* merit
zasługujący *adj* deserving
zasmucać *v* sadden
zasób *n* resource
zasobny *adj* affluent

zaspokajać *v* cater to
zastanawiać się *v* wonder
zastawiać *v* pawn
zastępować *v* supersede
zastojowy *adj* stagnant
zastrzegać *v* stipulate
zastrzelić *v* gun down
zastrzyk *n* injection
zataczać się *v* stagger
zatankować *v* refuel
zatłoczony *adj* overcrowded
zatoczka *n* cove, creek
zatoka *n* bay, gulf
zatonąć *v* go under
zatrudniać *v* employ
zatrudnienie *n* employment
zatrzasnąć *v* slam
zatrzymać się *v* stop over
zatrzymanie *n* stop, retention
zatrzymywać *v* halt, stop
zatykać *v* clog, plug
zaufać *v* trust
zaufanie *n* reliance, trust
zauważać *v* notice, spot
zawartość *adj* content
zawiadamiać *v* notify
zawiadomienie *n* notice
zawias *n* hinge
zawiązywać *v* know

zawiązywać oczy *v* blindfold
zawierać *v* comprise
zawierać w sobie *v* implicate
zawieranie *n* contraction
zawieszać *v* hang up, suspend
zawieszenie *n* suspension
zawijać *v* wrap
zawiły *adj* intricate
zawistny *adj* envious
zawód *n* profession
zawodzić *v* let down
zawór *n* valve
zawracać z drogi *v* turn back
zawrót głowy *n* dizziness
zawstydzony *adj* ashamed
zawsze *adv* always, forever
zawszony *adj* lousy
zazdrość *n* envy, jealousy
zazdrosny *adj* jealous
zażenowany *adj* self-concious
zaznaczać *v* mark
zaznajamiać *v* acquaint
zażyłość *n* intimacy
zbankrutowany *adj* bankrupt
zbawiciel *n* savior
zbawienie *n* salvation
zbędny *adj* redundant
zbieg *n* runway
zbiegać się *v* coincide

zbierać *v* aggregate
zbierać plony *v* harvest
zbieżny *adj* concurrent
zbiór *n* collection
zbiornik *n* reservoir
zbliżać się *v* approach
zboże *n* cereal, corn
zbrodnia *n* crime
zbrodniczy *adj* criminal
zbroja *n* armor
zbrojenie *n* munitions
zburzenie *n* demolition
zbyt *n* outlet
zbyteczny *adj* superfluous
zdanie *n* sentence
zdarzać się *v* happen, occur
zdarzenie *n* event
zdawać *v* turn in
zdążający *adj* bound for
zdecydowany *adj* resolute
zdegenerowany *adj* degenerate
zdejmować *v* take off
zderzać się *v* clash, collide
zderzak *n* bumper, fender
zdmuchiwać *v* blow out
zdobycie *n* conquest
zdobycz *n* capture, prey
zdobycze wojenne *n* spoils
zdobywać *v* conquer, score

zdobywca *n* conqueror
zdolność *n* ability
zdolny *adj* able, capable
zdrada *n* betrayal
zdradzać *v* betray, defect
zdrajca *n* traitor
zdrętwiały *adj* numb
zdrętwienie *n* numbness
zdrowie *n* health
zdrowieć *v* recuperate
zdrowy *adj* healthy
zdrowy umysłowo *adj* sane
zdrzemnąć się *v* snooze
zdumienie *n* amazement
zdumiewać *v* astound
zdumiewający *adj* amazing
zdumiony *adj* aghast
zdzierać *v* rip off
zebra *n* zebra
zebrać w pakiet *v* bundle
żebrak *n* beggar
zebranie *n* congregation
żebro *n* rib
zęby *n* teeth
zegar *n* clock
zegarmistrz *n* watchmaker
żeglować *v* navigate, sail
żelazo *n* iron
zemdleć *v* pass out

zemdlenie *n* faint
zemsta *n* revenge
zepsuty *adj* brat
zerkać *v* peep
zero *n* zero
zerwanie *n* rupture
zespół *n* team
zestaw *n* set
zestrzelić *v* shoot down
żeton *n* token
zewnętrzny *adj* exterior, outer
zgadzać się *v* agree, consent
zgaga *n* heartburn
zgarbiony *adj* hunched
zgiełk *n* tumult, uproar
zginać *v* bend, flex
zgłaszać się *v* come forward
zgłosić się *v* step out
zgniatać *v* squash
zgniły *adj* rotten
zgoda *n* accord, agreement
zgodność *n* compatibility
zgodny *adj* agreeable
zgodny *adj* compliant
zgon *n* death
zgromadzenie *n* assembly
zgrubienie *n* swelling
ziarno *n* grain
zięć *n* son-in-law

zielona fasola *n* green bean
zielony *adj* green
ziemia *n* earth, land
ziemniak *n* potato
ziemnowodny *adj* amphibious
ziemski *adj* terrestrial
ziewać *v* yawn
ziewanie *n* yawn
zima *n* winter
zimni jak lód *adj* ice-cold
zimno *n* coldness
zimny *adj* cold
zioło *n* herb
zirytowany *adj* irate
zjadliwyy *adj* virulent
zjawiać się *v* show up
zjazd *n* reunion
zjednywać sobie *v* conciliate
złączony *n* cohesion
złamać *v* wear down
złamanie *n* fracture
źle *adv* badly
źle interpretować *v* misinterpret
źle obliczać *v* miscalculate
źle sądzić *v* misjudge
źle się prowadzić *n* misconduct
źle traktować *v* manhandle
złe traktowanie *n* mistreatment
źle zrozumieć *v* misunderstand

zleżały *adj* stale
zło *n* evil
żłób *n* manger
żłobek *n* nursery
złodziej *n* robber, thief
złośliwość *n* malignancy
złośliwy *v* malign
złośliwy *adj* malignant
złotnik *n* silversmith
złoto *n* gold
złoty *adj* golden
złowieszczy *adj* ominous
złożoność *n* complexity
złożony *adj* complex
złożyć *v* compact
złudny *adj* deceptive
złudzenie *n* delusion
zły *adj* bad, evil
zmagać się *v* tackle
zmarły *adj* deceased
zmarszczka *n* wrinkle
zmartwienie *n* chagrin, worry
zmartwiony *adj* sorry
zmęczenie *n* fatigue
zmęczony *adj* tired
zmiana *n* alteration, change
zmiatać *v* sweep
zmiękczać *v* soften
zmieniać *v* alter, change

zmieniać kolejno *v* alternate
zmieniać się *v* fluctuate
zmienny *adj* fickle, volatile
zmierzch *n* dusk, twilight
zmieszany *adj* mixed-up
żmija *n* viper
zmniejaszać się *v* downsize
zmniejszać *v* dwindle
zmniejszać się *v* wane
zmniejszający *adj* extenuating
zmniejszenie *n* decrease
zmniejszyć się *v* remit
zmodernizować *v* modernize
zmrok *n* nightfall
zmuszać *v* compel, force
zmyślony *adj* fake
zmysłowy *adj* sensual
zmywalny *adj* washable
zmywarka *n* dishwasher
znaczący *adj* meaningful
znaczenie *n* meaning
znaczny *adj* considerable
znajdować *v* find
znajmość *n* acquaintance
znajomy *adj* familiar
znak *n* mark, sign
znak handlowy *n* trademark
znakomicie *adv* notably
znakomity *adj* notable

znakowa *v* earmark
znakować *v* stamp
zniechęcać *v* discourage
zniechęcający *adj* discouraging
zniechęcenie *n* discouragement
zniechęcony *adj* fed up
znieczulać *v* deaden
znieczulenie *n* anesthesia
znienawidzony *adj* detestable, hateful
zniesławiać *v* defame
zniesławienie *n* slander
znieszkształcać *v* distort
zniewaga *n* affront
zniewalać *v* affront
zniewieściały *adj* sissy
znikać *v* disappear, vanish
zniknięcie *n* disappearance
znikomy *adj* insignificant
zniszczenie *n* destruction
zniszczony *adj* dilapidated
żniwa *n* harvest
żniwo śmierci *n* death toll
zniżać *v* endure
znośny *adj* bearable
znowu *adv* again
znudzony *adj* bored
znużony *adj* weary
zobowiązany *adj* obliged

zobowiązywać v obligate
żołądek n stomach
żołądź n acorn
żółć n bile
żołnierz n soldier
żółtko n yolk
żółty adj yellow
żółw n tortoise, turtle
żona n wife
żonaty adj married
żongler n juggler
żony n wives
zoo n zoo
zoobowiązywać v oblige
zoologia n zoology
zostać przejętym v go through
zostawiać v leave
źrebię n colt
żreć v gobble, guzzle
zręczność n craft
zręczny adj skillful
zrelaksować się v relax
zrezygnować v quit
źródło n source
zrogowaciały adj callous
zrównywać v level
zrozpaczony adj desperate
zrozumiały adj comprehensive
zrozumieć v comprehend

zrujnowany adj broke
zryglować v bar
zrywać v break off
zrzecenie się n abdication
zrzędny adj grouchy
zrzędzić v grouch
zrzekać się v abdicate
zrzeszać się v club
zsiadać v dismount
zsiadać się v curdle
zsyp n chute
zszywacz n stapler
zubożały adj impoverished
żuć v chew
zuchwały adj cheeky
żucie n champ
zupa n soup
zupełnie adj altogether
zurzucać v precipitate
żużel n cinder
zużyty adj worn-out
zwalniać v lay off
zwariowany adj crazy
zważywszy c whereas
zwędzić v snitch
zwęglać v char
zwiastować v herald
związany adj bound
zwichnąć v sprain

zwiększać *v* redouble
zwierzać się *v* confide
zwierzę *n* animal
zwierzęcy *adj* brute
zwięzły *adj* concise, terse
zwijać *v* curl
zwilżać *v* moisten
zwinny *adj* agile
żwir *n* gravel
zwłoki *n* corpse
zwój *n* scroll
zwołać *v* convene
zwolennik *n* follower
zwracać *v* reimburse
zwrot *n* refund
zwrotnik *n* tropic
zwrotny *adj* reflexive
zwycięski *adj* victorious
zwycięstwo *n* victory
zwyciężać *v* vanquish, win
zwycięzca *n* victor
zwyczaj *n* custom
zwyczaje *n* manners
zwyczajowy *adj* customary
zwykle *adv* ordinarily
zwykli ludzie *adj* grassroots
zwykły *adj* habitual, usual
zwyżka *n* boost
żyć *v* live

żyć z *v* live off
żyć zgodnie *v* live up
życie *n* life
życzenie *n* wish
życzliwość *n* benevolence
życzliwy *adj* benevolent
życzyć *v* wish
Żyd *n* Jew
żydowski *adj* Jewish
żyła *n* vein
żyrafa *n* giraffe
żyrandol *n* chandelier
zysk *n* gain, profit
zyskiwać *v* gain, profit
żyto *n* rye
żywić *v* nourish, nurture
żywność *n* food
żywy *adj* alive, vivid, lively
żywy inwentarz *n* livestock

Order & Contact Information

Word to Word® Dictionaries

Item	Language	ISBN13
Word to Word®		
500X	Albanian	9780933146495
820X	Amharic	9780933146594
650X	Arabic	9780933146419
700X	Bengali	9780933146303
705X	Burmese	9780933146501
710X	Cambodian	9780933146402
715X	Chinese	9780933146228
520X	Czech	9780933146624
857X	Dari	9781946986603
660X	Farsi	9780933146334
530X	French	9780933146365
535X	German	9780933146938
664X	Georgian	9781946986627
540X	Greek	9780933146600
720X	Gujarati	9780933146983
545X	Haitian Creole	9780933146235
665X	Hebrew	9780933146587
725X	Hindi	9780933146310
728X	Hmong	9780933146532
551X	Hungarian	9780933146679
555X	Italian	9780933146518
730X	Japanese	9780933146426
735X	Korean	9780933146976
740X	Laotian	9780933146549
753X	Malayalam	9781946986610
755X	Nepali	9780933146617
760X	Pashto	9780933146341
575X	Polish	9780933146648
580X	Portuguese	9780933146945
765X	Punjabi	9780933146327
585X	Romanian	9780933146914
590X	Russian	9780933146921
830X	Somali	9780933146525
600X	Spanish	9780933146990
835X	Swahili	9780933146556
770X	Tagalog	9780933146372
780X	Thai	9780933146358
615X	Turkish	9780933146952
620X	Ukrainian	9780933146259
790X	Urdu	9780933146396
848X	Uzbek	9781946986696
795X	Vietnamese	9780933146969
5-895X	Word to Word® Class Set	

State Approved • Testing Dictionaries

All editions are two-way: English>Language / Language>English.
More languages in planning and production.

Word to Word® Dictionaries

Item	Language	ISBN13
Word to Word® with Subject Vocab		
653X	Arabic	9780933146563
703X	Bengali	9781946986061
718X	Chinese	9780933146570
533X	French	9780933146693
548X	Haitian Creole	9780933146709
583X	Portuguese	9781946986092
593X	Russian	9781946986078
603X	Spanish	9780933146723
793X	Urdu	9781946986085
798X	Vietnamese	9780933146686
5-105X	Word to Word® Subject Class Set	

Subject Vocabulary dictionaries include additional math science and social studies vocabulary. Approximately 2400 math terms, 4400 science terms, and 1700 social studies terms.

Subject vocabulary terms are translated one-way, English>Language.

WordtoWord.com - Discounts + eBooks

Special Online Pricing: Special tiered discount pricing based on quantity for online orders. Simple and fast.

eBooks: eBook versions of the Word to Word® series are available via web app or mobile app on Android and IOS. eBooks can be downloaded for offline use within the App.

Bulk eBook orders for school districts are available. Simple, private student access to eBooks, no student information necessary. Email us to learn more and request sample ebook.

support@wordtoword.com

wordtoword.com

(951) 296-2445

*For **eBook** versions add "e" to Item number:*
*(Print Spanish) 600X → **600Xe** (eBook Spanish)*

Order & Contact Us

Bilingual Dictionaries, Inc. is committed to providing quality bilingual materials and great service. Contact us by phone or email for a quote today:

Phone: 951-296-2445

Fax: 951-296-9911

Mail: PO Box 1154, Murrieta, CA 92562

Email: support@bilingualdictionaries.com

Visit our website to download our current catalog-order form, view our products and shop online.

BilingualDictionaries.com

WordtoWord.com

Amazon.com/WordtoWord

Special Dedication & Thanks

Bilingual Dictionaries, Inc. would like to thank all the teachers from various districts across the country for their useful input and great suggestions in creating a Word to Word® standard. We encourage all students and teachers using our bilingual learning materials to give us feedback. Please send your questions or comments via email.
support@bilingualdictionaries.com